LA FALLIMENTARE STRATEGIA DELLA FLOTTA IN POTENZA ("FLEET IN BEING") DELLA REGIA MARINA (GIUGNO-DICEMBRE 1940)

DALLA BATTAGLIA PUNTA STILO ALLA BATTAGLIA DI CAPO TEULADA E FINO AL TERMINE DELLA "GUERRA PARALLELA"

FRANCESCO MATTESINI

Francesco Mattesini, nato ad Arezzo il 14 aprile 1936, residente a Roma dall'estate 1951, ha prestato servizio, tra il febbraio 1958 e il luglio 1999, presso il IV Reparto dello Stato Maggiore dell'Esercito. Studioso ed esperto di guerra aeronavale, ricercatore abile e meticoloso, già attivo collaboratore del Giornale d'Italia per il quale ha curato la rubrica "Verità Storiche", ha scritto, svelando molti retroscena, numerosissimi articoli di carattere politico-militare su quotidiani e stampa specializzata, ed ha pubblicato, negli anni '80, con editori privati, i volumi "La battaglia d'Inghilterra"; "Il giallo di Matapan"; "La battaglia aeronavale di mezzo agosto"; e con coautore, ma soltanto per la parte politica, il Prof. Alberto Santoni, "La partecipazione tedesca alla guerra aeronavale nel Mediterraneo", alla seconda edizione, (2005), di cui ha curato tutta la parte della ricerca, operativa, statistica e grafica. Collaboratore dell'Ufficio Storico della Marina Militare, dal quale ebbe l'incarico di effettuare una severa e precisa revisione storica dei libri pubblicati negli anni 1950-1980, Mattesini ha pubblicato "La battaglia di Punta Stilo"; "Betasom. La guerra negli Oceani"; "La battaglia di Capo Teulada", "L'Operazione Gaudo e lo scontro notturno di Capo Matapan"; "La Marina e l'8 Settembre", in due tomi; e i primi quattro volumi della collana "Corrispondenza e direttive tecnico operative di Supermarina" (1939-1941), oltre a 60 saggi per il Bollettino d'Archivio dell'Ufficio Storico della Marina Militare. Contemporaneamente, per l'Ufficio Storico dell'Aeronautica, Mattesini ha realizzato la collana in due volumi (quattro tomi), "Le direttive tecnico operative di Superaereo 1940-1943", e il volume "L'attività aerea italo-tedesca nel Mediterraneo, gennaio-maggio 1941". Nel 2019-2020 Mattesini ha pubblicato "Luci e ombre degli aerosiluranti italiani Agosto 1940 – Settembre 1943"; "La battaglia aeronavale di mezzo-agosto" rielaborata e aggiornata; "Punta Stilo 9 luglio 1940, 80° anniversario della prima battaglia aeronavale della storia"; "L'agguato di Matapan"; "La battaglia aeronavale di Mezzo Giugno"; "Il Giallo di Capo Bon"; "8 Settembre 1943. Dall'Armistizio al mito della difesa di Porta San Paolo"; "Il Blocco di Malta e l'Esigenza "C.3". È socio da moltissimi anni della Società di Storia Militare (SISM) e della Associazione Italiana Documentazione Marittima Navale (AIDMEN), per le quali ha prodotto diversi saggi, e molti altri nella sua pagina del sito Academia Edu. Per Luca Cristini editore a oggi ha al suo attivo venticinque titoli, tra cui nella serie Storia: "La notte di Taranto dell'11 novembre 1941", "La battaglia di Creta maggio 1941", "La guerra civile spagnola e la Regia Marina italiana", "Testimonianze di guerra nell'estate del 1944 a Castel Focognano" "L'attacco dei sommergibili tedeschi e italiani nei mari delle Indie occidentali (1942)", "Gli aerosiluranti italiani e tedeschi nella Seconda guerra mondiale", "Betasom 1940-1943. I sommergibili italiani in guerra negli oceani", e molti altri.

LICENSES COMMONS
This book may utilize part of material marked with license creative commons 3.0 or 4.0 (CC BY 4.0), (CC BY-ND 4.0), (CC BY-SA 4.0) or (CC0 1.0). We give appropriate attribution credit and indicate if change were made in the acknowledgments field. Our WTW books series utilize only fonts licensed under the SIL Open Font License or other free use license.
La gran parte delle immagini qui riprodotte provengono dagli archivi pubblici italiani di esercito, marina e aviazione, dove l'autore ha prestato servizio per tanti anni, o da fonti di libero utilizzo per raggiunto status di pubblico dominio. Related all the British navy or RAF image of the book the expiry of Crown Copyrights applies worldwide because: It is photograph taken prior to 1 June 1957 and/or It was published prior to 1970 and/or It is an artistic work other than a photograph or engraving (e.g. a painting) which was created prior to 1970.
For a complete list of Soldiershop titles please contact Luca Cristini Editore on our website: www.soldiershop.com or www.cristinieditore.com. E-mail: info@soldiershop.com

STORIA

Titolo: La fallimentare strategia della flotta in potenza *("Fleet in being")* della Regia Marina (giugno-dicembre 1940)
Code: SPS-102
Di Francesco Mattesini. ISBN code: 9791255890751 prima edizione Marzo 2024
Lingua: Italiano - Cover & Art Design: Luca S. Cristini
Pubblicato da Luca Cristini Editore, via Orio, 33/D - 24050 Zanica (BG) ITALY

CAPITOLO I: LA PREPARAZIONE ALLA GUERRA

Fino al 1935 l'orientamento strategico e la preparazione bellica delle Forze Armate italiane non ipotizzava un eventuale conflitto con la Gran Bretagna. Tale ipotesi, affrontata a titolo puramente didattico negli studi degli Stati Maggiori e in quelli dell'Istituto di Guerra Marittima, venne ritenuta politicamente poco probabile e dal lato militare assurda, troppo grande essendo il peso del potere militare e soprattutto marittimo dell'Impero britannico.[1]

Inoltre, l'Italia e Inghilterra avevano una lunga tradizione di amicizia; appariva, quindi, allora poco probabile l'ipotesi che il Governo italiano, guidato da Benito Mussolini (Presidente del Consiglio e Duce del fascismo), intendesse portare la nazione in un'avventura di guerra contro il Regno Unito, trascurando ogni più sensata considerazione sul rapporto delle forze e delle risorse militari ed economiche.

Peraltro, le rivendicazioni italiane nei confronti della Corsica, del Nizzardo, della Savoia e della Tunisia, facevano ritenere più probabile la possibilità di una guerra contro la Francia.

Il rapporto tra Italia e Inghilterra, che negli anni venti aveva incontrato periodi di attrito determinati dalle crisi di Fiume (primi anni '20) e di Corfù (1923), cambiò radicalmente nel 1935-1936 con l'inizio della guerra in Etiopia, a cui seguirono le sanzioni economiche punitive decretate contro l'Italia dalla Società delle Nazioni, e con l'intervento, dal notevole sostegno militare, del governo fascista in Spagna, in appoggio ai nazionalisti del generale Franco tra il 1936 e il 1939.[2]

Inoltre, con l'accentuarsi della rinnovata amicizia dell'Italia con la Germania, determinata in parte dalla gratitudine dell'aiuto ricevuto in campo economico durante il periodo delle sanzioni economiche, in parte da motivi ideologici e di politica totalitaria, venne a crearsi l'Asse Roma-Berlino; pertanto, i due governi legarono ancora più strettamente i loro destini firmando, il 6 novembre 1937, il Patto Anticomintern per la lotta contro il comunismo.

---

[1] Nella compilazione di questo saggio l'Autore si è valso, oltre che delle sue moltissime e approfondite pubblicazioni, dell'introduzione e dei documenti delle sue due collane: "*Le direttive tecnico-operative di Superaereo*", volume I, tomo 1° (Aprile 1940 – Dicembre 1941), edito dallo Stato Maggiore Aeronautica Ufficio Storico, Roma, 1992: e della "*Corrispondenza e Direttive tecnico operative di Supermarina – Scacchiere Mediterraneo*" Volume I, tomo 1° e 2° (maggio 1939 – dicembre 1940), dell'Ufficio Storico della Marina Militare, Roma, 2000. La collana di Supermarina si è interrotta dopo la consegna del 3° volume (anno 1942), su quattro tomi, per decisione unilaterale della recente editoria dell'Ufficio Storico. L'Autore ha pertanto sospeso la compilazione, in fase avanzata, del 4° volume, su quattro tomi (anno 1943). Le direttive erano state ordinate all'Autore nel 1998 dal Direttore dell'Ufficio Storico della Marina Militare, ammiraglio di squadra Renato Sicurezza per poter disporre, a similitudine di quanto Francesco Mattesini aveva realizzato per l'Aeronautica, in modo di avere disponibili, in forma esaustiva, la principale raccolta di documenti della Marina in guerra, che comprendesse lo scambio di corrispondenza e delle direttive in comune, compilate con gli altri Stati Maggiori delle Forze Armate italiane e delle Forze Armate tedesche.

[2] Francesco Mattesini, *La guerra civile spagnola e la Regia Marina italiana (1936-1939)*, Soldiershop Publishing, Editore Luca Cristini, Zanica (BG), 2020; Francesco Mattesini, *Il blocco navale italiano nella guerra di Spagna (ottobre 1936-marzo 1939)*. Parte prima: *Come si giunse alla prima campagna sottomarina e ai bombardamenti navali di Barcellona e di Valencia*; Parte seconda (ottobre 1936-marzo 1939): *Le operazioni navali nell'estate 1937, e l'attività della Regia Aeronautica contro i porti di Barcellona e Valencia*, Bollettino d'Archivio dell'Ufficio Storico della Marina Militare, settembre e dicembre 1997.

Da questi avvenimenti fu ricavata la giusta convinzione che una guerra contro il Regno Unito era divenuta ipotesi altamente probabile; da quel momento gli stati maggiori delle Forze Armate italiane, la cui preparazione militare presentava gravi lacune in tutti i settori, furono sollecitati a studiare e a preparare piani per rafforzare le guarnigioni nelle colonie, soprattutto in Libia.

Tuttavia, con la firma del *"Gentlemen's agreement"* fra il Governo di Londra e quello di Roma, avvenuto il 16 aprile 1938, si era verificata una distensione politica che sembrava dovesse durare nel tempo.

Ma i successivi avvenimenti, determinati dall'annessione all'Austria (Anschluss) alla Germania (13 marzo 1938), a cui seguì l'occupazione tedesca della Cecoslovacchia, pur mitigati dal patto di Monaco (29 settembre 1938), rappresentarono elementi di gravi complicazioni internazionali che minacciarono seriamente di sfociare in un conflitto europeo.

Ne conseguì che alla fine del 1938 le Forze Armate del Regno furono sollecitate dal Capo del Governo Benito Mussolini, Duce del partito Fascista, a prepararsi in vista di una guerra a fianco della Germania, contro la coalizione franco-britannica, a cui probabilmente potevano affiancarsi la Grecia e la Turchia, mentre la Spagna, stremata da tre anni di guerra non ancora conclusa, avrebbe potuto assumere inizialmente uno stato di benevola neutralità in favore delle potenze dell'Asse, per poi schierarsi apertamente con Italia e la Germania.

Roma, Maggio 1938. Da sinistra Benito Mussolini, Joachim von Ribbentrop, Adolf Hitler, Galeazzo Ciano, Vittorio Emanuele III e Rudolf Hess.

Napoli, 5 maggio 1938, Rivista H in onore di Hitler. Dal porto di Napoli salpano le torpediniere per portarsi nel Golfo, dove si svolgono le manovre della flotta italiana.

La torpediniera *Spica* passa di prora alla corazzata *Conte di Cavour*.

Benito Mussolini e Vittorio Emanuele III a bordo di una nave della Flotta italiana verso la fine degli anni '30.

Dal momento che la conquista dell'Etiopia e le operazioni in Spagna, a cui avrebbe seguito nell'aprile del 1939 l'annessione all'Italia dell'Albania, avevano richiesto alla nazione sacrifici ingenti, finanziari e di mezzi, sarebbe stato necessario, per reintegrare l'armamento e le scorte, soprattutto dell'Esercito e dell'Aeronautica, che più si erano logorate nelle operazioni nella penisola Iberica, colmare le gravi lacune esistenti nel campo militare, le più consistenti delle quali risiedevano: nell'artiglieria, quasi tutta da rinnovare; nei mezzi corazzati, praticamente inesistenti; in aerei, gran parte dei quali di deficienza qualitativa e carenti della specialità di reparti aerosiluranti e bombardieri in picchiata; in scorte di ogni genere.

In questo stato di fatto, in cui si doveva considerare che alla Marina sarebbero occorsi alcuni anni per raggiungere il massimo dell'efficienza, determinata dall'entrata in servizio delle quattro corazzate tipo "Littorio" (*Littorio, Vittorio Veneto, Impero, Roma*) e delle rimodernate *Andrea Doria* e *Caio Duilio*, i Capi militari erano convinti che l'Italia non sarebbe stata pronta ad entrare in un conflitto prima della fine del 1942. Su tale base fu concretata l'alleanza con la Germania, entrata ufficialmente in vigore il 22 maggio 1939, con la firma a Berlino del "Patto d'Acciaio", tra i ministri degli esteri Galeazzo Ciano e Joachim von Ribbentrop. Allo scopo di individuare una linea di condotta militare il più possibile convergente ai voleri del Duce e del Fuhrer, i Capi militari delle Forze armate dell'Asse sentirono il bisogno di consultarsi, per discutere della strategia e della linea di condotta da seguire in un eventuale prossimo conflitto, al quale si pensava, con una certa preoccupazione, avrebbe potuto partecipare l'Unione Sovietica schierata nella coalizione franco-britannica.

Il Re d'Italia Vittorio Emanuele III con la Regina Elena al varo della corazzata *Vittorio Vento*, il 25 luglio 1937 nel Cantiere San Marco di Trieste

Napoli, Rivista Navale del 15 maggio 1939 in onore del Reggente Paolo di Jugoslavia. A bordo dell'incrociatore *Trieste*, da sinistra gli ammiragli Giuseppe Fioravanzo Capo di Stato Maggiore della Squadra Navale, Vladimiro Pini Comandante della 2ª Squadra Navale, Benito Mussolini (Duce) Capo del Governo italiano e Ministro della Guerra (dal 1933), l'ammiraglio Giuseppe Cavagnari Sottosegretario e Capo di Stato Maggiore della Regia Marina e Achille Storace Segretario del Partito Fascista.

Paolo di Iugoslavia che al fianco il Re d'Italia e Imperatore d'Etiopia, Vittorio Emanuele III, saliti a bordo dell'incrociatore *Trieste* per l'esercitazione navale nel Golfo di Napoli. Dietro al sovrano, vicino al Principe Umberto di Savoia, si intravvede Mussolini, che per ordine gerarchico stava in seconda fila.

Rivista 11 maggio 1939 in onore del principe Paolo di Iugoslavia. Movimenti delle navi nel Golfo di Napoli.

Il *Trieste*, nave ammiraglia della 3ª Divisione Navale, spara con i suoi cannoni da 203 mm.

Sfilano sul fianco sinistro dell'incrociatore *Trieste* le torpediniere.

I cacciatorpedinieri stendono cortine di fumo e di nebbia artificiale.

Incrociatori e cacciatorpediniere disposti su quattro linee di fila.

Gli incrociatori pesanti della 3ª Divisione Navale guidati dal *Trieste* procedono in linea di fila di poppa a un cacciatorpediniere.

A bordo del *Trieste*, mentre le torpediniere passano di prora all'incrociatore, l'ammiraglio Domenico Cavagnari, a destra, parla con Sua Maestà Vittorio Emanuele III. A sinistra Benito Mussolini.

Fu sulla base di queste esigenze che già ai primi di aprile del 1939 si erano incontrati ad Innsbruck il generale Alberto Pariani, Capo di Stato Maggiore del Regio Esercito, e il collega tedesco Wilhelm Keitel, a capo dell'OKW (Oberkommando der Wehrmacht), per discutere i problemi inerenti ai rispettivi eserciti; in tale occasione le due delegazioni parlarono di argomenti tecnici e addestrativi, ma non operativi poiché secondo l'opinione delle due parti, non ve n'era bisogno. Inoltre Pariani dichiarò apertamente che l'Italia, dovendo attuare il programma di rinnovamento del materiale bellico, non poteva entrare in guerra prima del 1943.

Il 20 e 21 giugno 1939 –precedendo di qualche giorno l'incontro tra i capi dell'aviazione, generale Giuseppe Valle e maresciallo del Reich Hermann Göring, che nelle discussioni fu rappresentato dal Sottosegretario della Luftwaffe feldmaresciallo Herhard Milch– si recò in Germania una delegazione della Regia Marina, guidata dal Sottosegretario di Stato e Capo di Stato Maggiore ammiraglio Domenico Cavagnari. L'incontro con i colleghi tedeschi, che erano guidati dal Capo della Kriegsmarine, Grande ammiraglio Erich Raider, si svolse nella deliziosa località di Friedrichshafen, sul lago di Costanza, nel Bundesland del Baden-Württemberg.

Sebbene lo scopo dell'incontro fosse quello di gettare le basi di una più stretta collaborazione operativa e strategico – tattica, a questi intenti non corrisposero conclusioni altrettanto promettenti di immediati sviluppi nell'interesse delle due Marine, come era nelle reali intenzioni dei due Capi delegazione, i cui contatti si svolsero in un clima di molta cordialità e reciproca comprensione.

Infatti, data la natura di semplice correlazione, e non di cooperazione operativa, assunta nelle discussioni fra le due Marine, ognuna delle quali voleva essere responsabile nei propri settori di competenza, fu rinviata, di comune accordo, l'idea di costituire un Comando unico. Il tutto si concluse con il riconoscimento della necessità di adottare più fiduciosi contatti di carattere navale, limitati però a scambi di notizie sui rispettivi progressi tecnici e sui progetti di impiego.

Convegno navale italo-tedesco di Friedrichshafen del 20-21 giugno 1939. Al centro dell'immagine il grande ammiraglio Erich Raeder, Capo della Kriegsmarine, e l'ammiraglio Domenico Cavagnari, Sottosegretario di Stato e Capo di Stato Maggiore della Regia Marina.

In definitiva a Friedrichshafen la delegazione della Marina italiana ottenne di impiantare sicure comunicazioni fra i due Alti Comandi Centrali, mediante l'utilizzo di cifrari operativi comuni; convenne sulla necessità di scambi di ufficiali in occasione delle grandi manovre navali per constatare il reciproco livello di addestramento raggiunto; trattò sulla costituzione di due Commissioni di Collegamento fra le due Marine; infine, fece presente l'opportunità di ricevere aiuto da parte della Germania per accelerare la preparazione bellica, sotto forma di contributo industriale e di cessione di materie prime, nonché di artiglierie contraeree (cannoni da 88 mm) da impiegare nella difesa della basi navali.

Quanto al concetto prettamente operativo, l'ammiraglio Cavagnari fece presente che da parte della Regia Marina esso si sarebbe concretizzato nella formula di esercitare la massima pressione nel Mediterraneo Centrale, per mantenere il grosso delle Forze nemiche il più possibile diviso fra i due bacini occidentale e orientale. Inoltre la Regia Marina avrebbe svolto operazioni offensive nell'Oceano Indiano, con alcuni sommergibili e con tre incrociatori da ottomila tonnellate (classe "Ciano") di prevista nuova costruzione, e partecipato alla guerra nell'Oceano Atlantico, inizialmente con dodici sommergibili, che il Grande ammiraglio Raeder, volendo evitare interferenze nei settori settentrionali assegnati alla Kriegsmarine, chiese fossero dislocati a sud del parallelo di Lisbona.

Tuttavia a queste generiche conclusioni, nei successivi contatti mantenuti tramite gli addetti militari per la fornitura di armi e materiali, e ai nuovi scambi di opinioni avvenuti nel gennaio del 1940 tra il Sottocapo di Stato Maggiore della Regia Marina, ammiraglio Edoardo Somigli, e l'Addetto Militare germanico a Roma, capitano di vascello Werner Lowish, non fece seguito nessun piano di guerra marittima in comune, che non fu neppure abbozzato. Ragion per cui il 10 giugno 1940, sette mesi dopo lo scoppio della seconda guerra mondiale iniziata dalla Germania il 1° settembre 1939 con l'invasione della Polonia, la Regia Marina entrò in guerra, prima del previsto, con norme che prescrivevano, secondo gli ordini del Duce fissati con la direttiva n° 328 del 31 marzo, "*Offensiva in mare su tutta la linea, in Mediterraneo e fuori*". Direttiva che aveva sollevato l'opposizione dell'ammiraglio Cavagnari.[3]

Tuttavia, nel commentare le direttive di Mussolini ai Capi di Stato Maggiore delle Forze Armate del Regno, il maresciallo d'Italia Pietro Badoglio, Capo dello Stato Maggiore Generale, affermò nella seduta del 9 aprile quanto segue:[4]

Circa l'azione a fondo della Marina io dico che bisogna interpretarla nel senso di non gettarsi a testa bassa contro la flotta inglese e francese ma di assumere una dislocazione, soprattutto con i sommergibili, atta ad intralciare il traffico degli avversari.

Il capo di Stato Maggiore della Marina, convinto fautore di una politica navale dall'atteggiamento prudenziale, condivise in pieno le idee strategiche del maresciallo Badoglio. Con promemoria del 14 aprile egli fece notare a Mussolini che le possibilità di fronteggiare la coalizione delle flotte anglo-francesi era resa difficile dall'inferiorità dei mezzi delle forze navali italiane, ed aggravata da un'avversa situazione geografica. Cavagnari fece al Duce un quadro depolarizzante. Affermò infatti che oltre all'impossibilità di "*realizzare una condotta di guerra decisamente offensiva*" con la flotta di superficie, le stesse operazioni dei sommergibili sarebbero risultate infruttuose per mancanza di traffico nemico nel Mediterraneo, e la guerra delle mine scarsamente produttiva in tale mare per inadeguatezza dei fondali.

Quindi, sostenendo che le condizioni descritte avrebbero costretto la Regia Marina a combattere "*sulla difensiva*", l'ammiraglio Cavagnari concluse il suo sconsolante promemoria affermando:[5]

---

[3] Francesco Mattesini, *Corrispondenza e Direttive Tecnico-Operative di Supermarina*, Volume Primo - Primo Tomo, Ufficio Storico della Marina Militare (da ora in poi USMM), Documento n. 67, p. 262-265.
[4] Stato Maggiore dell'Esercito Ufficio Storico (da ora in poi SMEUS), *Verbali delle riunioni del Capo di Stato Maggiore*, vol. I, Roma, 1983, p. 38.
[5] Angelo Iachino, *Tramonto di una grande Marina*, Milano 1959, p. 314.

Qualunque sia il carattere, che la guerra potrà assumere in Mediterraneo, ingente sarà alla fine, il bilancio delle nostre perdite navali.

Alle trattative di pace l'Italia potrebbe giungere non soltanto senza pegni territoriali, ma anche senza flotta e forse anche senza Aeronautica.

In definitiva, oltre alle perdite, Cavagnari era dell'idea che agire offensivamente nel Mediterraneo, contro le superiori forze nemiche che ne controllavano le estremità, avrebbe significato strangolare l'attività della Marina.

La cauta presa di posizione di Cavagnari, appoggiata dal maresciallo Badoglio, portò a conservare il vecchio concetto strategico, già impiegato nella prima guerra mondiale nella guerra in Adriatico, della difensiva nei bacini occidentale e orientale del Mediterraneo, per "*avere in mano il Canale di Sicilia*, come ricordò Cavagnari nella riunione dei Capi di Stato Maggiore del 30 maggio 1940.[6]

Nello stesso tempo, avvicinandosi la fatale vigilia dell'entrata in guerra, fu deciso di assumere un atteggiamento offensivo soltanto contro la Gran Bretagna, e un atteggiamento di aspettativa nei confronti della Francia che, attaccata a fondo dalla Germania si trovava sull'orlo del collasso. Nei riguardi della Francia, Badoglio disse ai Capi di Stato Maggiore riunitisi nuovamente il 5 giugno (generale Rodfolfo Graziano, generale di squadra aerea Francesco Pricolo, e ammiraglio Domenico Cavagnari): "*Non credo che essa prenderà iniziative contro di noi*".[7] Come vedremo si sbagliava.

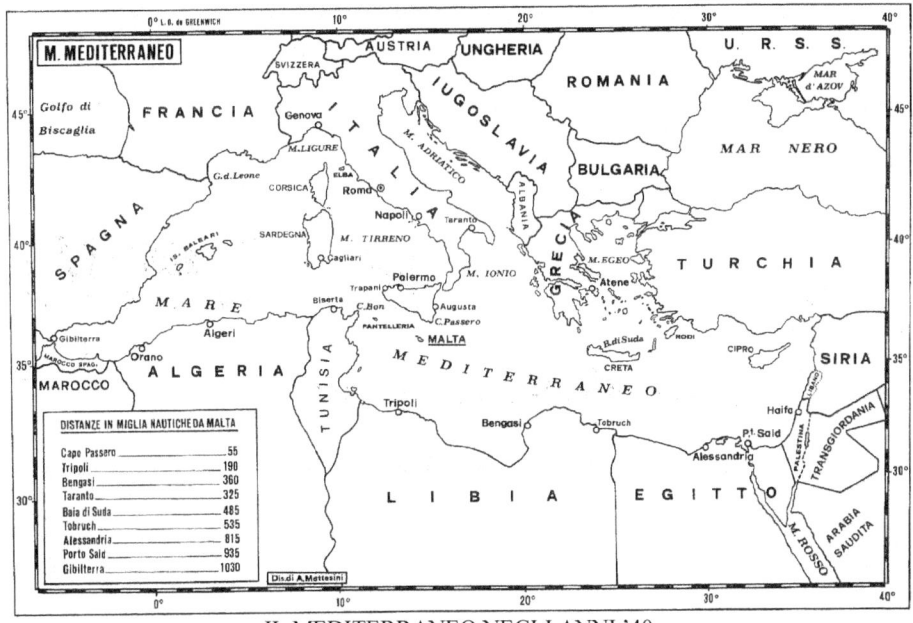

IL MEDITERRANEO NEGLI ANNI '40
DISEGNO DI ANTONIO MATTESINI

---

[6] SMEUS, *Verbali delle riunioni del Capo di SM Generale*, cit., p. 52.
[7] *Ibidem*, p. 55.

A destra, il maresciallo d'Italia Pietro Badoglio, Capo di Stato Maggiore Generale delle Forze Armate italiane, assieme Presidente del Consiglio e Ministro della Guerra Benito Mussolini.

CAPITOLO II: L'AMIRAGLIO DOMENICO CAVAGNARI E LA PREPARAZIONE DELLA REGIA MARINA TRA IL 1934 E IL 1940

La politica delle costruzioni navali della Regia Marina, a seguito della conferenza di Washington del 1921-1922, era stata improntata dal Grande ammiraglio Paolo Thaon de Revel e dall'ammiraglio Giuseppe Sirianni a mantenere l'ottenuta parità con la Marina francese, che era considerata la principale antagonista dell'Italia nel Mediterraneo. Da ciò erano derivate scelte costruttive in cui furono privilegiati gli incrociatori, il naviglio leggero e i sommergibili, adeguandone le caratteristiche a quelle delle unità similari prodotte in Francia, che possedevano grande velocità ottenuta a scapito della protezione.

La Regia Marina mutò indirizzo con l'ammiraglio Domenico Cavagnari, che assunse una duplice carica, di Sottosegretario di Stato nel 1933 e di Capo di Stato Maggiore nel 1934. Fu subito abbandonato il concetto delle costruzioni leggere e veloci, realizzate soprattutto per l'impiego della difesa del traffico marittimo e delle coste metropolitane, preferendo la dottrina della ricerca della grande battaglia navale quale evento risolutivo di un'operazione bellica. Ragion per cui, inseguendo questo mito in un'epoca in cui la strategia navale si stava evolvendo radicalmente con l'era delle portaerei, fu subito avviata la costruzione delle prime due delle quattro navi da battaglia tipo "Littorio" (*Littorio* e *Vittorio Veneto*) da 41.300 tonnellate, che univano alla potenza delle artiglierie (nove cannoni da 381, dodici da 152 e dodici da 90 mm) grande protezione ed elevata velocità (29-30 nodi).

E fu poi iniziato il rimodernamento delle due corazzate tipo "Cavour" (*Conte di Cavour* e *Giulio Cesare*) e successivamente delle due "Duilio" (*Caio Duilio* e *Andrea Doria*), tutte risalenti alla Prima Guerra Mondiale, aumentandone il tonnellaggio da 23.000 a quasi 29.000 tonnellate, e incrementando la velocità da 21 ½ a 28 nodi e la potenza dei cannoni, portati dal calibro 305 al calibro 320 mm, il tutto nell'intendimento di disporre in caso di guerra di uno strumento decisivo e, in tempo di pace, di un considerevole elemento di potenza.

Fu incrementata la costruzione dei sommergibili da impiegare nella guerra al traffico, anche nell'Oceano Atlantico, ma nel contempo fu penalizzata la realizzazione degli incrociatori pesanti e leggeri e del naviglio di scorta, sacrificati al programma di costruzione di dodici piccoli incrociatori veloci della classe "Capitani Romani".

Poco prima dell'inizio della Guerra era stata anche decisa la costruzione di tre incrociatori da corsa della classe "Ciano", da 8.000 tonnellate, che l'ammiraglio Cavagnari, come accennato a Friedrichshafen, intendeva impiegare contro il traffico nell'Oceano Indiano. Ma essi non superarono la fase del progetto per la difficoltà di reperire i fondi di bilancio necessari per produrli. Si pensava di fare moneta con l'Esposizione Universale di Roma (EUR) del 1942, per terminare le seconde due "Littorio" (*Impero* e *Roma*).

Genova, Molo Giano, 6 maggio 1940. Sopra, la cerimonia della consegna alla Regia Marina della corazzata *Littorio* da parte dei Cantieri Ansaldo. A poppa, dove è riunito gran parte dell'equipaggio e dove furono accolte le Autorità, mancava ancora la catapulta per gli aerei. Genova.

Durante la cerimonia, con la fascia, il comandante della corazzata *Littorio*, capitano di vascello Massimo Girosi.

Sopra: la firma della consegna alla Regia Marina della corazzata *Littorio*. Sotto: il brindisi dopo la firma.

Potenza dell'Italia sul mare. Estate del 1940. Le due moderne corazzate gemelle, *Littorio* e *Vittorio Veneto* durante una missione di addestramento nel Golfo di Taranto, per mettere a punto le artiglierie. Sparano i lunghi e grossi cannoni da 381 e i cannoni di medio calibro da 152 mm.

L'armamento contraereo di centro nave della *Littorio*. Al centro, i due complessi binati da 37 mm e sulla destra una delle mitragliere binate da 20 mm. In basso, due dei dodici cannoni da 90 mm, sistemati in torrette protette.

Soprattutto deleterie risultarono poi, nell'impostazione strategica studiata dalla Regia Marina tra il 1933 e il 1940, la mancata realizzazione di navi portaerei, che volutamente erano state sacrificate alla costruzione delle navi da battaglia, e la sottovalutazione delle possibilità tecnologiche d'avanguardia sviluppate dal nemico, soprattutto nel campo dell'elettronica e degli armamenti più sofisticati.

Corazzata *Littorio*, motto "*Molti nemici molto onore*".

Una torre trinata di cannoni da 152 mm., sotto le torri dei cannoni contraerei da 90 mm.

Anche nella tecnica del combattimento notturno gli inglesi avrebbero dimostrato una superiorità assoluta determinata, non solo da strumenti di rilevamento, proiettori a finestra e di lancio siluri migliori, ma anche da una maggiore precisione nel tiro dell'artiglieria, a cui da parte italiana si aggiunsero in ugual misura, e questo era ancora più grave, inaccettabili lacune nell'addestramento al combattimento, i cui effetti negativi furono impietosamente descritti da Supermarina con promemoria del 30 dicembre 1940, preparato per il nuovo Sottosegretario e Capo di Stato Maggiore, ammiraglio Arturo Riccardi.

L'armamento contraereo sul fianco di centro della *Littorio*. Dall'alto, due cannoni per tiro illuminante da 120 mm, tre torrette di cannoni contraerei da 90 mm, due mitragliere binate da 37 mm, e una binata da 20 mm.

La corazzata *Vittorio Veneto* nel 1940.

CAPITOLO III: LA STRATEGIA DI SUPERMARINA NEI PRIMI SETTE MESI DI GUERRA

Nelle sue fondamentali direttive generali il comportamento che la Marina avrebbe dovuto mantenere in un conflitto con un avversario dal potenziale superiore era sintetizzato come segue:[8]

"Alto spirito offensivo deve guidare l'azione della Marina che ha superiorità complessiva di forze, ma ancor più occorre che da questo spirito sia animata la Marina che nel complesso dispone di minori forze.

La difficoltà di rimpiazzare in guerra le unità perdute impone ponderazione prima di intraprendere un'operazione; ma la possibilità di perdita non è elemento sufficiente per indurre a rinunciare a un'azione o a interromperla se iniziata".

Maggio 1939. Alla banchina del porto di Napoli gli incrociatori della 1ª Divisione Navale. Da destra, *Gorizia*, *Pola* (nave comando della 2ª Squadra), *Zara* e *Fiume*.

Come si comprende da queste due frasi lo spirito della seconda attenuava molto la portata etica della prima.

Occorre ricordare che tutte le marine belligeranti, in ogni periodo della storia, hanno sempre operato per assicurare la protezione delle proprie linee di rifornimento, non trascurando tuttavia di attaccare nel contempo quelle avversarie. Dobbiamo sottolineare

---

[8] Francesco Mattesini, *Corrispondenza e Direttive Tecnico-Operative di Supermarina*, Volume Primo - Primo Tomo, USMM.

che in ogni trattato di storia marittima si è sempre puntualizzato che lo scopo primario di ogni flotta è quello della ricerca e della distruzione del potere navale nemico.

Anche le direttive di Supermarina, fissate nella Direttiva Navale Zero (Di. Na. Zero), *"Concetti generali di azione in Mediterraneo nell'ipotesi di conflitto 'Alfa Uno' edizione 29 maggio 1940"*, prevedevano di attenersi a tale logico sistema di impiego. La Di. Na. Zero conteneva le direttive generali e pertanto fissava le modalità di reazione ad eventuali iniziative nemiche, che dovevano concretarsi da parte italiana, mantenendo la tattica difensiva a ponente e a levante e un comportamento offensivo e controffensivo nello scacchiere centrale del Mediterraneo.[9] Esponendo nella Di. Na. Zero i concetti d'azione da attuare nel Mediterraneo, Supermarina escluse la possibilità di iniziare le ostilità di sorpresa *"per conseguire un iniziale vantaggio sull'avversario "*. Prevedendo al contrario *"intense ed immediate azioni franco-britanniche dirette ad intaccare la capacità di resistenza italiana"* l'Organo Operativo dell'Alto Comando Navale ritenne che il nemico avrebbe esercitato una forte pressione nei due bacini del Mediterraneo, mentre al centro avrebbe impiegato l'isola di Malta soltanto come base *"per le poche unità sottili e subacquee"*.

Nella Di. Na. Zero non fu fatto alcun altro cenno al problema di Malta, che pure era stato contemplato nel Documento di Guerra D.G. 10/A2 del novembre 1938, ove era ritenuto elemento fondamentale per mantenere i collegamenti con la Libia la conquista dell'isola.[10] Tuttavia, a partire dal maggio 1940, quando l'entrata in guerra era già stata fissata da Mussolini, fu iniziata la compilazione di un progetto tendente all'occupazione di Malta che, sviluppato dall'ammiraglio Giuseppe Fioravanzo, fu ultimato a conflitto iniziato, il 18 giugno.

Essendo nel frattempo subentrata la presunzione di ritenere l'operazione della conquista di Malta superflua e quindi non necessaria, perché con la resa della Francia l'isola appariva ormai indifendibile, il piano fu abbandonato anche per le difficoltà presentatesi per deficienza di mezzi da sbarco, ed anche perché si fece affidamento sulla capacità dell'aviazione di neutralizzare quell'obiettivo che non presentava allora un grosso pericolo. A Malta mancavano del tutto i mezzi navali, salvo qualche sommergibile, ed i pochi aerei presenti sui tre aeroporti dell'isola (non più di venti),

---

[9] Le direttive strategiche, compilate tra il 1935 e il 1940 dall'Ufficio Piani dello Stato Maggiore della Regia Marina, erano contenute in una prima serie di documenti con caratteristica "Di.Na." (Direttive Navali-Aeree) seguite da un numero distintivo, ciascuna dedicata ad un particolare gruppo di forze e servizi, e da una seconda serie di Documenti con caratteristica "D.G." (Documenti di Guerra), ciascuno dedicato ad un particolare argomento operativo. Vi erano poi le "O.G." che riguardavano l'impiego dei sommergibili.

[10] Il D.G. 10/A2, compilato durante la crisi del 1938, contemplava, su richiesta degli Stati Maggiori dell'Esercito e dell'Aeronautica, un progetto di massima per il trasporto in Libia, a mezzo di convogli fortemente scortati, di un grosso contingente di truppe e di equipaggiamenti necessari oltremare, prima di una possibile entrata in guerra e nel periodo immediatamente successivo. Vi erano previsti la celerità dei trasporti, impiego dei mezzi aerei e navali, possibilità dell'offesa nemica, nei riguardi della quale, per assicurare la traversata di ciascun convoglio, sarebbe occorso conseguire *"il temporaneo dominio del mare"* per la durata di ciascuna operazione. Pertanto il D.G. 10/A2, appariva come un vero e proprio piano di guerra perché fissava obiettivi e direttive nei riguardi di un probabile imminente conflitto contro la Francia e l'Inghilterra. Nei riguardi di Malta l'*"occupazione"* era considerata necessaria per assicurare l'incolumità di una qualsiasi operazione in grande stile italiana, programmata per il rifornimento della Libia, dal momento che la sola neutralizzazione di quella piazzaforte britannica, da assegnare all'Aeronautica, non avrebbe dato *"identico risultato"*. Parole profetiche!

compresi per la difesa aerea soltanto cinque caccia biplani "Gladiator" della Marina che erano stati lasciati ad Hal Far dalla portaerei *Furious*), erano privi di sufficiente autonomia per attaccare con successo i convogli italiani le cui rotte passavano a distanza di sicurezza.

Roma, 10 giugno 1940, giorno dell'entrata in guerra dell'Italia, al Vittoriano. A destra l'ammiraglio Domenico Cavagnari, Sottosegretario di Stato e Capo di Stato Maggiore della Marina. Alla sua sinistra il grande ammiraglio Paolo Taon de Rovel.

La Difesa dei principali obiettivi del territorio metropolitano e delle linee di comunicazione con i possedimenti della Libia e dell'Albania, appariva come l'unico comportamento possibile ad una Marina nettamente inferiore a quella della coalizione nemica. Pertanto si intendevano evitare scontri con forze decisamente prevalenti, e nel contempo cercare di logorare l'avversario con largo impiego di sommergibili e unità leggere e sottili, ed eventualmente intervenire in forze, contando sull'appoggio dell'Aeronautica, agendo per linee interne per impedire la riunione delle forze avversarie attraverso il Canale di Sicilia.

Come vedremo, i compiti prettamente offensivi della Flotta, ad iniziare dalla battaglia di Punta Stilo (9 luglio 1940), furono abbandonati dopo alcuni iniziali sfortunati tentativi a favore di un deleterio impiego difensivo dal quale fu poi impossibile districarsi, perché ritenuto l'unico possibile per assicurare le rotte di rifornimento dell'Albania e dell'Africa Settentrionale. La incerta e cauta linea di condotta seguita a questo concetto di strategia era basata sulla tacita convinzione della superiorità inglese, avvalorata ancor più dai primi insuccessi italiani, e dal convincimento, forse in parte più logico, che la Regia Marina avrebbe avuto minori possibilità di rimpiazzare le perdite rispetto a quelle della Royal Navy, come in effetti avvenne in maniera sempre più consistente nel corso della guerra.

Malta, aeroporto di Hal Far nel 1940. Due dei cinque caccia biplani Gladiator della Royal Navy impiegati per la difesa aerea dell'isola.

I molti piani elaborati nel corso del 1940 danno una chiara idea dello stato di indecisione e di ripensamenti, non sempre logici, esistenti nei responsabili di Supermarina. Essi, dopo aver messo a punto, su proprie esigenze, o su richieste provenienti dal Comando Supremo e dagli Stati Maggiori delle altre Forze Armate, i più disparati progetti operativi, consistenti in puntate offensive della flotta, bombardamenti costieri, sbarchi ecc., quasi mai riuscirono a tradurli in interventi risolutori. E ciò perché la loro preoccupazione fu sempre rivolta, in ogni occasione, anche la più favorevole, a schivare un eventuale insuccesso tattico e ad evitare perdite.

Su questo comportamento rinunciatario influì in parte, con il passare dei mesi, anche la consapevolezza di un'errata scelta del materiale navale; essa ebbe negativi riflessi soprattutto nell'imprecisione delle maggiori artiglierie per le quali risultò difficile la messa a punto dei calcatoi delle corazzate tipo "Littorio", ed anche a causa delle cattive cariche di lancio, mal dosate, a cui si aggiunse la mancanza di apparecchiature tecniche adeguate, quali: il radar, l'ecogoniometro, i telemetri a grande luce notturna, binocoli più efficienti come i tedeschi Zais, proiettori a finestra che non mostravano la loro luce al nemico nel momento in cui venivano puntati sull'obiettivo, tutti strumenti particolarmente utili nei combattimento notturni. Infine, a partire dall'estate del 1941, si sarebbe aggiunto il problema di una sempre più marcata deficienza di nafta, con riflessi negativi soprattutto nel campo dell'addestramento, che occorreva assolutamente adeguare a quello decisamente elevato del nemico, per non esserne travolti.

In questa situazione i responsabili di Supermarina mantennero una linea intransigente nella ricerca del combattimento, che continuarono a ritenere fosse solo nell'interesse degli inglesi, anche quando questi ultimi dirigevano verso il Mediterraneo Centrale in condizioni di inferiorità potenziale e numerica chiaramente manifesta.

CAPITOLO IV: L'IMPIEGO DELLA SQUADRA NAVALE

Per chiarire come la Regia Marina aveva organizzato le sue strutture in previsione di una guerra, ed adeguato le sue istruzioni operative per i Comandanti delle Squadre Navali, l'ammiraglio Giuseppe Fioravanzo ha spiegato esaurientemente il comportamento di Supermarina in sede tattica e nei riguardi dei Comandi marittimi e navali esponendolo nel modo seguente:[11]

"A ragione dei troppo evanescenti confini fra la strategia e la tattica SUPERMARINA si è sempre trovata durante il corso delle operazioni in mare davanti a due quesiti: intervenire o non intervenire; e in caso positivo, fino a che momento, fino a che punto e in quale modo intervenire?
A questi interrogativi, che implicavano gravi responsabilità di comando e definizione concreta dei rapporti tra l'Alto Comando Centrale operativo e i Comandanti Superiori in mare, SUPERMARINA si è data di volta in volta una risposta che è stata normalmente ispirata al criterio di evitare interferenze nella libertà di decisione di chi era responsabile della manovra pretattica e tattica, limitandosi di massima a fornirgli notizie sull'avversario - ritenute atte a chiarire la situazione - che ricavava dalla decrittazione dei suoi segnali intercettati e dagli avvistamenti aerei".

Questa esposizione dell'ammiraglio Fioravanzo è però alquanto in contrasto con quanto scritto dall'ammiraglio Angelo Iachino che, tra il 9 dicembre 1940 e il 5 aprile del 1943, ricoprì la carica di Comandante in Capo della Squadra Navale, dopo aver comandato la 2ª Squadra Navale.[12] Affrontando il delicato argomento dei suoi rapporti con Supermarina, ed esponendo anche quali fossero i sentimenti riscontrabili nei vari Comandi periferici che, come lui, dipendevano per importanti decisioni dagli ordini, dalle direttive e dai consigli diramati in ogni circostanza, anche per argomenti di minore valore, dall'Organo Operativo dell'Alto Comando Navale, Iachino è stato piuttosto critico. Infatti, pur ammettendo che l'organizzazione di Supermarina era la più logica dal punto di vista teorico, quale Ente per la direzione della guerra navale e per la raccolta delle informazioni, ha lamentato il fatto che a quella *"Organizzazione rapidamente organizzata"* a terra, avrebbe dovuto corrispondere sulle navi una organizzazione *"più elastica"*; ciò allo scopo di *"permettere al Comando in mare non solo di sfruttare meglio e più rapidamente le informazioni operative, senza aspettare di riceverle di seconda mano da Roma, ma anche di dare disposizioni direttamente, cioè senza perdita di tempo, alle forze aeree e subacquee che prendevano parte all'operazione"*.

E nel dare il suo giudizio complessivo sul funzionamento di Supermarina nella condotta delle operazioni navali, egli lamentò di avervi riscontrato varie lacune, soprattutto proprio nell'importante settore dei servizi informazioni e delle comunicazioni alla flotta, che, sebbene migliorati nel tempo, *"non riuscirono mai a soddisfare completamente"*.

---

[11] Giuseppe Fioravanzo, *L'organizzazione della Marina durante il conflitto*, Tomo I, *Efficienza all'apertura delle ostilità*, USMM, p. 60-61.
[12] Angelo Iachino, *Tramonto di una grande Marina*, Mondadori, Milano, 1959, p.132-133.

Quello che soprattutto l'ammiraglio Iachino contestò all'operato dei Capi della Marina, che si erano succeduti nell'alto incarico della direzione e condotta della guerra navale, in particolare all'ammiraglio Cavagnari, fu la teoria della "*Fleet in being*" (la flotta in potenza), che consisteva nell'attenersi ad un rigido criterio della difensiva nei confronti di un nemico più forte, per obbligarlo a tenere forze adeguate nel Mediterraneo, a scapito delle operazioni da svolgere in altri mari.[13]

Incrociatori pesanti italiani della 2ª Squadra in navigazione nell'anteguerra.

Ma per comprendere il significato delle contestazioni dell'ex Comandante in Capo della Flotta italiana, sulla validità della tattica della "*Feet in being*", dobbiamo tornare indietro nel tempo allo scopo di conoscere quale fu la dottrina d'impiego adottata dalla Regia Marina all'inizio della guerra.

Non avendo ritenuto conveniente la ricostituzione del Comando in Capo dell'Armata Navale, esistente durante la prima guerra mondiale, sciolto negli anni venti, la Regia Marina aveva organizzato la propria flotta di superficie in due squadre, che il 10 giugno 1940 si trovavano distribuite in basi dell'Italia meridionale, in particolare a Taranto, Augusta, Palermo e Napoli, per intervenire a copertura del "*Dispositivo del Canale di Sicilia*". Il dispositivo era stato creato con apposite direttive, per coordinare l'impiego

---

[13] La "Flet in being", una tattica che consisteva nel farsi avvistare dal nemico, per poi attaccarlo soltanto in condizioni accertate di potenzialità favorevoli. Queste potenzialità favorevoli consistevano nel fatto che la Flotta italiana doveva evitare il combattimento alla pari, e ricercarlo soltanto se il numero delle sue navi da battaglia fosse stato marcatamente superiore a quello del nemico. Esempio: 2 corazzate italiane, contro soltanto una britannica. Ciò risulta chiaramente da un Promemoria (n. 5) di Supermarina del 3 gennaio 1941, "*Operazioni verso ponente*", da noi inserito nella collana *Corrispondenza e Direttive Tecnico-Operative di Supermarina*, 2° Volume, 1° Tomo, Documento n. 1, p. 81.

del naviglio leggero e dei sommergibili contro forze navali nemiche che intendessero attraversare quel tratto di mare fortemente minato o che cercassero di effettuare pericolose incursioni contro le coste metropolitane meridionali più esposte.

I dettagli d'impiego della Flotta italiana erano chiaramente riportati nella Direttiva Navale Aerea n. 1 (Di. Na. 1) del 19 agosto 1939, in cui in caso di conflitto con Gran Bretagna e Francia, si doveva attenere al seguente concetto operativo:[14]

"Guerra di logoramento con atteggiamento difensivo ad occidente e ad oriente, ed atteggiamento offensivo e controffensivo al centro".

Inutilmente il Capo del Governo Italiano (Presidente del Consiglio), Benito Mussolini, tentò di ribaltare tale prudente mentalità d'impiego, che praticamente riduceva le possibilità d'intervento della Flotta italiana alla difesa delle coste nazionali, alla protezione del traffico nelle acque metropolitane e con la Libia, e ad impedire, con lo sbarramento del Canale di Sicilia, la riunione delle flotte nemiche dislocate nei due bacini del Mediterraneo, occidentale e orientale.

Il 10 giugno 1940 la Regia Marina entrò in guerra con una grande flotta ma non ancora perfettamente a punto. Il potenziale navale raggruppato nella 1ª e nella 2ª Squadra Navale, rispettivamente al comando dell'ammiraglio Inigo Campioni e dell'ammiraglio Riccardo Paladini – poi nella seconda metà di luglio del 1940 sostituito, per un angina pectoris, dall'ammiraglio Angelo Iachino – era allora di consistenza nettamente inferiore a quello della coalizione franco-britannica che poteva schierare ben dieci corazzate, tutte pienamente operative, cinque delle quali concentrate, assieme ad una vecchia portaerei francese (*Bearn*), nel Mediterraneo occidentale, e altrettante, con un'altra anziana portaerei britannica (*Eagle*), in quello orientale.

La Regia Marina, sulle sei navi da battaglia disponibili, ne aveva efficienti, e quindi perfettamente in grado di combattere, soltanto due, la *Giulio Cesare* e la *Conte di Cavour* risalenti alla prima guerra mondiale e rimodernate nel 1937, a cui si aggiungevano altre due corazzate rimodernate del medesimo tipo, l'*Andrea Doria* e la *Caio Duilio*, tutte e quattro armate con dieci cannoni da 320 mm, un calibro inferiore a quello disponibile nelle unità delle flotte nemiche. Le altre due grandi navi da battaglia di costruzione moderna, la *Littorio* e la gemella *Vittorio Veneto*, di oltre 41.000 tonnellate ed armate con nove cannoni da 381 mm, entrate a far parte della 1ª Squadra Navale nel maggio 1940, si trovavano ancora in periodo di addestramento; ma avevano problemi per una difficile messa a punto delle artiglierie da 381 mm, specialmente ai calcatoi, che richiedevano il lavoro degli operai delle ditte costruttrici. Pertanto né le "Duilio", anch'esse nelle stesse condizioni di inefficienza, essendo impegnate nella fase di addestramento, né le "Littorio" poterono partecipare alla battaglia di Punta Stilo del 9 luglio 1940.

Pertanto, per ottemperare alla bellicosa direttiva del 31 marzo di Benito Mussolini, *"Offensiva su tutta la linea, in Mediterraneo e fuori"*, non potendo impiegare in puntate offensive il numeroso naviglio di superficie, costituito da ventidue incrociatori e una cinquantina di cacciatorpediniere, senza l'appoggio delle navi da battaglia, nel primo periodo guerra restavano disponibili, per operare in zone sotto il controllo delle Flotte

---

[14] Archivio Ufficio Storico della Marina Militare (da ora in poi AUSMM), fondo *Direttive Navali*.

franco-britanniche, soltanto i 115 sommergibili (otto in Mar Rosso) alle dipendenze del Comando della Squadra Sommergibili. (Maricosom).

La corazzata *Andrea Doria* a Pola durante l'addestramento seguito ai lavori di rimodernamento.

Ma nonostante l'ampio schieramento impiegato i loro successi furono limitati all'affondamento dell'incrociatore leggero britannico *Calypso*, alla petroliera norvegese *Orkanger* e al piroscafo neutrale svedese *Elgo*, cui fece riscontro la perdita elevata di sei unità subacquee, a cui se ne aggiunsero altre quattro in Mar Rosso dove fu affondata soltanto una petroliera, la norvegese *James Stove*.

Con la sconfitta della Francia, sotto i colpi di maglio della macchina bellica tedesca, a iniziare dalla fine di giugno restarono nel Mediterraneo, come unico rivale della Marina italiana, le flotte britanniche, ripartite tra Alessandria (Mediterranean Fleet) e Gibilterra (Forza H), che erano praticamente padrone dei bacini orientali e occidentali del "*Mare nostrum*".

L'inferiorità numerica e potenziale in navi da battaglia rappresentava un deterrente nettamente sfavorevole che non poteva permettere alla flotta italiana di uscire dalle proprie basi per affrontare in forze il nemico. Ne conseguì che durante i tredici giorni di guerra con la Francia, lasciati completamente sguarniti l'Alto Tirreno e il Golfo Ligure, il tutto si limitò a qualche missione di vigilanza e all'attività del naviglio sottile e dei sommergibili, che continuarono a conseguire gravi perdite e risultati modestissimi; in parte determinati da scarsità di traffico. Ma questo concetto rinunziatario non era presente nelle Marine britannica e francese.

Nel corso dell'estate vennero impartiti ai sommergibili italiani ordini operativi non sempre adeguati per agire in settori in cui il traffico britannico, dopo la resa della Francia, era divenuto molto scarso, in certe zone assolutamente inesistente.

La corazzata rimodernata *Giulio Cesare*, nave ammiraglia della 1ª Squadra Navale dell'ammiraglio Inigo Campioni, seguita dalla gemella *Conte di Cavour*. Erano più piccole, meno protette e meno armata per potenza di artiglieri a qualsiasi delle corazzate britanniche e anche francesi. Disponeva di dieci cannoni da 320 mm, mentre le corrispondenti unità francesi aveva il 381 e il 330 mm, e quelle britanniche tutte il 381.

La poppa di un cacciatorpediniere italiano in navigazione in una missione di posa mine.

Infatti, nel maggio 1940, prima ancora che l'Italia entrasse in guerra, la Gran Bretagna aveva abbandonato le rotte del Mediterraneo dirette al Canale di Suez, dirottando tutta la navigazione commerciale e gli approvvigionamenti militari destinati al Medio e all'Estremo Oriente per la più lunga ma più sicura rotta del Capo di Buona Speranza, compiendo praticamente la circumnavigazione dell'Africa.

Roma, Villa Incisa all'Olgiata sulla via Cassia, 24 giugno 1940. Il maresciallo Badoglio legge le condizioni di resa dell'Italia alla Francia.

In queste condizioni, fin dai primi di luglio 1940 Supermarina si era resa conto che l'attività dei molti sommergibili operanti nel Mediterraneo sarebbe stata vanificata, anche perché gli unici bersagli rimasti erano costituiti da scarsi convogli fortemente scortati, e dalle maggiori navi da guerra che si muovevano adeguatamente protette da cacciatorpediniere, e con l'appoggio aereo dei formidabili idrovolanti Sunderland della RAF (228° e 230° Squadron), di base a Alessandria e Gibilterra. Pertanto per i sommergibili l'attacco risultava sempre di dubbio effetto e molto pericoloso, essendo le navi scorta britanniche dotate di apparati di rilevamento per l'epoca molto sofisticati, gli "Asdic", e i Sunderland armati con bombe al Torpex di micidiale effetto distruttivo. Ne conseguì che, anche in seguito alle perdite (dieci sommergibili negli ultimi venti giorni di giugno), fu necessario rivolgersi alla Germania, che aveva occupato tutti i porti della Francia settentrionale, allo scopo di creare una base Atlantica che potesse permettere ai battelli italiani di operare contro l'intenso traffico commerciale e militare che percorreva l'oceano.

In seguito ad accordi sviluppati con l'ammiraglio Eberhard Weichold, Ufficiale di Collegamento dell'Alto Comando della Marina Germanica presso Supermarina e dopo l'approvazione del Führer, fu concessa la disponibilità del porto di Bordeaux, dove i sommergibili passando in immersione lo Stretto di Gibilterra, cominciarono ad arrivare nel mese di settembre. Nei tre anni successivi, un totale di 32 sommergibili a disposizione del Comando Forze Subacquee italiane in Atlantico ("Betasom") avrebbero ottenendo risultati considerevoli, costituiti dall'affondamento di centonove navi mercantili (89 piroscafi e 20 petroliere) per 605.369 tsl, e, il danneggiamento accertato di un cacciatorpediniere, di un grosso incrociatore ausiliario e di quattro navi mercantili per 34.061 tonnellate; successi che furono pagati con la perdita di sedici sommergibili.[15]

---

[15] Francesco Mattesini, *Betasom. La guerra negli Oceani (1940-1943)*", Ufficio Storico della Marina Militare, 1ª edizione 1993, 2ª edizione 2003 (rivisitato e ampliato)

CAPITOLO V: LE PRIME OPERAZIONI DI GUERRA E I PRIMI CONTRASTI

L'11 giugno ebbero inizio le operazioni belliche. Mentre la flotta italiana limitò la attività a crociere di carattere difensivo nei settori meridionali, tra la Sardegna e il Mare Ionio, e a dedicarsi alla posa delle mine lungo le coste e nel Canale di Sicilia, le squadre navali avversarie non stettero affatto a guardare. Esse bombardando obiettivi della Cirenaica, dove si ebbe presso Tobruk la prima perdita con la cannoniera *Giovanni Berta* (nocchiere 1ª classe Angelo Paolucci), affondata il 12 giugno dagli incrociatori britannici della 3ª Divisione della Mediterranean Fleet *Liverpool* e *Gloucester*, e del Golfo Ligure; quest'ultimo settore lasciato completamente sguarnito dalla Regia Marina, pur sapendo che a Tolone, uno dei migliori ed efficienti porti naturali del mondo, erano dislocati i quattro incrociatori pesanti francesi della 3ª Squadra, *Algerie*, *Foch*, *Colbert* e *Duplaix*.

Il mattino del 14 giugno, scortati da undici cacciatorpediniere, essi sottoposero a bombardamento navale il tratto di costa tra Vado e Genova, vanamente contrastati dalla piccola torpediniera *Calatafimi*, da quattro Mas della 13ª squadriglia (*Mas 534-535* e *538-539*) e dalle artiglierie costiere. Queste ultime colpirono gravemente il cacciatorpediniere *Albatros* con un proiettile da 152 mm sparato dalla Batteria Mameli. Nessun intervento si verificò invece da parte della Regia Aeronautica, anche perché una formazione di dieci S.79 del 105° Gruppo Bombardieri, decollata da Pisa in due pattuglie, guidate dal tenente colonnello Remo Cadringher e dal maggiore Galeazzo Ciano (Ministro degli Esteri del Governo italiano) non rintracciò le navi nemiche a causa della presenza di banchi nuvolosi nel Golfo Ligure.

L'incrociatore pesante francese *Algerie* che partecipò al bombardamento di Genova.

Il cacciatorpediniere francese *Albatros*, che nel bombardamento di Genova fu colpito e danneggiato da un proietto da 152 mm sparato dalla Batteria Mameli, della Regia Marina.

Nell'immagine ripresa nell'aeroporto di Tirana nel gennaio 1941, da sinistra il colonnello Umberto Nannini, comandante dell'aeroporto, conversa con il tenente colonnello Remo Cadringher, comandante del 105° Gruppo Bombardamento, che ha alle spalle il maggiore Galeazzo Ciano, Ministro degli Esteri del Governo italiano. Decollati da Pisa con dieci bombardieri S.79 per attaccare le navi francesi che avevano bombardato Genova il 14 giugno 1940, Cadringher e Ciano non trovarono l'obiettivo.

Allarmato dall'inaspettata iniziativa francese, che si manifestò anche con attacchi aerei su varie città italiane a cui partecipò anche la RAF, lo stesso 14 giugno il maresciallo Badoglio invitò i capi di Stato Maggiore della Marina e dell'Aeronautica "*a dare il massimo concorso possibile alla difesa di importanti località della costa ligure-*

toscana".[16] Laconicamente l'ammiraglio Cavagnari rispose di poter contrastare gli attacchi navali francesi *"soltanto con azioni di sommergibili e con sbarramenti di torpedini"*, in quanto non ritenne conveniente di spostare una delle proprie squadre navali nel Tirreno, per non sguarnire il più importante scacchiere marittimo della Sicilia. E per giustificare tale discutibile affermazione, sostenne: *"Il nemico potrebbe portare sulle coste sicule le offese che si vorrebbero evitare alle coste tirreniche"*.

Poiché la difesa delle coste nord-occidentali della penisola italiana era pur sempre essere assicurata, anche se in forma ridotta, Cavagnari fece sapere a Badoglio di essersi accordato con il Sottosegretario e Capo di Stato Maggiore della Regia Aeronautica, generale Francesco Pricolo, per la ripartizione dei compiti operativi di carattere aereonavale; ed affermo che il generale Pricolo si era impegnato di assumere *"nel settore dell'Alto Tirreno l'onere di contrastare con mezzi adeguati le azioni aeronavali inglesi e francesi"* contro le coste metropolitane, ed era pronto a far bombardare la base navale di Tolone e gli aeroporti da cui partivano le azioni offensive dell'avversario.[17]

Questi accordi furono ratificati dal Comando Supremo il 16 giugno 1940, fissando che le offese contro unità navali nemiche che si fossero presentate nel Tirreno dovevano svolgersi con l'intervento dell'Aeronautica nel tratto di mare situato a nord dell'Isola d'Elba, mentre a sud le operazioni sarebbero state di pertinenza della Marina.[18]

Tuttavia la dubbia efficienza di tali misure protettive non fu messa alla prova, per la resa della Francia, che avvenne il 25 giugno. A iniziare da questo momento si determinò nell'Alto Tirreno un lungo periodo di tregua, poiché le operazioni belliche della Regia Marina e della Regia Aeronautica si svolsero per il restante periodo del 1940 quasi totalmente a sud delle coste italiane, per fronteggiare i movimenti delle due flotte britanniche, la Mediterranean Fleet basata ad Alessandria, e la Forza H che, come vedremo, con la resta della Francia si era costituita e a Gibilterra.

Mussolini, rientrato il 19 giugno da Monaco di Baviera, ove si era incontrato con Hitler per concordare le condizioni di resa da offrire alla Francia e la strategia da tenere nei confronti della Gran Bretagna, impartì a Badoglio nuove direttive da comunicare agli Stati Maggiori delle Forze Armate.

Il Duce affermò che il compito della Marina doveva essere *"immutato"* e quello dell'Aeronautica di continuare le azioni di bombardamento contro Tolone, che erano iniziate la notte del 13-14 giugno con un attacco notturno. Soltanto il giorno 25, quando furono segnalati movimenti navali nel Mediterraneo Occidentale, che facevano presumere un'evacuazione dalla Francia verso l'Algeria, Badoglio impartì a Pricolo e Cavagnari l'ordine di colpire con tutti i mezzi disponibili.[19]

---

[16] SMEUS, *Verbali delle riunioni tenute dal Capo di SM Generale*, cit., p. 55.
[17] Archivio SMEUS (da ora in poi ASMEUS), *Diario Storico del Comando Supremo*, lettera di Supermarina n. 25539, cartella 1145, allegato 231: Tutti i principali documenti riportati in questo Saggio si trovano in Francesco Mattesini, *Le Direttive Tecnico-Operative di Superaereo*, anno 1992, e *Corrispondenza e Direttive Tecnico-Operative di Supermarina*, anno 1940, editi dagli uffici storici della Marina e dell'Aeronautica.
[18] Archivio Stato Maggiore Aeronautica Ufficio Storico (da ora in poi ASMAUS), lettera del Comando Supremo n. 385, fondo *OP.1*, cartella 11.
[19] ASMEUS, *Diario Storico del Comando Supremo*, fonogramma 1/681, cartella 1445/A.

Il generale Francesco Pricolo, Sottosegretario e Capo di Stato Maggiore della Regia Aeronautica, in visita a un aeroporto del Piemonte conversa con ufficiali i piloti il 28 giugno 1940.

Tuttavia la condotta offensiva della Marina e dell'Aeronautica non fu allora sperimentata, perché la firma dell'armistizio con la Francia determinò un breve periodo di tranquillità nel Mediterraneo occidentale. Esso si prolungò fino al 3 luglio, poiché il Governo britannico, con la resa della Francia, si vide costretto a costituire, al comando del vice ammiraglio James Soverville, una flotta di base a Gibilterra, denominata Forza H, comprendente l'incrociatore da battaglia *Hood*, le corazzate *Barham* e *Resolution*, la portaerei moderna *Ark Royal*, i due incrociatori leggeri *Arethusa* e *Enterprise*, e undici cacciatorpediniere, i cui compiti iniziali furono quelli di neutralizzare la flotta francese, ancorata nella base di Mers el Kebir presso Orano, colpendola duramente per impedire che le sue navi cadessero sotto il controllo tedesco.[20] L'operazione, denominata in codice "Catapult", fu infatti pianificata dall'Ammiragliato britannico su iniziativa del Governo di Londra.

Dopo discussioni che non convinsero i francesi, le navi da battaglia britanniche cominciarono un micidiale bombardamento, che fu integrato da attacchi di aerosiluranti Swordfish decollati dell'*Ark Royal*, che portò all'affondamento della corazzata *Bretagne* e del cacciatorpediniere *Magador*, e al danneggiamento della corazzata *Provence* e dei

---

[20] A Gibilterra aveva sede il Comando del Nord Atlantico, che disponeva di naviglio leggero impiegato nella sorveglianza dello Stretto e la scorta oceanica ai convogli in arrivo o in partenza. Vi era anche una flottiglia di vecchi cacciatorpediniere.

due moderni incrociatori da battaglia *Dunkerque* e *Strasbourg*. I francesi ebbero inoltre 1.147 morti.

La moderna portaerei *Ark Royal* della Forza H di Gibilterra sorvolata dai suoi velivoli Swordfish dell'820° Squadron.

Dopo di ciò, la Forza H ebbe il compito di esercitare il controllo del Mediterraneo occidentale, allo scopo di dividere l'attenzione degli italiani dal bacino orientale, che si trovava sotto il controllo della Mediterranean Fleet, che poteva disporre delle quattro corazzate *Warspite*, *Malaya*, *Royal Sovereign* e *Ramillies*, nonché la portaerei *Eagle*, nove incrociatori e venticinque cacciatorpediniere.

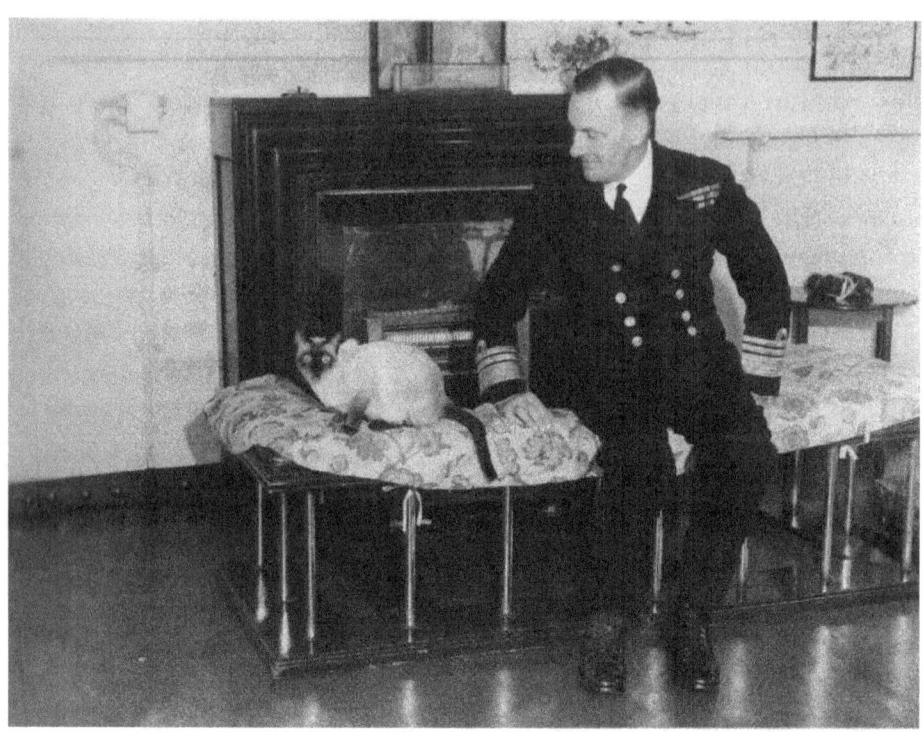
Il vice ammiraglio James Somerville Comandante della Forza H, che attaccò la flotta francese all'ancora a Mers el Kebir, con il suo gatto siamese Figaro.

La flotta francese sotto il bombardamento delle corazzate della Forza H

a Mers el Kebir. Questa flotta aveva insistentemente attaccato vari obiettivi costieri della Cirenaica, in particolare Bardia e Tobruk, senza che da parte italiana fosse stata opposta una valida reazione. Ciò sollevò le recriminazioni del maresciallo Italo Balbo, Governatore e Capo delle Forze Armate della Libia. Il 21 giugno egli aveva richiamato l'attenzione del Comando Supremo su un bombardamento effettuato in mattinata su Bardia da navi britanniche, sostenendo ironicamente: *"Se si va in cerca della Flotta inglese est positivo che in questi mari est largamente rappresentata*".[21] Badoglio rispose due giorni dopo in modo alquanto seccato, giustificando l'inattività della flotta italiana con le seguenti parole:[22]

La tragedia della Flotta francese a Mers el Kebir. L'esplosione della corazzata *Bretagne*.

"Situazione reciproca forze navali Mediterraneo est ben nota et attentamente seguita da me e da Cavagnari. Di fronte a due nostre navi da battaglia ve ne sono undici franco-inglesi. Andare a cercare est piuttosto difficile".

L'indomani, 24 giugno, in seguito alla rinnovata presenza di una squadra navale britannica presso le coste della Cirenaica, e facendo presente di aver mandato sul nemico una formazione di aerei da bombardamento, Balbo ribatteva in modo pungente: *"Avrei intenzione di non logorare mie forze aeree per sorvegliare navi inglesi in questo mare che è abbandonato da Regia Marina"*. Gli fu risposto l'indomani da Badoglio: *"Se navi inglesi ti bombardano interviene con aviazione, Se passano al largo risparmia tua aviazione"*.[23]

Di fronte alle pressioni esercitate da Balbo perché venisse concessa alla Libia la facoltà di poter disporre di una maggiore presenza navale, Supermarina si decise a fare qualcosa, decidendo di inviare a Tobruk una sezione di due torpediniere e una squadriglia di tre cacciatorpediniere, per rinforzare quella che già vi si trovava ed era entrata in azione bombardando Sollum.

---

[21] ASMEUS, *Diario Storico del Comando Supremo*, fonogramma 01/205634, cartella 1445/A.
[22] *Ibidem*, fonogramma 1/856.
[23] *Ibidem*, fonogrammi 01/205796 e 930/Op.* Al bombardamento di Bardia del 21 giugno (operazione "MD.3") parteciparono La corazzata francese *Lorraine* e gli incrociatori britannici *Orion*, *Neptune*, *Sydney* e i cacciatorpediniere britannici *Stuart*, *Decoy*, *Dainty* e *Hasty*.

Tuttavia, il comportamento dei capi della Marina, Cavagnari e del suo vice, ammiraglio Odoardo Somigli, fu stigmatizzato dal generale Quirico Ermellini, al Comando Supremo ufficiale addetto al maresciallo Badoglio, che alle pagine 444-46 del suo "*Diario di guerra*" scrisse testualmente:

"*La Marina è restia a muovere, secondo me per due ragioni: perché non vuole correre il rischio di perdere le sue unità, perché fa resistenza all'autorità del Comando Supremo. Lo spirito di indipendenza che ha sempre caratterizzato le FF.AA. italiane, prevale anche guerra durante. La necessità del comando unico non è riconosciuta. Anche dopo scomparsa della flotta francese la Marina non accenna a modificare il suo schieramento che – fra Taranto e Augusta* [sedi della 1ª e della 2ª Squadra Navale] *si rivela inadatto*".

Occorre riconoscere che Armellini aveva pienamente ragione. La rinunciataria condotta offensiva imposta da Cavagnari alla Marina, che inizialmente poteva essere giustificata dalla sfavorevole relatività delle forze navali nazionali rispetto a quelle a disposizione degli anglo-francesi, con una proporzione in navi da battaglia di cinque a uno, dopo la resa della Francia non aveva più motivo di esistere. La Regia Marina venne infatti a trovarsi avvantaggiata dalla possibilità di poter manovrare per linee interne, affrontando se lo avesse desiderato e ritenuto conveniente, con superiorità di forze l'una o l'altra delle due squadre navali britanniche dislocate a Gibilterra e Alessandria.[24] Invece, pur tenendo l'intera flotta dislocata nelle acque metropolitane del Mare Ionio, fu permesso al nemico di incrociate nel Mediterraneo centro-orientale e occidentale senza quasi nessun disturbo, se si eccettua l'intervento dei sommergibili, la cui attività bellica fu in quel primo scorcio di guerra particolarmente deludente, soprattutto che si considera che vi era una forza complessiva di ben 108 unità subacquee operanti nel Mediterraneo, a cui se ne aggiungeva altri otto nel Mar Rosso, con base a Massaua (Eritrea).

I risultati utili, ottenuti con siluramento degli obiettivi furono i seguenti: La notte del 12 giugno il sommergibile *Alpino Bagnolini* (capitano di corvetta Franco Tosoni Pittoni) affondò il piccolo e vecchio incrociatore britannico *Calypso* (capitano di vascello William Joseph Henry Noorman) a sud dell'isola di Creta; il 13 giugno il *Najade* (tenente di vascello Luigi Baroni) affondò la petroliera norvegese *Orkanger*, di 8.030 tsl, presso Alessandria; Infine il 22 giugno il *Pier Capponi* (capitano di corvetta Romeo Romei) affondò il neutrale piroscafo svedese *Elgo*, 1.888 tsl, a nord di Sfax, a sud di Capo Bon. Per contro sei sommergibili italiani operanti nel Mediterraneo non rientrarono alla base, e altri quattro andarono perduti nel Mar Rosso, dove fu conseguito un solo successo con il *Galileo Galilei* (capitano di corvetta Corrado Nardi), che affondò la petroliera norvegese *James Stove*, di 8.215 tsl, per venire poi catturato da una piccola unità britannica, il peschereccio armato (trawler) *Moonstone* (tenente di vascello William Joseph Henry Norman) che purtroppo si impossesso dei codici e dei documenti segreti del sommergibile, che furono anche prelevati in Mediterraneo nell'affondamento, ritardato dall'equipaggio, dello *Uebi Scebeli* (tenente di vascello Bruno Zani).

---

[24] Francesco Mattesini, *La battaglia aeronavale di mezzo agosto*, Roma, Edizioni dell'Ateneo, 1986, p. 16.

Acque a sud di Creta, 29 giugno 1940. Il sommergibile italiano *Uebi Scebeli* in affondamento dopo l'attacco dei cacciatorpediniere *Dainty* e *Ilex*. L'equipaggio si mette in salvo su imbarcazioni calate in mare dalle navi britanniche, che con una squadra da preda hanno tutto il tempo di catturare documenti segreti del sommergibile.

Nel contempo, la libertà d'azione concessa dalla Regia Marina alle flotte britanniche permise ai comandanti della Mediterranean Fleet e della Forza H, ammiragli Cunningham e Somerville, di approfittarne in più occasioni, e i risultati delle scorrerie delle loro unità, particolarmente dei velivoli imbarcati sulle portaerei, non si fecero attendere.

Tra il 27 e il 29 giugno una squadriglia di cacciatorpediniere localizzò a sud di Creta uno sbarramento di sommergibili italiani e, in collaborazione con gli idrovolanti Sunderland del 228° e 230° Squadron della RAF, ne affondarono quattro. Nello stesso tempo una divisione di cinque incrociatori della 7ª Divisione della Mediterranean Fleet, *Orion, Neptune, Sydney, Liverpool, Gloucester*), partita da Alessandria al comando del vice ammiraglio John Tovey, sull'*Orion*, per proteggere un importante movimento di convogli in Egeo, affondò a sud-ovest della Grecia il cacciatorpediniere *Espero* (capitano di vascello Enrico Baroni), che con altre due unità similari della 2ª Squadriglia era partito da Taranto per portare rifornimenti di uomini, armi e munizioni e rifornimenti a Tobruk, dove poi i tre cacciatorpediniere dovevano restare a disposizione di Marilibia.

Essi furono attaccati dopo che erano stati avvistati e segnalati agli incrociatori della 7ª Divisione da un ricognitore Sunderland della RAF, con pilota il comandante dell'828° Squadron tenente colonnello Gilbert Nicholetts, e l'*Espero*, il capo squadriglia, restando indietro a fronteggiare il nemico, combattendo valorosamente, riuscì a permettere agli altri due cacciatorpediniere, *Ostro* e *Zeffiro*, di allontanarsi dal nemico e raggiungere la loro destinazione. Al comandante Baroni fu concessa postuma la Medaglia d'Oro al Valor Militare.[25]

L'arrivo a Tobruk di due nuovi cacciatorpediniere italiani *Ostro* e *Zeffiro*, che andarono a rinforzare il reparto siluranti della base in quel grande ancoraggio della Cirenaica, non passò inosservato ai britannici, i quali, immaginando che le unità nemiche erano destinate ad incrementare il bombardamento sulle posizioni costiere egiziane, studiarono il modo per liberarsene. Così iniziò ai primi di luglio, quando un reparto di nove velivoli Swordfish dell'813° Squadron della portaerei *Eagle* fu inviato, con i siluri a bordo, da Dekhella, nella zona di Alessandria, su un aeroporto terrestre avanzato dell'Egitto occidentale, a Maaten Begust, presso Sidi el Barrani.

Il cacciatorpediniere *Espero* fotografato mentre transitava nel Canale che a Taranto separa il Mari Piccolo dal Mar Grande. Notare il ponte girevole.

I nove Swordfish, al comando del capitano di corvetta N. Kennedy, decollarono in due formazioni al tramonto del 5 luglio, e con il buio raggiunsero Tobruk, coordinando l'azione con gli aerei della RAF, cui Comando in Egitto aveva disposto che i velivoli del 211° Squadron effettuassero una ricognizione e un attacco contro l'aeroporto di Tobruk per mezzo di undici velivoli Bristol Blenheim, mentre dodici aerei da caccia biplani Gloster Gladiator del 33° Squadron dovevano sorvolare la zona pronti ad intervenire.

---

[25] Per una ricostruzione accurata ed esaustiva dell'episodio dell'affondamento dell'Espero, vedi: Francesco Mattesini, *L'attività dei Sommergibili e dei Cacciatorpediniere Italiani nel Mediterraneo Orientale nel primo anno di guerra, 29 giugno – dicembre 1940*, Prima Parte, Bollettino d'Archivio dell'Ufficio Storico della Marina Militare, Marzo 2008. Vedi anche, con aggiornamenti, Francesco Mattesini, *Operation "M.A.3", L'eroico combattimento del cacciatorpediniere ESPERO e l'affondamento, con asportazione di documenti segreti del sommergibile UEBI SCEBELI*, nella pagina dell'Autore nel sito *academia edu*.

L'ammiraglio Andred Browne Cunningham Comandante della Mediterranean Fleet ad Alessandria nell'estate 1940. Alle sue spalle la vecchia portaerei *Eagle*.

Una formazione di idrovolanti Sunderland del 228° Squadron della RAF. Erano impiegati nella ricognizione lontana e nella ricerca e attacco ai sommergibili.

I velivoli italiani furono sorpresi al suolo sull'aeroporto T 2, e otto Cr.42 dell'8° e 13° Gruppo Caccia furono danneggiati.

L'attacco degli aerosiluranti ebbe inizio alle 20.20 di qual 5 luglio, ed ebbe effetti devastanti sulle navi presenti all'ancora nel porto. Approfittando del fatto che le unità italiane non si trovavano in recenti retali, sette Swordfish dell'813° Squadron, superato lo sbarramento di armi contraeree della difesa di Tobruk, riuscirono a lanciare i siluri e ad affondare il cacciatorpediniere *Zeffiro* – colpito da un siluro a proravia della plancia che determinò la deflagrazione del deposito munizioni e il distacco della prora – e anche la motonave *Manzoni*. I velivoli britannici riuscirono, inoltre, a danneggiare altre navi italiane: il grosso piroscafi da passeggeri *Liguria*, il piroscafo da carico *Serenitas*, che portato ad incagliare vi restò immobilizzato; infine, il cacciatorpediniere *Euro*, raggiunto da un siluro che gli squarciò la prora, sfondando lo scafo sui due lati, e generando infiltrazioni d'acqua in un locale caldaie.[26]

L'ammiraglio Cunningham, reso euforico dei risultati subito conosciuti attraverso i suoi crittografi, che evidentemente conoscevano bene i codici italiani, nel trasmettere il 6 luglio un rapporto all'Ammiragliato britannico, fece sapere che il successo dell'azione contro Tobruk era stato agevolato dall'ottima collaborazione con la RAF, i cui velivoli da bombardamento avevano attaccato gli aeroporti contemporaneamente all'azione contro le navi italiane dagli aerosiluranti della FAA, che dopo l'azione erano tutti e nove rientrati indenni a Dekheila.

Le soprastrutture dell'affondato cacciatorpediniere italiano *Zeffiro* come apparivano la mattina del 6 luglio 1940, dopo l'attacco notturno degli aerosiluranti britannici. Sullo sfondo, a destra dello Zeffiro sono visibili il relitto affiorante del piroscafo *Manzoni* e dietro l'incolume incrociatore corazzato *San Giorgio*.

Il mattino dello stesso giorno, forse per ritorsione di due bombardamenti navali realizzati precedentemente dai cacciatorpediniere di Tobruk contro Sollum, gli incrociatori leggeri della 3ª Divisione *Capetown* e *Caledon*, al comando del contrammiraglio Edward de Faye Renouf, accompagnati dai quattro cacciatorpediniere *Janus*, *Juno*, *Imperial* e *Ilex*, sparando con le artigliere da 152 mm bombardarono gli obiettivi di Bardia, poco oltre il confine egiziano, e affondando due piccole navi presenti in porto, l'*Axum* e il *S. Antonio*.

---

[26] *The Cunningham Papers*, Volume I, *The Mediterranean Fleet 1939-1942*, Londra, Michael Simpson, 1999, p. 98; Historic Section Admiralty, *Mediterranean*, Volume I, Londra, 1952, p. 150; AUSMM, Supermarina. *Diario cronologico degli avvenimenti, giugno 1940 – ottobre 1941*.

La falla del siluro, lanciato da un velivolo Swordfish dell'813° Squadron della portaerei *Eagle*, che colpì il cacciatorpediniere *Euro*.

La portaerei *Eagle*, cui aerosiluranti, partendo da una base terrestre dell'Egitto, il 5 luglio 1940 attaccarono con successo il naviglio italiano nella rada di Tobruk. A poppa del ponte di volo, pronti al decollo, i velivoli Swordfish. A destra uno dei cacciatorpediniere di scorta.

Tuttavia occorre dire che fino a quel momento la condotta navale britannica si era svolta con una certa prudenza, e le due flotte di Gibilterra e di Alessandria, pur mantenendo una certa attività alle estremità del Mediterraneo, non si erano spinte nel bacino centrale, che era sotto il controllo della Marina e dell'Aeronautica italiana.

CAPITOLO VI: LA STRATEGIA DELLA ROYAL NAVY CONTRO L'ITALIA E LA BATTAGLIA AERONAVALE DI PUNTA STILO DEL 9 LUGLIO 1940

Ai primi di luglio del 1940 le direttive strategiche per la condotta delle operazioni belliche britanniche nello scacchiere del Mediterraneo, erano conformi a quanto pianificato nell'estate del 1939 dagli Stati Maggiori britannici e francesi, che si erano trovati concordi nel considerare l'Italia come un nemico potenziale, in grado di minacciare seriamente il libero uso della loro navigazione, e di costituire una seria preoccupazione per l'Egitto e il Canale di Suez.

Il 1°aprile 1940, quando si ebbero i primi sintomi che Mussolini stava per rinunciare alla non belligeranza dichiarata nell'agosto del 1939, il Gabinetto di Guerra britannico invitò i Capi di Stato Maggiore delle Forze Armate ad esaminare la situazione strategica che si sarebbe determinata nello scacchiere del Mediterraneo. Fu allora deciso di adottare una strategia difensiva, che tra l'altro comportò la decisione di far dirottare tutto il traffico marittimo commerciale diretto in Estremo Oriente, passando per lo Stretto di Gibilterra e il Canale di Suez, per la rotta del Capo di Buona Speranza (Capo Agulhas), circumnavigando l'Africa. Valendosi poi *"delle basi navali di Orano, Tolone, Biserta, Alessandria, Giaffa e probabilmente anche di Malta"*, fu pianificato un blocco totale delle coste italiane, le cui risorse erano legate in gran parte alla navigazione commerciale proveniente dall'Atlantico e dall'Oceano Indiano.

Per fronteggiare la Flotta italiana, considerata dagli esperti britannici come la più preparata ed efficiente tra le Forze Armate del Regno, e che costituiva un'incognita dal momento che i britannici non avevano mai combattuto contro di essa, Londra decise di concentrare il nucleo principale della propria Flotta ad Alessandria, inviandovi fra l'altro nel mese di maggio la corazzata rimodernata *Warspite*. Ad essa si aggiunse un nucleo navale francese (Forza X) comprendente la corazzata *Lorraine*, quattro incrociatori e diversi cacciatorpediniere.[27].

---

[27] La nave da battaglia *Warspite* si era ben comportata in Norvegia, in particolare nella battaglia di Narvik del 10 aprile 1940, appoggiando all'entrata del Vestfjord l'attacco di sorpresa di una squadriglia di cinque cacciatorpediniere britannici, in un combattimento con dieci cacciatorpediniere tedeschi in cui le due parti persero due unità ciascuna. Ma i tedeschi ebbero più navi danneggiate, soprattutto i piroscafi che avevano trasportato le truppe da sbarco. Appena la *Warspite* arrivo ad Alessandria l'ammiraglio Cunningham la scelse come sua nave ammiraglia.

A sinistra la corazzata rimodernata *Warspite*, una nave ausiliaria e un incrociatore pesante tipo "County" alla Valletta nel 1939. Dietro alla *Warspite* vi é una nave appoggio. All'epoca Malta era la base principale della Flotta del Mediterraneo (Mediterranean Fleet).

La corazzata francese *Lorraine all'ancora nel porto di Alessandria*. Prese parte ad un bombardamento di Bardia il 20 giugno 1940, e dopo la resa della Francia restò confinata ad Alessandria. L'immagine è del 22 aprile 1942.

Nelle settimane che precedettero l'inizio del conflitto con l'Italia, fu discusso e approvato un piano preparato dall'ammiraglio Cunningham, consistente nell'assicurare il solo controllo delle comunicazioni britanniche nel bacino orientale del Mediterraneo e nell'Egeo e nell'impedire al nemico il rifornimento delle basi del Dodecaneso, che costituiva, con i suoi aeroporti e la base navale di Lero, una spina sul fianco ad ogni movimento navale britannico.

Tuttavia fu ben presto evidente che la minaccia costituita dagli aerei e dai sommergibili italiani era stata sopravvalutata; perché i primi non apparivano molto pericolosi nei loro attacchi realizzati da alta quota, ed i secondi, legati ancora ai concetti della prima guerra mondiale, stavano combinando ben poco.

Ciò finì per rendere più ardito l'ammiraglio Cunningham, che dopo aver realizzato alcune azioni dimostrative e contro obiettivi costieri della Cirenaica, nella notte del 7 del 7 luglio 1940 uscì da Alessandria con il grosso della Mediterranean Fleet per spingersi in pieno Mediterraneo centrale. Lo scopo era quello di prelevare e scortare in Egitto due piccoli convogli, uno di quattro piroscafi veloci e l'altro di quattro piroscafi lenti, salpati dal porto maltese della Valletta, che trasportavano civili britannici, in particolare famiglie di militari, evacuati da Malta che a quell'epoca veniva considerata a Londra e ad Alessandria scarsamente difendibile.[28]

La Mediterranean Fleet, con la portaerei *Eagle* tra due corazzate in navigazione nel Mediterraneo nel 1940.

---

[28] Francesco Mattesini, *L'attività aerea italo - tedesca nel Mediterraneo. Il contributo del "X Fliegerkorps"*, Stato Maggiore dell'Aeronautica Ufficio Storico, Roma, 1995, 2ª edizione 2003 (riveduta e considerevolmente ampliata, anche con il capitolo *"La fine della guerra parallela"*).

Cacciatorpediniere e incrociatori italiani alla banchina nel Mar Piccolo di Taranto.

Il caso volle che il movimento navale britannico, denominato operazione M.A.5, e a cui partecipavano le tre corazzate *Warspite*, *Malaya* e *Royal Sovereign*, la portaerei *Eagle* (con 17 aerosiluranti Swordfish e due soli vecchi caccia Gladiator), cinque incrociatori e diciassette cacciatorpediniere, coincidesse con una importante operazione italiana, organizzata per scortare un grosso convoglio di cinque motonavi, trasportanti settanta carri armati medi M.11 ed altri mezzi destinati alla Libia.

In una riunione tenuta il 2 luglio al Comando Supremo, il maresciallo Badoglio sostenne che i carri armati servivano al nuovo Governatore e Comandante delle Forze Armate in Africa Settentrionale, generale d'armata Rodolfo Graziani, subentrato al maresciallo Balbo dopo la sua morte per l'incidente di Tobruk causato da fuoco amico, per *"passare dalla difesa all'offesa"* avanzando in Egitto. Pertanto ordinò il Capo di Stato Maggiore Generale:

"La Marina mi scorti il convoglio con tutte le unità della flotta. Se gli inglesi vorranno contrastarne il viaggio, saremo ben lieti di poterli affrontare, giacché ho perfetta fiducia che in caso di scontro gliele molliamo: Lo Stato Maggiore della Marina studi la cosa con la massima cura: si deve andare là da padroni".

Badoglio concluse chiedendo al generale Pricolo di dare con l'aviazione tutto l'aiuto possibile.[29]

Il convoglio, costituito dalle moderne e veloci motonavi *Esperia*, *Calitea*, *Vector Pisani*, *Marco Foscarini* e *Francesco Barbaro*, stava per mettersi in moto da Napoli, quando la 5ª Sezione crittografica del Servizio Informazioni Estere della Regia Marina (Maristat) decifrò parzialmente un messaggio della Mediterranean Fleet, nel quale era riportato l'organico delle forze navali che dovevano mettersi in movimento da Alessandria per svolgere un'imprecisata operazione denominata in codice *"M.A.5"*. Il

---

[29] SMEUS, *Diario Storico del Comando Supremo*, cit., p. 112; SMEUS, *Verbali delle riunioni tenute dal Capo di SM Generale*, cit., p. 70.

contenuto della decrittazione, trasmesso alle ore 19,20 del 6 luglio al Comando Supremo e a Superaereo con dispaccio n. 373, era il seguente:[30]

La nave passeggeri *Esperia*, una delle cinque motonavi dirette a Bengasi ripresa alla Stazione Marittima del porto di Napoli, da dove il convoglio prese il mare.

"Forze di Alessandria risulterebbero pronte per eseguire l'azione "MA.5" suddivise come segue: Forza A = incrociatore CALEDON (?) - Forza B = nave. battaglia WARSPITE, cacciatorpediniere NUBIAN, MOHAWK, HERO, HEREWARD - Forza C = navi battaglia ROYAL SOVEREIGN, MALAY A, nave portaerei EAGLE, cacciatorpediniere HYPERION (un gruppo indecifrabile), squadriglia cacciatorpediniere DAINTY, JUNO - Forza D = cacciatorpediniere STUART, VAMPIRE, VOYAGER, DECOY".

In realtà la ripartizione organica della Mediterranean Fleet, che si mise in movimento da Alessandria alla mezzanotte del 7 luglio, era alquanto differente, a cominciare dalla ripartizione dei gruppi che, nella navigazione verso Malta, erano praticamente tre, denominati Forza A, B e C, mentre la Forza D si sarebbe costituita con cacciatorpediniere soltanto in un secondo tempo, sulla rotta del ritorno per scorta diretta ai convogli in partenza da Malta.

La Forza A includeva gli incrociatori della 7ª Divisione *Orion* (nave di bandiera del Comandante delle Forze Leggere vice ammiraglio John Cronyn Tovey) *Neptune*, *Sydney*, *Gloucester* e *Liverpool* e il cacciatorpediniere australiano *Stuart*. La Forza B disponeva della corazzata *Warspite* (nave di bandiera dell'ammiraglio Cunningham) con i cacciatorpediniere *Nubian*, *Mohawk*, *Hero*, *Hereward* e *Decoy*; La Forza C (nave di bandiera del Comandante della 1ª Divisione da Battaglia vice ammiraglio Henry Daniel

---

[30] Archivio Stato Maggiore Aeronautica Ufficio Storico (da ora in poi ASMAUS), fondo *GAM 7* cartella 124 e *GAM 18* cartella 291; Francesco Mattesini, *La battaglia di Punta Stilo*, USMM, 2ª Edizione, Roma 1990, Allegato n. 7, p. 151.

Pridham-Wippell), che appariva il nucleo più potente, includeva le corazzate *Royal Sovereign* e *Malaya*, la portaerei *Eagle* (con diciannove aerei, diciassette aerosiluranti Swordfish e due caccia Gladiator) e i cacciatorpediniere *Hyperion, Hostile, Hasty, Ilex, Imperial, Dainty, Defender, Juno, Janus, Vampire* e *Voyager*.[31]

Altri due cacciatorpediniere, il *Jervis* e il *Diamond* si trovavano a Malta per partecipare alla scorta ai convogli MF.1 e MS.1, diretti ad Alessandria, il primo costituito dai piroscafi veloci *El Nil, Rodi, Knight of Malta*, il secondo dai piroscafi lenti *Zetland, Kirkland, Masirah, Novasli*. A questo punto con i cacciatorpediniere della Forza C *Stuart, Vampire, Voyager* e *Decoy* la scorta dei convogli sarebbe stata denominata Forza D.[32]

Come si vede le lacune di decrittazione italiane furono molteplici, perché, rispetto all'organico reale della Mediterranean Fleet, la Forza A non disponeva dell'incrociatore *Caledon*, ma ne aveva altri cinque e un cacciatorpediniere; la Forza B mancava del cacciatorpediniere *Decoy*, assegnato alla Forza C, nella quale non erano stati rilevati i cacciatorpediniere *Hostyle, Hasty, Ilex, Imperial* e *Defender*, oltre allo *Stuart* assegnato alla Forza A. Pertanto, l'ordine operativo desunto dalla 5ª Sezione crittografica Informazioni Estere di Maristat alterava considerevolmente la consistenza dei gruppi navali britannici, risultati precisi soltanto nella ripartizione delle tre corazzate e dell'unica portaerei. Come se ciò non bastasse un altro messaggio, fatto pervenire a Superaereo dalla "*Fonte Intercettazione Marina*" alle ore 23.00 del 7 luglio, riportava che il Comandante della Mediterranean Fleet aveva trasmesso che la partenza delle navi per l'operazione "MA.5" era rinviata "*alle 15 ...*", mentre in realtà essa si svolse alla mezzanotte.

Comunque, poiché l'informazione crittografica della 5ª Sezione, pur essendo lacunosa nell'organico della flotta nemica e fonte di incertezza sullo scopo della sua operazione, era ugualmente della massima importanza, i Comandi delle Squadre navali italiane, che stavano per mettersi in moto da vari porti nazionali per scortare a Bengasi il convoglio dell'operazione T.C.M., il mattino del 7 luglio ricevettero il seguente telecifrato:[33]

"*SUPERMARINA 30137 – Destinatari CESARE per Squadra POLA per Squadra EUGENIO DI SAVOIA per Divisione TRENTO per Divisione (alt) Risulterebbe di prossima attuazione operazione aero-navale nemica nel Mediterraneo centro orientale con obiettivo non conosciuto (alt) Forze nemiche agirebbero raggruppate come segue:*

---

[31] La corazzata *Warspite*, della classe "Barham" era stata rimodernata nel 1937. La portata massima dei suoi otto cannoni da 381 mm era di 32.000 yard (29.260 metri), mentre per i vecchi cannoni da 381 mm delle corazzate *Malaya* e *Royal Sovereign* la distanza massima di tiro era di 23.400 yard (21.400 metri). La velocità massima della *Warspite* e della *Malaya* (classe "Warspite") raggiungevano rispettivamente 24 e 23 nodi; la velocità della *Royal Sovereign* appena 20 nodi. Questo era un grave svantaggio poiché le corazzate italiane *Cesare* e *Cavour*, rimodernate tra il 1933 e il 1937, avevano una velocità massima di 27 nodi. Ciò significava che all'occorrenza potevano accettare un combattimento balistico favorevole, oppure evitarlo o sganciarsi, allontanandosi senza poter essere raggiunte. Pertanto, come vedremo, nella Battaglia di Punta Stilo, dovendo affrontare due corazzate italiane dall'armamento meno potente ma più veloci, la *Warspite* inizialmente fu impiegata come incrociatore da battaglia, mantenendo una posizione avanzata rispetto alle altre due corazzate.

[32] National Archives, *Report of the action to Italian Fleet, 9 July 1940*, trasmesso all'Ammiragliato britannico dall'ammiraglio Cunningham.

[33] AUSMM, *Supermarina - Cifra in Partenza*, volume n. 2.

Gruppo incrociatori leggeri (semialt) Gruppo una nave da battaglia et quattro cc.tt. dei quali due con otto 120 (semialt) Gruppo due navi da battaglia una portaerei et circa 8 cc.tt. moderni (semialt) Gruppo 4 cc.tt. di cui due antiquati (alt) 064907".

Le stesse notizie furono trasmesse da Supermarina al Comando Supremo con l'Avviso n. 520 in cui era richiesto di informare il Comando delle Forze Armate dell'Egeo (Egeomil), ed anche il Comando delle Forze Armate della Libia (Superlibia), a Cirene, però specificando:

"Trattandosi di notizie pervenute da telegrammi decrittati si prospetta l'opportunità di trasmettere le notizie stesse a Cirene via filo e a Egeomil a mezzo di macchina cifrante [Enigma] dell'Ufficio Informazioni della R. Marina che offre maggiore garanzia di ermeticità. Cavagnari".[34]

Infine nel pomeriggio dell'8 luglio furono decrittati parti di altri messaggi tattici britannici, e quindi di minore importanza operativa e di più facile interpretazione, dai quali vennero apprese: l'utile posizione di due formazioni navali già attaccate a sud di Creta dall'Aeronautica italiana dell'Egeo e della Libia (5ª Squadra); la presenza in mare, in zone del resto non individuate dello Ionio dei due sommergibili *Rorqual* e *Phoenix*; l'attività di alcuni ricognitori di Malta [Sunderland], che stavano effettuando crociere sistematiche che interessavano anche la costa sud-orientale della Sicilia, dove si trovavano le basi della 2ª Squadra Navale di Augusta e Messina.[35]

Sulla base di queste incomplete decrittazioni, e particolarmente sulla determinazione della consistenza e della rotta dei gruppi navali britannici segnalata durante la giornata dell'8 luglio dai velivoli da ricognizione italiani e dai bombardieri dell'Egeo e della Libia, Supermarina arrivò all'errato convincimento che la formazione britannica comprendesse quattro corazzate, invece delle tre effettive; e che nel pomeriggio dell'indomani esse si sarebbero *"presumibilmente"* trovata in una zona a circa *"80 miglia a levante della Sicilia"*, situata a sud di Capo Spartivento, l'estremità meridionale della Calabria.[36]

Dal rapporto di missione dell'ammiraglio Cunningham, e dall'ordine di operazione, sappiamo invece che *"la flotta avrebbe dovuto portarsi in una posizione di copertura ad est di Capo Passero [Sicilia meridionale] nel pomeriggio del 9 luglio"*, e che da parte

---

[34] Se vi fossero state fin dal 4 luglio le informazioni dell'ordine di operazione britannico dell'operazione M.A.5 riferite dal comandante Mario De Monte (all'epoca tenente di vascello del Servizio Informazioni della Regia Marina) nel suo libro *Uomini Ombra, Ricordi di un addetto al Servizio Navale Segreto*, compilato nel dopoguerra con molta fantasia e senza riferimenti a documenti, tali informazioni sarebbero state inviate con urgenza all'ammiraglio Campioni. Ed egli avrebbe quindi saputo, prima ancora della partenza delle sue navi dalle basi, quale era lo scopo dell'operazione nemica con gli orari e le coordinate di spostamento; informazioni che sarebbero state particolarmente utili anche nell'opera di contrasto italiano, in particolare per il concentramento dei sommergibili fin dal giorno 6 luglio lungo la rotta della flotta britannica e per coordinare gli attacchi dell'Aeronautica. Tutti i documenti riguardanti le decrittazioni sono riportate, fotocopiate dall'originale, nel nostro libro *La battaglia di Punta Stilo*, con le fonti di compilazione italiane e tedesche (*Intercettazioni Estere di Marist* registro n. 8).

[35] ASMAUS, *GAM 7*, cartella 124. Messaggi di Supermarina n. 532, 534; Messaggi di Maristat (fonte intercettazione) n. 381, 386, 387, 389.

[36] ASMAUS, *GAM 7*, cartella 124.

delle unità britanniche vi era anche l'intenzione *"di svolgere operazioni contro la costa siciliana"*.

Tale supposizione si rafforzò nel pomeriggio dell'8 luglio, quando il Servizio Informazioni della Marina germanica (B-Dienst), che si manteneva in stretto contatto con quello di Maristat, fornendogli in ogni occasione preziose notizie ricavate dai suoi abilissimi analisti in crittografia, fece pervenire a Roma, alle ore 15,40, il seguente messaggio (protocollo telegrafico 20): [37]

"Le unità che in Mediterraneo Orientale formano i gruppi da battaglia da A fino a D hanno ricevuto incarico dal Comandante in Capo del Mediterraneo per la operazione MA.5, si portino sino a 75 miglia a ovest della Sicilia [poi corretto in est, N.d.A.]. Per l'impresa saranno indicati i giorni dal 1° al 4°. I Gruppi da battaglia B e C (il C ha lasciato Alessandria il 7/7) devono trovarsi il giorno 9 alle 06,00 in 35.40 N 20.30 E. Alle ore 14,00 dello stesso giorno i gruppi A e B devono trovarsi in 36.30 N 17.40 E et alle ore 18,00 trovarsi come segue:
-Gruppo A in 37.20 N 16.45 E - Gruppo B in 37.00 N 17.00 E - Gruppo C in 36.20 N 17.00 E.
Il giorno 10 è probabilmente il 7/7 (partenza del gruppo da battaglia da Alessandria). Idrovolanti partiranno da Malta ad intervalli di 50 minuti".

Nel frattempo l'ammiraglio Inigo Campioni, che come Comandante della 1ª Squadra Navale e ufficiale più anziano esercitava il Comando Superiore in mare della Flotta italiana, aveva accompagnato il convoglio diretto a Bengasi, ma che poi fu dirottato per Tripoli scortato dai due incrociatori della 2ª Divisione *Bande Nere* e *Colleoni*, e quattro cacciatorpediniere. Egli disponeva pur sempre di un complesso navale notevole, costituito dalle due corazzate della 5ª Divisione *Giulio Cesare* e *Conte di Cavour*, sei incrociatori pesanti, otto incrociatori leggeri e ventiquattro cacciatorpediniere. Nel pomeriggio dell'8 luglio, quando già aveva assunto la rotta del rientro alle basi, Campioni fu informato che la ricognizione aerea nazionale aveva avvistato a sud est di creta tre navi da battaglia e otto cacciatorpediniere con rotta verso occidente. Decise pertanto di andare incontro alla Mediterranean Fleet. Ma tale lodevole apprezzabile iniziativa fu impedita dall'ammiraglio Cavagnari, che tramite Supermarina gli ordinò categoricamente: *"Non impegnatevi con gruppo corazzato nemico"*.

E ciò, come riferì Cavagnari al Comando Supremo e a Superaereo, *"in considerazione della rilevante distanza in cui si sarebbe verificato il combattimento navale"*. Supermarina, e quindi sempre Cavagnari, considerò infatti che uno scontro con la Mediterranean Fleet sarebbe stato possibile soltanto a condizioni di trovarsi in una posizione favorevole, che consentisse alle proprie forze navali la possibilità di impegnare separatamente i nuclei navali avversari, lasciando nel contempo alla Flotta italiana un margine di manovra per permetterle di ritirarsi sia verso Taranto che verso Messina.[38]

---

[37] Rapporto del Comandante in Capo della Mediterranean Fleet, in *Supplement to the London Gazette* del 28 Aprile 1948; Admiralty, *Battle Summary No. 8 - Operation M.A.5 and Action off Calabria*, July 1940; National Archives, *Report of the action to Italian Fleet, 9 July 1940*.
[38] ASMAUS, Relazione di Supermarina n. 70/562 del 10 luglio 1940, *GAM 7*, cartella 124.

Pertanto, tenendo in considerazione l'errata ipotesi che la Mediterranean Fleet avrebbe dovuto trovarsi alle 14.00 del 9 luglio a un centinaio di miglia a levante di Malta con rotta nord ovest per attuare un presunto attacco di aerosiluranti contro le basi navali di Augusta e Messina, fu presa la decisione di concentrare la Flotta a levante del Golfo di Squillace (Calabria). La posizione scelta era però talmente distante da quella stimata della flotta britannica, da non poterne assolutamente disturbare un'eventuale incursione aerea diretta contro obiettivi della Sicilia orientale.

Supermarina infatti, basandosi su quanto aveva trasmesso da Berlino il B-Dienst, sulle posizioni che l'indomani avrebbero raggiunto le navi britanniche, facendo nel contempo sapere che la squadra navale italiana avrebbe incrociato all'incirca sul punto di lat. 37°40'N, long. 17°20'E, che corrispondeva a 65 miglia a sud-est di Punta Stilo (Calabria) e a una distanza di ben 85 miglia a nord della posizione prevista per le navi dell'ammiraglio Cunningham. Fu inoltre comunicato che cinque sommergibili si sarebbero trovati in agguato lungo le probabili direttrici di marcia della flotta britannica, mentre alcune torpediniere avrebbero vigilato all'entrata del Golfo di Taranto.

Dopo aver esposto quanto sopra, Supermarina prospettò a Superaereo di concentrare *"tutte le forze da bombardamento disponibili in Sicilia e nelle Puglie ... contro i reparti navali nemici"*; richiese la vigilanza degli aerei da caccia per contrastare l'eventualità che il nemico attaccasse con aerosiluranti *"le basi navali di Augusta, Messina e Taranto"*; e concluse il suo messaggio affermando che a partire dall'alba del 9 luglio i reparti della Ricognizione Marittima avrebbero cercato di *"localizzare il nemico e di seguirne i movimenti"*.[39]

La Mediterranean Fleet fotografata dall'incrociatore australiano *Sydney* mentre il 9 luglio dirige verso le coste della Calabria. Davanti al *Sydney* è la corazzata *Royal Sovereign*, mentre le ultime due navi della linea di fila sono la corazzata *Malaya* è la portaerei *Eagle*.

---

[39] AUSMM, *Supermarina - Avvisi*, n. 537.

Prima della pubblicazione del mio libro *La battaglia di Punta Stilo* nel 1990, nell'ambito della Marina e dell'opinione pubblica, per quanto scritto in modo inesatto, vi era la convinzione che, avendo Maristat decifrato fin dal 5 luglio l'intero ordine di operazione della Mediterranean Fleet, e venuta a conoscenza delle posizioni geografiche in cui si sarebbe trovata la flotta britannica per attaccare la Sicilia, Supermarina avesse ricercato un combattimento navale con l'avversario.[40] Invece, come si può facilmente desumere dal messaggio sopracitato inviato a Superaereo, l'organo operativo dell'Alto Comando navale, tenendo la flotta in posizione di *Fleet in being* (flotta in potenza), si limitò a richiedere all'Aeronautica l'intervento in massa dei reparti da bombardamento contro la Mediterranean Fleet, senza fare alcun riferimento alla effettiva volontà di affrontare il combattimento navale con il nemico, la cui superiorità potenziale in navi da battaglia era stata d'altronde chiaramente sopravvalutata.[41]

Infatti, mentre le decrittazioni avevano indicato l'esatta presenza di tre navi da battaglia nella flotta nemica, Supermarina, anche per le errate trasmissioni degli aerei in volo, comunicò che erano presenti nella Mediterranean Fleet ben quattro corazzate, includendovi la *Ramillies* che era rimasta ad Alessandria, e che avrebbe dovuto prendere il mare nel Mediterraneo orientale all'avvicinamento dei due convogli partiti da Malta, per rinforzarne la scorta. Si affermava che una delle corazzate si trovava in un gruppo navale d'avanguardia che comprendeva tutti gli incrociatori britannici. Le altre tre corazzate seguivano assieme alla portaerei *Eagle* e a un rilevante numero di cacciatorpediniere.[42] In tali condizioni era categoricamente esclusa la possibilità di impegnare le navi dell'ammiraglio Campioni, le cui due navi da battaglia erano inferiori per tonnellaggio e anche nel calibro delle artiglierie, poiché i loro cannoni da 320 mm dovevano fronteggiare i 381 mm delle rispettive unità britanniche. Gli italiani possedevano invece una netta superiorità nel numero degli incrociatori, potendo schierarne quattordici (sei dei quali pesanti) contro i cinque leggeri del nemico; ma ciò costituiva pur sempre uno svantaggio in un combattimento balistico a distanza impegnato tra navi da battaglia.

---

[40] Mario De Monte, *Uomini Ombra*, Roma, 1955, p. 29-37; Carlo De Risio, *Tempesta sul ponte di volo*, Roma, 1987, capitolo otto.
[41] A differenza del concetto "Comando in Mare" (Command of the Sea) che prevedeva l'impiego diretto delle proprie forze navali per annientare le unità nemiche ed assumere così il controllo delle rotte navali, la dottrina della "Fleet in being" era stata ideata verso la fine del 1600 dall'ammiraglio britannico Arthur Herbert, conte di Torrington, comandante delle forze navali della Manica ed impegnate nella guerra della Grande Alleanza, per evitare un combattimento con la superiore Flotta francese. La Fleet in being consisteva nel mantenere le navi distanti, o in porto, per fare in modo di non impegnarsi direttamente con il nemico, ma mantenendo così nei suoi confronti una minaccia potenziale e permanente.
[42] ASMAUS, Messaggio di Supermarina n. 537, *GAM 9*, cartella 124.

In questa foto d'anteguerra la corazzata *Malaya* entra nel porto di Malta allora base della Mediterranean Fleet, poi spostatasi con l'inizio della guerra ad Alessandria.

L'ammiraglio Angelo Iachino, che il 9 dicembre del 1940 sostituì l'ammiraglio Campioni nel comando della flotta, ha sostenuto nel suo libro *"Tramonto di una grande Marina"* che Supermarina avrebbe potuto impiegare le nuovissime corazzate *Littorio* e *Vittorio Veneto* al momento in stato di addestramento a Taranto, dando con ciò alla flotta italiana un indiscutibile vantaggio. Egli affermò che l'intervento di quelle navi della 9ª Divisione Navale, armate con nove cannoni da 381 mm, era stato sollecitato dal loro stesso comandante, ammiraglio Carlo Bergamini, ritenendole pienamente efficienti ad affrontare un combattimento.

Quanto affermato dall'ammiraglio Iachino in *"Tramonto di una Grande Marina"* è inesatto, poiché il 7 luglio, il giorno avanti la decisione di concentrare la Squadra Navale dell'ammiraglio Campioni presso le coste meridionali della Calabria, si era verificato un incidente a bordo della *Littorio*, la nave ammiraglia della 9ª Divisione Navale.

Sulla corazzata, già soggetta per un nubifragio, avvenuto il 5 luglio a Taranto, a infiltrazioni d'acqua all'interno di una torre di grosso calibro, che fu messa temporaneamente fuori servizio, il successivo giorno 7 era scoppiato un incendio nelle condutture elettriche della torre n. 1 dei cannoni da 381 mm, che causò la morte per asfissia dell'operaio civile Attilio Fortuna e danni ai locali da richiedere per la *Littorio* un mese di lavori.

Riprese da un aereo imbarcato Ro.43 la corazzata *Littorio*, seguita dalla gemella *Vittorio Veneto*, durante un esercitazione dell'estate 1940. Nell'immagine inferiore ingrandita della *Littorio* si può ammirare la disposizione delle artiglierie navali e contraeree. 8 cannoni da 381, 12 da 152, 4 da 120, 12 da 90.

Era inoltre da considerare che anche la *Vittorio Veneto*, unità gemella della *Littorio*, aveva limitata efficienza a causa di ritardi nella messa a punto delle artiglierie di grosso calibro, soprattutto riguardo ai calcatoi, a cui si aggiungevano (per entrambe le corazzate) lacune di addestramento; ragion per cui, anche se la sola *Vittorio Venero* fosse stata inviata a raggiungere la flotta dell'ammiraglio Campioni, da parte di

Supermarina non vi sarebbe stata ugualmente la certezza di disporre di accertata superiorità per riuscire ad affrontare in condizioni vantaggiose la flotta britannica.

La causa dei ritardi nella messa a punto delle artiglierie principali sulle due grandi navi da battaglia, e le infiltrazioni d'acqua verificatisi all'interno della torre della *Littorio* per il nubifragio, era stata portata alla conoscenza di Supermarina dallo stesso ammiraglio Bergamini con lettera n. 573/S del 5 luglio 1940. È quindi da ritenere errato quanto scritto dall'ammiraglio Iachino, perché l'ammiraglio Bergamini, a soli tre giorni di distanza dalla diramazione della sua lettera a Supermarina e dopo il nuovo incidente dell'incendio, non poteva sollecitare l'uscita da Taranto di quelle due navi per sostenere l'urto delle più vecchie, ma al momento ben più efficienti corazzate della Mediterranean Fleet.; tanto più che la *Littorio*, lo ricordiamo, aveva in quel momento ben due delle tre torri di tiro da 381 mm inutilizzate, una per le infiltrazioni d'acqua e l'altra per l'incendio.

A rendere ancor più precaria l'eventuale uscita della *Littorio* e della *Vittorio Veneto* si aggiungeva la indisponibilità di unità di scorta, dal momento che quasi tutti i cacciatorpediniere di Taranto (meno quattro) e dei porti della Puglia erano in mare con le due Squadre navali, e la distanza che le due corazzate avrebbero dovuto percorrere per raggiungere le coste meridionali della Calabria, dove si trovavano le navi dell'ammiraglio Campioni, era di circa 100 miglia, da percorrere senza adeguata scorta. In definitiva, l'affermazione, ritenuta valida da molti storici disinformati, che l'ammiraglio Bergamini avesse telefonato da Taranto a Supermarina, per chiedere di autorizzarlo a salpare per impegnare le sue navi in combattimento, è stato sostenuto pubblicamente soltanto dall'ammiraglio Iachino e non trova alcun riscontro nei documenti degli archivi storici militari italiani, come noi abbiamo denunciato già in un articolo de *Il Giornale d'Italia* del 27 giugno 1984: *Verità Storiche. Incertezze e timori condizionarono l'insuccesso di Punta Stilo*.[43]

Che i capi della Regia Marina non desiderassero affrontare un combattimento navale, ma soltanto limitarsi a sorvegliare il nemico secondo la teoria della "*Fleet in being*", ed eventualmente sfruttare i vantaggi derivati dagli attacchi in massa dell'Aeronautica, appare evidente analizzando le istruzioni diramate il mattino del 9 all'ammiraglio Campioni. Il Comandante Superiore in mare, dopo aver ricevuto nella notte l'informazione che una delle quattro presunte corazzate britanniche faceva parte di un gruppo navale d'avanguardia, distanziato alquanto dal nucleo principale della Mediterranean Fleet, ricevette con il telecifrato di Supermarina n. 20613 i seguenti tassativi ordini:[44]

"*Vostra azione odierna sia ispirata seguenti concetti (alt) Primo non ripeto non allontanarsi dalle nostre basi aero-navali scopo permettere preventive aut contemporanee azioni aeree contro nemico (alt) Secondo impegnarsi possibilmente contro gruppi corazzati quando sono ancora separati secondo nota previsione (alt)*

---

[43] Per saperne di più vedi i libri di Francesco Mattesini, editi dall'Ufficio Storico della Marina Militare, "*La battaglia di Punta Stilo*", edizioni 1990 – 2001, "*Le direttive di Supermarina*", 1939 – 1940, Primo Tomo, Doc. 139, p. 143; "*La battaglia di Capo Teulada*", Doc. 1, p. 231-232. Vedi anche dello stesso Autore l'aggiornato libro: *Punta Stilo 9 Luglio 1940, 80° anniversario della prima battaglia aeronavale della Storia*", RiStampa Edizioni, Santa Ruffina di Cittaducale (RI), marzo 2020.

[44] AUSMM, *Supermarina - Cifra in partenza*, volume 2.

Terzo ritardare contatto balistico scopo consentire menomazione forze nemiche per bombardamento aereo (alt) Quarto al tramonto dirigere con navi maggiori verso basi senza vincoli normali dislocazioni (alt) Quinto se condizioni favorevoli impiegare notte tempo naviglio silurante (alt) 123009".

Una corazzata seguita dalla portaerei *Eagle* riprese in navigazione di poppa dal cacciatorpediniere australiano *Vampire*.

Poiché la Flotta italiana aveva ricevuto l'ordine di incrociare a sud-est di Punta Stilo, con rotta di pendolamento tra la costa della Calabria e la zona di agguato dei sommergibili italiani dislocati a sud del Golfo di Squillace, e il nemico per attaccare la Sicilia si sarebbe trovato molo più a sud-ovest, è chiaro che, sulla base di tali direttive di carattere restrittivo dell'ammiraglio Cavagnari, le navi italiane sarebbero arrivate a contatto con quelle britanniche soltanto se queste ultime avessero cambiato rotta dirigendo a nord.

Quello che Supermarina non sapeva e non immaginava era che l'ammiraglio Cunningham stava proprio effettuando quella manovra.

Durante la giornata dell'8 luglio, dall'alba al tramonto, la Mediterranean Fleet in rotta per Malta, era stata attaccata a più riprese da 72 bombardieri italiani S.79 e S.81 dell'Aviazione dell'Egeo e della 5ª Squadra Aerea in Libia. Essi conseguirono il solo risultato di colpire, a sud di Creta, con una bomba da 100 chili, sganciata da bombardieri S.79 del 10° Stormo (colonnello Giovanni Benedetti), il ponte di comando dell'incrociatore *Gloucester* (capitano di vascello Frederick Rodney Garside), che per questo motivo non avrebbe poi l'indomani partecipato al combattimento navale.

Il *Gloucester* ripreso prima della guerra mentre entra nel porto di Malta. Era assieme al gemello *Liverpool* l'incrociatore di maggior peso della Mediterranean Fleet, essendo armato con dodici cannoni da 152 mm, ripartiti in quattro torri trinate. Danneggiato nel pomeriggio l'8 luglio da una bomba sganciata dagli S.79 del 10° Stormo Bombardieri della Libia, che distrusse il ponte di comando, pur restando in formazione le menomazioni non gli permisero di prendere parte l'indomani al combattimento di Punta Stilo.

L'ammiraglio Cunningham era al corrente che almeno un nucleo della flotta italiana si trovava in mare nello Ionio, poiché alle 08.07 dell'8 luglio era stato informato dal sommergibile *Phoenix* di aver attaccato, alle 05.15 a 180 miglia ad est di Malta, due navi da battaglia scortate da quattro cacciatorpediniere, con rotta Sud. Con successiva comunicazione il *Phoenix* (capitano di corvetta Gilbert Hugh Nowell) aveva specificato trattarsi di "*Corazzate della classe CAVOUR*". Si trattava, in effetti, delle due navi da battaglia della 5ª Divisione *Cesare* e *Cavour* che, assieme ai quattro cacciatorpediniere di scorta della 7ª Squadriglia *Freccia, Dardo, Saetta, Strale* procedevano con rotta sud.

Bombardieri S. 79 della 67 Squadriglia del 34° Gruppo dell'11° Stormo. Un'altra formazione della Libia che attaccò la flotta di Alessandria nella giornata dell'8 luglio.

Alle 07.32 del 9 luglio, trovandosi a 60 miglia dalle coste greche di Navarrino (Morea), il Comandante in Capo britannico fu informato da un idrovolante da ricognitore Sunderland del 228° Squadron decollato da Malta della presenza delle navi italiane a 50 miglia a levante di Capo Spartivento. Sebbene tale posizione fosse distante 145 miglia ad ovest rispetto a quella in cui si trovava la sua squadra, Cunningham, attenendosi al concetto vigente nella Royal Navy di sfruttare qualsiasi occasione potesse presentarsi per imporre la battaglia navale, abbandonò la rotta per Malta e alla velocità di 20 nodi diresse per portarsi a nord delle forze italiane e tagliare loro la rotta per Taranto.

Mentre i ricognitori Swordfish decollati dalla portaerei *Eagle* riuscirono a localizzare la flotta nemica, agevolando considerevolmente la manovra di Cunningham, le predisposte esplorazioni della Ricognizione Marittima italiana non dettero segnalazioni sulla flotta britannica per l'intera giornata del 9 luglio.

Per quel giorno, allo scopo di riservare i reparti da bombardamento dislocati sugli aeroporti della Sicilia e delle Puglie (di cui vi erano efficienti 198 velivoli, 153 in Sicilia e 55 nelle Puglie), per l'attacco alle corazzate britanniche, Supermarina si era riservata l'incarico di effettuare il servizio di ricognizione. Ritenendo che la Mediterranean Fleet avrebbe continuato a dirigere con rotta ovest, i settori di ricerca degli idrovolanti di base ad Augusta riguardarono le acque a levante della Sicilia e in direzione della Cirenaica, mentre quelli di Taranto furono diretti verso le coste della Grecia per sorvegliare le provenienze verso la Puglia.

L'ammiraglio Inigo Campioni, Comandante della 1ª Squadra Navale e Comandante Superiore in mare, sul ponte di comando della corazzata *Giulio Cesare* a Punta Stilo.

Avvenne pertanto che le navi di Cunningham si trovarono a passare in una posizione centrale, non coperta dalla Ricognizione Marittima italiana, che fu letteralmente messa in crisi dall'inaspettata manovra verso le coste della Calabria attuata dalla Mediterranean Fleet.

In tali condizioni, durante tutta la mattinata del 9 luglio si verificò a Roma, nelle sedi degli Alti Comandi, uno stato di forte disagio che andò aumentando con il trascorrere delle ore. Apparendo inconcepibile che decine di aerei non riuscissero ad avvistare la flotta nemica a levante della Sicilia, sorse il dubbio che gli obiettivi della Mediterranean Fleet fossero ben diversi da quelli ipotizzati sugli indizi crittografici forniti dalla Martina, e ricevuti da Berlino. Tale stato di disagio era poi incrementato dal fatto che nel Mediterraneo occidentale i ricognitori dell'Aeronautica della Sardegna avevano avvistato la Forza H, che era uscita da Gibilterra con un complesso costituito da tre corazzate, due incrociatori e dieci cacciatorpediniere, che poi era all'incirca la stessa formazione navale che il 3 luglio aveva attaccato e gravemente danneggiato la flotta francese all'ancora a Mers el Kebir.[45]

La corazzata *Warspite* dal cui ponte di comando l'ammiraglio Cunningham manovrò per tutta la missione le unità britanniche della sua squadra.

L'incrociatore *Orion*, della 7 ª Divisione, esce dal porto di Malta, passando sotto il forte Ricasoli. Era la nave di bandiera del vice ammiraglio John Tovey comandante delle Forze Leggere della Mediterranean Fleet.

---

[45] La Forza H si componeva: dell'incrociatore da battaglia *Hood* (nave comando del vice ammiraglio James Somervile), le corazzate *Valiant*, *Resolution*, la portaerei *Ark Royal*, i tre incrociatori *Arethusa*, *Delhi* e *Enterprise* e dieci cacciatorpediniere. Evidentemente uno degli incrociatori, forse il piccolo *Delhi*, era stato segnalato come cacciatorpediniere.

9 luglio 1940. Gli incrociatori pesanti della 2ª Squadra (ammiraglio Riccardo Paladini), guidati dal *Pola*, manovrano in colonna dirigendo verso il nemico.

Gli incrociatori leggeri della 7ª Divisione (ammiraglio Luigi Sansonetti), che erano in ritardo, mentre manovrano per ricongiungersi con le altre navi.

Supponendo che i britannici avessero in atto una vasta manovra offensiva nei due bacini del Mediterraneo, alle 12.30 del 9 il Comando Supremo diramò a Superaereo il messaggio n. 375, in cui era riportato:[46]

---

[46] ASMAUS, *GAM.7/124*.

"Risultano in movimento da est verso ovest forze navali inglesi con una nave portaerei che potrebbero giungere oggi 9 luglio a portata coste orientali Sicilia et Calabria et coste sud orientali Puglie. Risulta inoltre da ovest verso est forze navali inglesi che potrebbero giungere oggi 9 luglio a portata coste occidentali et meridionali Sardegna et coste occidentali Sicilia nord".

Da tale comunicazione, che indicava per lo scacchiere dello Ionio la possibilità che il nemico attaccasse determinati obiettivi, situati in zone molto estese e distanti l'una dall'altra, risulta inequivocabilmente l'esistenza negli Altri Comandi italiani della più completa incertezza sulle intenzioni del nemico, la cui flotta si stava avvicinando a quella dell'ammiraglio Campioni da posizione radicalmente opposte a quella in cui era attesa.

Il decollo da una base della Sicilia di un trimotore da ricognizione Cant.Z.506 della Ricognizione Marittima. Nonostante il numero degli aerei impiegati nel corso della giornata del 9 luglio i ricognitori non riuscirono ad avvistare la Mediterranean Fleet, che stava arrivando da posizione opposta a quella in cui era attesa e si svolgevano le ricerche aeree.

In questo stato di preoccupazione verso le 13,30 (secondo i rapporti britannici alle 12.52), la flotta italiana stava per effettuare la riunione delle due squadre e delle rispettive divisioni, per assumere il dispositivo di pendolamento sulle quattro colonne ordinato dall'ammiraglio Campioni, quando si verificò contro gli incrociatori pesanti della 2ª Squadra (ammiraglio Riccardo Paladini) l'attacco di nove aerosiluranti Swordfish dell'824° Squadron (capitano di corvetta A. J. Debenham). Questi velivoli erano decollati dalla portaerei *Eagle* alle 11.45, in base alle segnalazioni pervenute sulla corazzata *Warspite*, che guidava la Mediterranean Fleet con rotta nord. Al momento del decollo la posizione stimata dalla Flotta italiana era per 295° dalla nave ammiraglia di Cunningham.

L'ammiraglio Riccardo Paladini Comandante della 2ª Squadra Navale.

Nello stesso tempo Campioni comprese che il nemico era nelle vicinanze ed orientato con la direttrice di marcia verso nord-est. Ciò fu subito dopo confermato da un ricognitore Cant.Z.501 della 142ª Squadriglia Ricognizione Marittima che, avente per pilota il tenente Zezza, stava svolgendo un pattugliamento antisom a sud del Golfo di Taranto, lungo la congiungente con Bengasi, fino al 38° parallelo. Pattugliamento che era stato richiesto dall'ammiraglio Cavagnari a Marina Taranto con il messaggio Supermarina 87671 trasmesso per telescrivente con gruppo orario 10.10, dopo la decrittazione che informava della presenza dei due sommergibili britannici *Rorqual* e *Phoenix* in quella zona di mare. Se avvistati i sommergibili dovevano essere attaccati.[47]

Tuttavia il pilota e l'ufficiale osservatore dell'idrovolante commisero l'errore di segnalare due corazzate e otto cacciatorpediniere a 80 miglia a nord est della flotta italiana, 30 miglia oltre la posizione esatta in cui si trovavano le navi britanniche, come

---

[47] Il comandante Mario De Monte per compilare il suo libro *Uomini Ombra*, stampato nell'ottobre del 1945, si è basato soltanto sui ricordi personali, e pertanto è da chiedersi come si possa fare a ricordare quello che era accaduto dettagliatamente ai primi del mese di luglio 1940, ossia a distanza di più di quindici anni. Quasi tutti gli episodi del libro risentono di questo motivo, nonché di esaltazioni, in particolare per le sopravvalutate intercettazioni e decrittazione di Punta Stilo, e ne consegue che la storia trattata dal comandante appare inverosimile. Ad esempio, un presunto telegramma trasmesso da un aereo britannico e intercettato il mattino del 9 luglio (p. 35) riporta: "*Navi da battaglia Incrociatori Cacciatorpediniere nemici in gran numero a 14 miglia per 320 da voi Stop. Ora 11.40*". In seguito a ciò, "*veniva comunicato alla nostra squadra*". "*Ore 11.40 siete stati avvistati da aereo inglese. Vi trovate a quattordici miglia per 320 da flotta nemica*". "*Cinque minuti dopo la stazione radio della Marina in Roma, manipolata dal Ministero, trasmetteva l'allarme alla Flotta*". Tutto ciò è inequivocabilmente inesatto, inaccettabile e ingannevole, poiché la scoperta della Flotta britannica, in avvicinamento con rotta nord-ovest alla Flotta italiana che si trovava nel Golfo di Squillace, avvenne, come abbiamo dimostrato, soltanto alle 13.20 di quel giorno 9 luglio casualmente per opera del ricognitore Cant.Z.506 della 142ª Squadriglia della Ricognizione Marittima che svolgeva un servizio antisommergibile a sud del Golfo di Taranto.

poi ebbero modo di rettificare i velivoli imbarcati Re.43 decollati dagli incrociatori della 2ª Squadra.

L'avvistamento del nemico per nord-est giunse inatteso all'ammiraglio Campioni, che riteneva le navi britanniche provenienti da sud-est, ossia dalla parte in cui avrebbero dovuto sviluppare l'atteso attacco contro la Sicilia. Inoltre tale constatazione apparve subito pericolosa poiché denunciava chiaramente l'intenzione dell'avversario di tagliare alle sue navi la rotta per Taranto. Pertanto fu necessario ordinare un'inversione do rotta ad un tempo di 180° per parare la minaccia, e la flotta avanzò verso il nemico.

Secondo le iniziali istruzioni dell'ammiraglio Campioni le navi della flotta italiana avrebbero dovuto costituire quattro colonne parallele, con i sei incrociatori pesanti della 2ª Squadra *Pola*, *Zara*, *Fiume*, *Gorizia*, *Trento* e *Bolzano*, dislocati, in linea di fila, 5 miglia a sud-ovest delle due corazzate della 1ª Squadra *Cesare* e *Cavour*, mentre i quattro incrociatori leggeri *Abruzzi*, *Garibaldi*, *Da Barbiano* e *Di Giussano*, dovevano trovarsi 5 miglia a levante delle navi da battaglia, e gli altri quattro incrociatori leggeri *Eugenio di Savoia*, *Aosta*, *Attendolo* e *Montecuccoli* trovarsi alla stessa distanza sul lato opposto.

Ciò avrebbe permesso alla squadra di avere in testa una divisione d'incrociatori, con le loro squadriglie di cacciatorpediniere di scorta, qualunque fosse la direttrice di marcia che il nemico avesse seguito provenendo da sud-est, e nello stesso tempo consentito ai sei incrociatori pesanti, che si trovavano di prora alla *Cesare*, di entrare in linea di fuoco con le due corazzate della 5ª Divisione, per concentrare il tiro sulle navi da battaglia britanniche, secondo un sistema di combattimento che era stato messo a punto nelle manovre di anteguerra.

Operatori radio in una una stazione britannica.

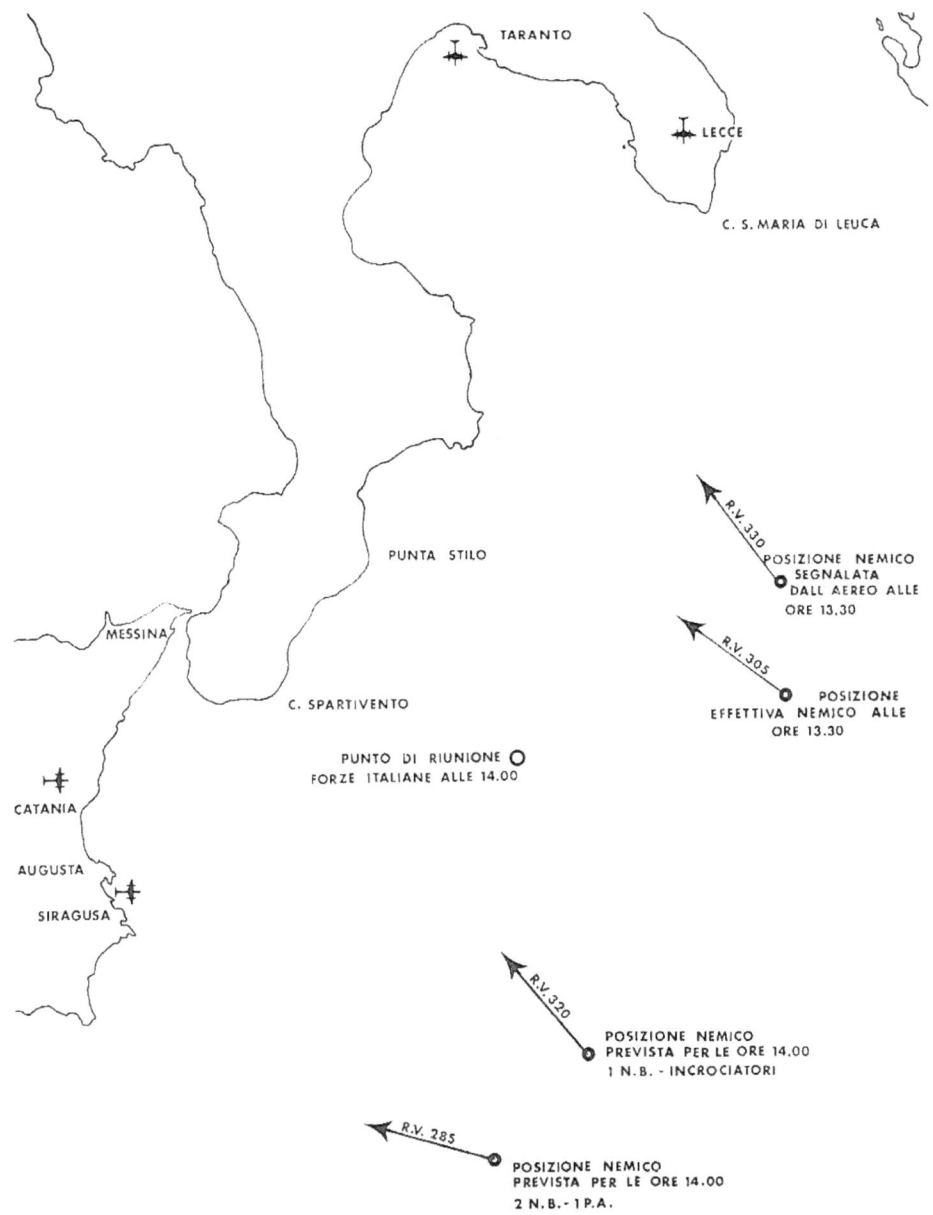

POSIZIONI PRESUNTE E POSIZIONI EFFETTIVE DELLE FORZE NAVALI BRITANNICHE NEL POMERIGGIO DEL 9 LUGLIO 1940 – DISEGNO DI LORETTA MATTESINI

Avvistamento del Cant.Z.501 della Ricognizione Marittima errato di 30 miglia a sud e posizioni della Mediterranean Fleet presunte in base alle precise decrittazioni del B-Dienst, movimento che avrebbe dovuto realizzarsi senza l'iniziativa dell'ammiraglio Cunningham di dirigere a nord-est per tagliare alla Flotta italiana la rotta per Taranto e impegnarla in combattimento.

L'incrociatore pesante *Fiume*, facente parte della 1ª Divisione Navale della 2ª Squadra. Come tutti gli altri sei incrociatori pesanti della 2ª Squadra Navale, era armato con otto cannoni principali da 203 mm, e in grado di arrivare ad aprire il fuoco su navi nemiche alla distanza di 27.000 metri.

Pertanto, il tiro contro le navi da battaglia britanniche doveva essere iniziato contemporaneamente dalle corazzate italiane e dagli incrociatori pesanti, in modo da avere un effetto di maggiore efficacia contro unità dotate di cannoni da maggior calibro, salvo a sganciarsi al momento in cui fosse *"giudicato troppo preponderante l'effetto dei grossi calibri inglesi"*.

Invece l'inversione di rotta portò la flotta italiana ad assumere uno schieramento molto allungato, e alquanto disordinato. Le corazzate della 5ª Divisione (ammiraglio Bruto Brivonesi sulla *Cavour*), che avrebbero dovuto trovarsi arretrate nella formazione, si trovarono invece in testa, seguite dalle divisioni d'incrociatori pesanti 1ª e 3ª che faticavano per risalire, e che avevano in formazione le navi ammiraglie in ultima posizione, mentre nell'impartire gli ordini avrebbero dovuto mantenerne la testa.[48] Errore di manovra che, secondo la relazione *"Cronistoria"*, compilata dopo la guerra dall'Ufficio Storico della Marina Militare, fu ritenuto, in sede critica, si dovesse accreditare all'ammiraglio Paladini, poi rimasto con il *Pola* (capitano di vascello Manlio De Pisa) in ultima posizione, mentre in realtà il Comandante della 2ª Squadra non aveva fatto altro che adeguarsi, nel modo più rapido, all'ordine dell'ammiraglio Campioni delle 13.50: *"Invertite la rotta ad un tempo dal lato opportuno accodandovi alla mia nave"*.[49]

---

[48] La 5ª Divisione era scortata da quattro cacciatorpediniere della 7ª Squadriglia, ma di essi, il *Dardo* e lo *Strale*, per sopraggiunte avarie alle caldaie il mattino del 9 luglio ebbero il permesso di rientrare a Taranto. Restarono pertanto con le corazzate il capo squadriglia *Freccia* (capitano di fregata Amleto Baldo) e il *Saetta*.

[49] AUSMM, *Azione navale dei giorni 6-7-8-9 Luglio 1940 – Cronistoria*.

L'ammiraglio Bruto Brivonesi, comandante delle corazzate della 5ª Divisione sulla corazzata *Conte di Cavour*.

Pertanto, in seguito all'accostata ordinata dalla *Giulio Cesare* alle 13.50, gli incrociatori pesanti della 2ª Squadra si vennero a trovare circa 40° a poppavia del traverso a dritta della corazzata nave ammiraglia distante 4.000 metri. Nell'assumere un ordine di navigazione inverso in linea di fila, il *Bolzano* (l'incrociatore più moderno e veloce), che originariamente era in coda, venne a trovarsi in testa seguito dal *Trento* (nave ammiraglia della 3ª Divisione), dal *Fiume*, dal *Gorizia*, dallo *Zara* (nave ammiraglia della 1ª Divisione) e infine dal *Pola*, la nave comando dell'ammiraglio Paladini, a una distanza di 4.000 metri dal *Bolzano*. Per cui gli ordini di rotta e di manovra di Paladini dovettero essere trasmessi dal *Pola* al *Bolzano* distanti l'uno dall'altro 4.000 metri, e dal *Bolzano* ritrasmessi agli altri incrociatori, compreso il *Trento* nave ammiraglia della 3ª Divisione. In quel momento la scorta alle due corazzate e ai quattordici incrociatori era costituita da sedici cacciatorpediniere sugli originari ventiquattro, poiché otto unità non erano ancora rientrate dalle basi della Sicilia, ove avevano effettuato il rifornimento.

Alle 15.15 del 9 luglio, alla distanza di 20.000 metri, i quattro incrociatori della Divisione "Abruzzi" (*Abruzzi, Garibaldi, Di Giussano, Da Barbiano*), che non avendo effettuato la manovra ad un tempo avevano mantenuto le loro posizioni, trovandosi sul fianco destro delle navi da battaglia *Cesare* e *Cavour*, entrarono in contatto balistico con gli incrociatori britannici della 7ª Divisione (*Orion, Neptune, Sydney* e *Liverpool*, che precedevano il resto della flotta suddiviso in tre gruppi, con la nave ammiraglia *Warspite*, con il suo schermo di cinque cacciatorpediniere, sopravanzata di 8 miglia rispetto alle due corazzate meno veloci *Malaya* e *Royal Sovereign*, accompagnate da dieci cacciatorpediniere. In retroguardia, scortata da due cacciatorpediniere, vi era la portaerei *Eagle*, impegnata nella sua attività aerea di ricognizione e attacco, alla quale era stato aggregato il menomato incrociatore *Gloucester*.

Al momento in cui conobbe che gli incrociatori della linea esterna di levante avevano preso contatto con altrettante unità similari britanniche, l'ammiraglio Campioni si trovò in dubbio sulla composizione e la forza del nemico. Era questo un fattore importantissimo, poiché da tale conoscenza derivava la sua decisione di accettare o rifiutare il combattimento. Poiché non era segnalata in vista alcuna corazzata nemica, Campioni decise di accettare il combattimento, supponendo che da parte britannica fossero al momento presenti soltanto quattro incrociatori leggeri, mentre invece la *Warspite* denunciò ben presto la sua presenza aprendo il fuoco dapprima sugli incrociatori, per poi spostarlo sulla *Cesare* e sulla *Cavour*, che nel frattempo avevano iniziato il tiro sulla corazzata britannica.

Il *Bolzano* dopo l'inversione di rotta a un tempo seguito in linea di fila dagli altri incrociatori si sta avvicinando alla poppa della corazzata *Cavour*.

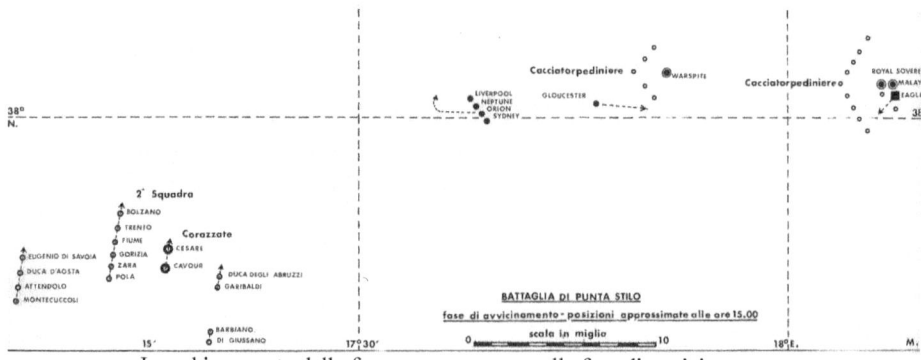

Lo schieramento delle forze contrapposte nella fase di avvicinamento

Gli incrociatori della 7ª Divisione Navale, che occupavano il fianco sinistro dello schieramento italiano, rimanendo esclusi dalla battaglia.

Sulla plancetta destra del ponte di comando del cacciatorpediniere *Bersagliere*, appartenente alla 13ª Squadriglia, i binocoli sono puntati all'orizzonte per percepire l'eventuale minaccia di aerei e sommergibili.

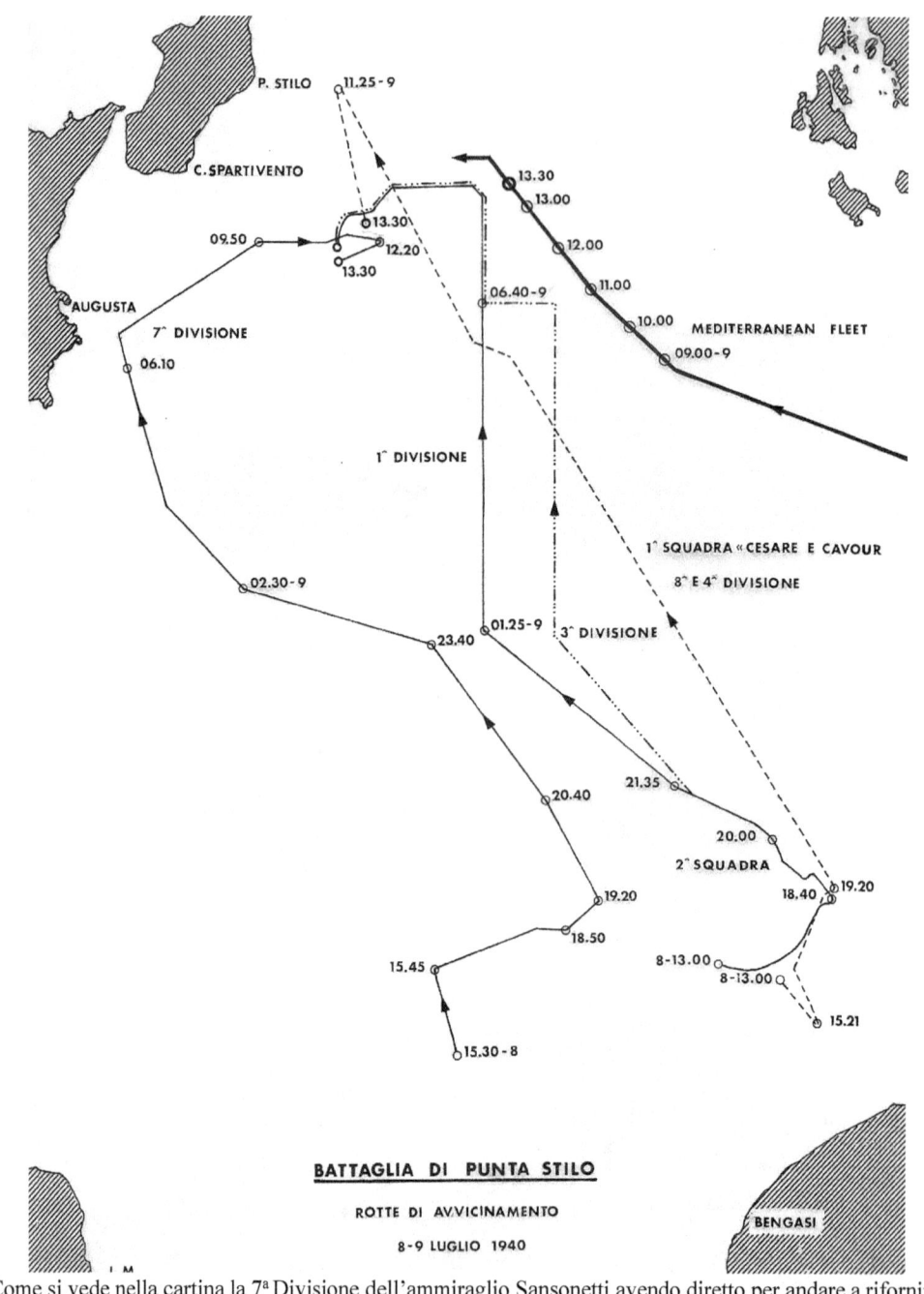

BATTAGLIA DI PUNTA STILO

ROTTE DI AVVICINAMENTO

8-9 LUGLIO 1940

Come si vede nella cartina la 7ª Divisione dell'ammiraglio Sansonetti avendo diretto per andare a rifornirsi ad Augusta era rimasta motto distante dalla flotta e non poté raggiungere la posizione di combattimento.

DISEGNO DI LORETTA MATTESINI

Gli incrociatori dell'8ª Divisione Navale, l'*Abruzzi* seguito dal *Garibaldi*. Le due navi, andando al combattimento seguendo rotta nord, si trovavano sul fianco destro delle corazzate *Cesare* e *Cavour* ed erano seguite dagli incrociatori leggeri della 4ª Divisione Navale *Da Barbiano* e *Da Giussano* e preceduti dai loro cacciatorpediniere di scorta.

Gli incrociatori leggero della 8ª Divisione in combattimento. Il *Garibaldi* preceduto dall'*Abruzzi* ha iniziato il tiro L'immagine è stata ripresa dall'incrociatore *Da Barbiano* della 4ª Divisione, che seguiva in linea di fila.

Infatti, mentre la divisione "Abruzzi" si sottraeva alle salve da 381 mm passando ad ovest delle proprie navi da battaglia, per poi rimanere estradiate nelle successive fasi della battaglia, così come non vi parteciparono i quattro incrociatori della 7ª Divisione (*Eugeno, Montecuccoli, Aosta, Attendolo*), perché rimasti troppo scaduti dalle altre navi, mentre invece la loro presenza sarebbe potuto essere determinante nel combattimento contro gli incrociatori britannici, alle 15.53 le corazzate italiane aprirono il fuoco sulla *Warspite*.

Le distanze di tiro furono telemetrate dalla *Cesare* in 26.400 metro e dalla *Cavour*, per evidente errore o per cattivo funzionamento del telemetro, addirittura a 30.500 metri. Dopo pochi minuti, pur avendo raggiunto la posizione ideale di prora alla *Cesare*, sparando da grandissima distanza, intervennero nella battaglia gli incrociatori pesanti della 2ª Squadra. Ma a questo punto, alle 15.58, la *Cesare* fu colpita alla base del suo fumaiolo prodiero da un proietto da 381 della quinta salva della *Warspite* che, sparato alla distanza di 24.000 metri, mise fuori servizio quattro delle otto caldaie della nave da battaglia, costringendola a ridurre la velocità da 26 a 19 nodi.

Punta Stilo, 9 luglio 1940. L'apertura del tiro della nave ammiraglia italiana, la corazzata *Giulio Cesare*, che è seguita dalla gemella *Conte di Cavour*.

L'ammiraglio Campioni, ormai consapevole di dover sostenere uno scontro decisivo con un numero di navi da battaglia superiore, prese allora la decisione di interrompere il combattimento che non rientrava assolutamente nelle sue direttive operative, ne nella opportunità tattica, poiché la notevole diminuzione di efficienza della *Cesare* poneva alla sola *Cavour* l'onere do sostenere la constatata efficienza del tiro delle corazzate nemiche. Pertanto ordinò alla flotta di invertire la rotta, e con la *Cesare* coperta con cortine di fumo dagli incrociatori pesanti della 2ª Squadra (gli unici impegnati nel combattimento) e dagli attacchi con il siluro dei cacciatorpediniere, pero effettuati da distanze eccessive, diresse verso Messina.

Nel combattimento che continuò per qualche minuto a manifestarsi contro le corazzate britanniche, dal momento che al tiro della *Warspite* si inserirono quelle poche salve sparate da grande distanza dalla *Malaya*, e contro gli incrociatori della 7ª Divisione, i sei incrociatori pesanti italiani combinarono ben poco, mentre invece il preciso tiro dei cannoni da 152 mm dell'incrociatore *Orion*, la nave comando dell'ammiraglio John Tovey (poi comandante della Home Fleet e affondatore della corazzata tedesca *Bismarck*), colpì con tre proiettili il *Bolzano*, che però poté allontanarsi a grande velocità, e con un altro proiettile il cacciatorpediniere *Alfiero*. Fino ad una nostra recente ricostruzione, i colpi che avevano raggiunto il *Bolzano* erano stati accreditati all'incrociatore *Neptune* e quello sull'*Alfieri* ad un colpo da 120 mm di un cacciatorpediniere.[50]

Il punto in cui il proietto da 381 che ha colpito la corazzata *Giulio Cesare*

---

[50] Francesco Mattesini, Punta Stilo. La prima battaglia aeronavale della Storia 9 luglio 1940, sito *academia edu*.

La squadra antincendio in azione per spegnere le fiamme a bordo della corazzata *Giulio Cesare* colpita alla base del fumaiolo da un proietto da 381 sparato dalla corazzata *Warspite*.

Salva in partenza dalla corazzata *Cavour* di poppa della *Cesare*. Dopo che la nave ammiraglia fu colpita per qualche tempo la *Cavour* sostenne il peso del combattimento tra corazzate.

Dalle caldaie poppiere dell'incrociatore *Bolzano* emissione fumo nero *Bolzano* per occultarsi ai colpi del nemico.

L'incrociatore pesante *Zara* si copre di fumo per sottrarsi al tiro nemico mentre spara con le quattro torri binate da 203 mm rivolti verso poppa durante la fase di sganciamento alla fine della battaglia di Punta Stilo.

L'ammiraglio Pellegrino Matteucci comandante della 1ª Divisione Navale, sulla plancia dell'incrociatore pesante *Zara*.

L'ammiraglio Cunningham, avendo raggiunto l'obiettivo di vedere il nemico battuto e in rapida ritirata dalla zona del combattimento, con la vista delle montagne della Calabria che si distinguevano distintamente, non fece alcun tentativo per ristabilire il contatto, e nella sua relazione lo giustificò con l'aver temuto che dietro la spessa e vasta cortina di fumo stesa dalle navi italiane fosse stata predisposta una concentrazione di sommergibili.

Il fatto che la Ricognizione Marittima non fosse riuscita ad avvistare preventivamente la Mediterranean Fleet, costituì un fattore altamente negativo non soltanto per la flotta italiana, che altrimenti avrebbe potuto sottrarsi al combattimento od arrivarci nelle migliori condizioni di schieramento, ma anche per quello dell'intervento della Regia Aeronautica. Secondo la pianificazione concordata tra Superaereo e Supermarina la sera dell'8 luglio, l'Armata Aerea (Armera) avrebbe dovuto iniziare gli attacchi fin dal mattino, allo scopo di menomare qualcuna delle grandi navi britanniche, motivo per il quale fu ordinato ai reparti aerei di impiegare bombe da 500 e 250 chili. Lo scopo era quello di permettere l'eventuale intervento della flotta italiana in condizioni vantaggiose. Ma nelle ore del mattino del 9 luglio, non giungendo notizie sul nemico, le formazioni da bombardamento della Sicilia e della Puglia rimasero a terra e cominciarono a decollare nel pomeriggio avanzato, secondo uno schema approntato per la partenza dagli aeroporti, quando già le navi britanniche erano a contatto con quelle italiane.

l'incrociatore *Neptune* a cui erano stati attribuiti i tre proietti da 155 mm che avevano colpito l'incrociatore *Bolzano*. In seguito alla nostra ricostruzione, con attenta rilettura delle manovre delle navi britanniche, il successo era invece da attribuire all'*Orion*, la nave ammiraglia della 7ª Divisione, che colpì a prora anche il cacciatorpediniere *Vittorio Alfieri*.

L'incrociatore *Orion* una delle navi più prestigiose della Royal Navy, nave di bandiera del vice ammiraglio John Tovey poi prestigioso Comandante in Capo della Home Fleet.

Le torri binate prodiere A e B dei cannoni da 152 mm dell'incrociatore *Orion*.

Aerei da bombardamento S 79 della 193ª Squadriglia, 87° Gruppo, 30° Stormo, 11ª Brigata Marte (generale Giuseppe Barba) in volo nel Mediterraneo per attaccare rintracciare e unità navali britanniche.

Gli incrociatori leggeri della 7ª Divisione Navale sotto il bombardamento degli aerei italiani.

Gli incrociatori dell'8ª Divisione. In primo piano l'*Abruzzi* con gli uomini alle armi contraeree che scrutano il cielo, sullo sfondo il *Garibaldi*.

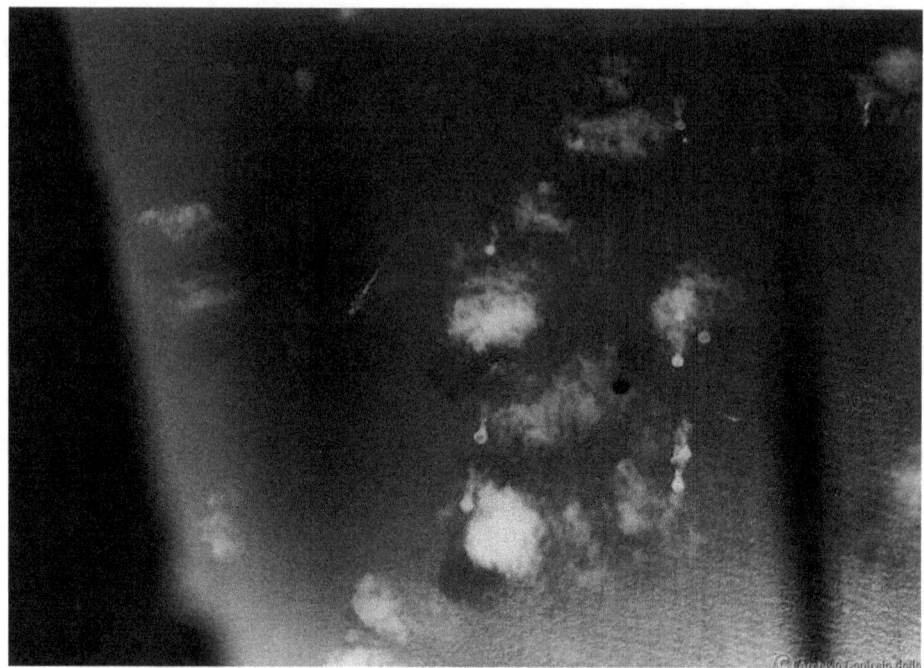
Una fase del bombardamento dei trimotori S.79 Sparviero nel corso della battaglia aeronavale di Punta Stilo.

La Regia Aeronautica non poté pertanto dare alla flotta dell'ammiraglio Campioni lo sperato appoggio preliminare prima del combattimento navale, e quando cominciò ad intervenire dopo la rottura del contatto balistico trovò nella zona della battaglia una situazione assai confusa. Le unità italiane, che erano state segnalate alla partenza delle varie formazioni offensive con rotta verso nord, avevano invertito la rotta e si ritiravano, in alquanto disordine, verso lo Stretto di Messina. Le unità britanniche, che inizialmente si trovavano poco a nord di quelle italiane, le fronteggiavano da levante. Il fatto poi che nell'area della battaglia la visibilità era resa cattiva dalle cortine di fumo, e che le navi incontrate dagli aerei e attaccate stessero difendendosi con le artiglierie contraeree (quelle italiane ritenendo di essere bombardate da inesistenti bombardieri britannici, motivo per il quale dall'ammiraglio Campioni fu richiesto insistentemente l'intervento della caccia della Sicilia), determinò errori nel riconoscimento degli obiettivi. E ciò accadde anche da parte di quelle formazioni aeree che possedevano qualificati osservatori aerei della Marina. Si verificò pertanto che su 126 bombardieri in quota S.79, S.81 e Cant.Z.506 inviati ad attaccare le navi britanniche, forse 60 sganciarono le bombe su quelle italiane, che rispondendo con il fuoco contraereo alle 17.45 abbatterono un S.79 della 257ª Squadriglia del 108° Gruppo del 36° Stormo Bombardamento Terrestre, con primo pilota e capo equipaggio il tenente Luigi Ruggeri.

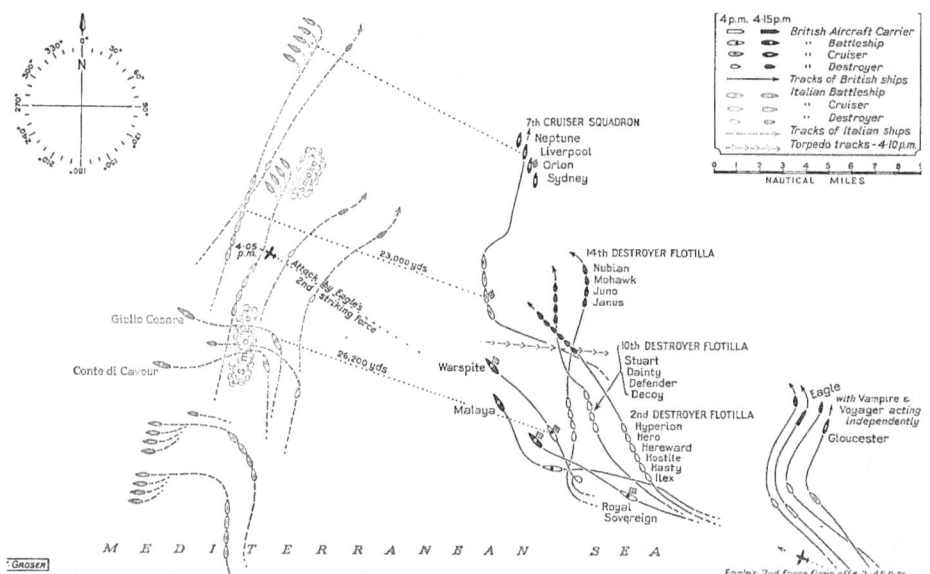

I reciproci movimenti navali nel corso della fase finale della battaglia secondo la Historical Section Admiralty.

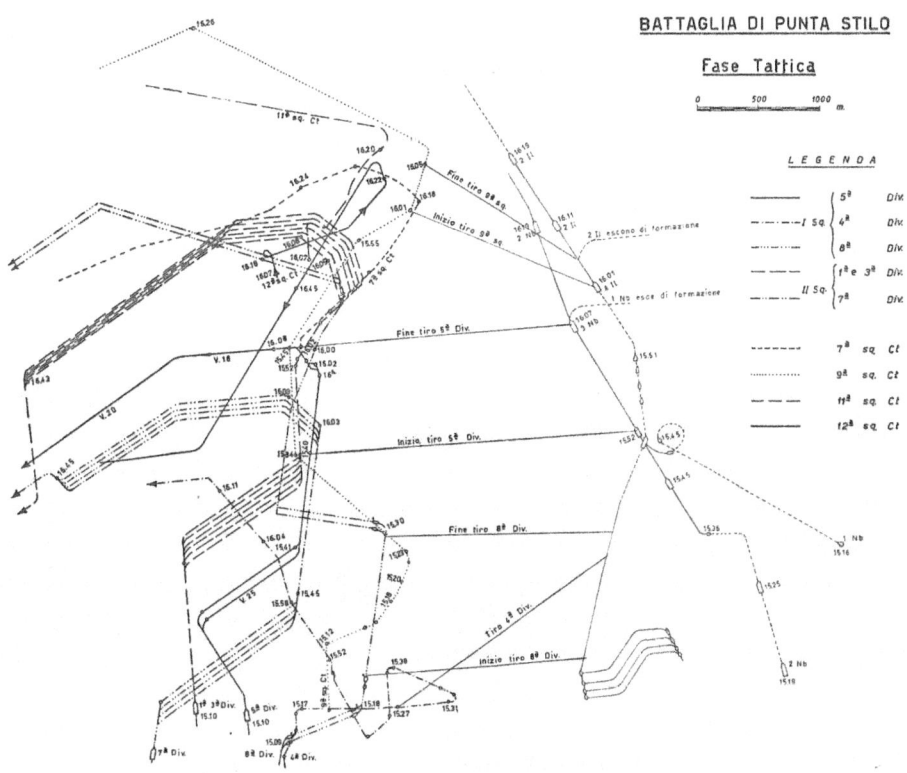

CARTINA COMPILATA DALL'UFFICIO STORICO DELLA MARINA MILITARE

Fu l'unica perdita aerea della giornata. Nessuna delle numerose bombe sganciate su nemici e amici colpì il bersaglio, dimostrando con ciò che il bombardamento in quota attuato dalla Regia Aeronautica non poteva costituire una grossa minaccia per unità navali fortemente manovriere. Inoltre si accese tra la Marina e l'Aeronautica italiana una dura polemica, determinata dagli errori in cui erano incorsi i piloti dei bombardieri. Ragion per cui furono subito emanate nuove norme per il riconoscimento delle navi amiche e l'impiego della propria aviazione, stabilendo che l'intervento dei velivoli doveva verificarsi primo o dopo il combattimento navale e soltanto nel caso di bersagli avversari perfettamente riconosciuti, meglio se includevano una portaerei non in possesso degli italiani. Per quanto sappiamo queste norme prudenziali non facevano parte del bagaglio offensivo dell'aviazione britannica, come accadde a Punta Stilo con due attacchi di aerosiluranti della portaerei *Eagle*, anche il secondo con nove Swordfish degli Squadron 813° e 824° che furono diretti, senza successo contro gli incrociatori pesanti della 2ª Squadra, mentre ancora si svolgeva il combattimento.

Anche contro la Forza H di Gibilterra, e durante il rientro della Mediterranean Fleet ad Alessandria mantenendosi vicino ai due convogli salpati da Malta, l'attività offensiva della Regia Aeronautica si dimostrò particolarmente deludente. Maggiore efficienza dimostrarono invece gli aerosiluranti della portaerei *Eagle*, che nella notte sul 10 luglio attaccarono due unità leggere italiane rimaste nella base siciliana di Augusta, affondando con gli Swordfish dell'813° Squadron il cacciatorpediniere *Pancaldo*, che poi fu recuperato.

9 Luglio 1940. l'incrociatore da battaglia *Hood* inquadrato dalle bombe degli aerei italiani S.79 della Sardegna.

In primo piano la corazzata *Valiant*. Due bombe cadono a prora dell'incrociatore *Arethusa*.

Tuttavia anche i britannici non furono esenti da perdite, poiché il cacciatorpediniere *Escort* (capitano di corvetta John Bostock), della Forza H, fu silurato ed affondato nella notte dell'11 luglio dal sommergibile italiano *Guglielmo Marconi* (capitano di corvetta Giulio Chialamberto), a nord ovest di Orano. Qualche giorno prima lo stesso *Marconi* aveva colpito in quella stessa zona il cacciatorpediniere *Vortigen*, ma il siluro che lo raggiunse allo scafo non esplose.

Il cacciatorpediniere *Escort* che fu affondato dal sommergibile *Marconi*.

Il capitano di corvetta Giulio Chialamberto, comandante del sommergibile *Guglielmo Marconi*, festeggia con i suoi ufficiali l'affondamento del cacciatorpediniere britannico *Escort*.

Il cacciatorpediniere *Agostino Vivaldi* (capitano di vascello Giovanni Galati) che il 1° agosto speronò e affondò il sommergibile britannico *Oswald* al largo della Calabria Ionica.

Il sommergibile britannico *Oswald*.

Il comandante del sommergibile *Oswald* (capitano di corvetta David Alexander Fraser), con la barba, in campo di concentramento a Venezia.

CAPITOLO VII: LA DELUSIONE DELLA BATTAGLIA DI CAPO SPADA E LA RINUNCIA AD ATTACCARE LA MEDITERRANEAN FLEET NELL'AGOSTO – SETTEMBRE 1940

La battaglia di Punta Stilo, primo ed unico combattimento nella storia tra corazzate italiane e inglesi, essendosi svolto nei primissimi giorni di guerra rappresentò la prima occasione per controllare la validità degli studi e gli schemi tattici sperimentati nelle esercitazioni del tempo di pace, elaborati dalla Regia Marina. Da quell'episodio fu ricavato il convincimento di un comportamento soddisfacente, mentre in realtà venivano denunciate grosse lacune, particolarmente nei collegamenti, nella precisione del tiro, e per il molto scarso affiatamento esistente fra le due squadre navali italiane, che praticamente operavano insieme per la prima volta.

Ma quello che soprattutto costituì una sgradita sorpresa fu determinata dalla inaspettata carenza operativa nella collaborazione aeronavale italiana per mancanza di coordinamento tra i reparti della Marina con quelli dell'Aeronautica, la quale dimostrò di non possedere unità aeree addestrate per agire sul mare in appoggio alle unità della flotta; fallimento a cui andarono incontro anche gli idrovolanti della Ricognizione Marittima nel servizio di esplorazione.

Tuttavia, fu soprattutto l'incidente del bombardamento delle navi italiane a generare una spiacevole polemica fra Marina e Aeronautica, che si sviluppò fra gli Alti Comandi delle due Armi, con riflessi nella stessa sede del Capo di Stato Maggiore Generale maresciallo Badoglio.[51] Ciò portò a studiare e ad emanare immediatamente nuove norme per il riconoscimento delle navi nazionali e per l'impiego della propria aviazione, stabilendo tassativamente che l'intervento dei velivoli, per evitare equivoci, avrebbe dovuto verificarsi prima o dopo la fase del combattimento navale e soltanto nel caso di bersagli nemici perfettamente riconosciuti.

Fu inoltre provveduto a migliorare i collegamenti fra navi ed aerei, a rinforzare gli organici della Ricognizione Marittima con velivoli idrovolanti Cant.Z.506 ceduti dall'Aeronautica, e a fissare norme di intervento per gli aerei da caccia destinati a scortare le unità navali. Soluzioni che portarono indubbiamente a dei sostanziali miglioramenti di carattere tecnico-operativo, che però non avrebbero mai raggiunto

---

[51] Tra le direttive tattiche navali, elaborate per regolamentare le manovre evolutive e tattiche e per l'impiego in combattimento di tutti i tipi di unità, semplici e complesse, mancava purtroppo una direttiva tattica aeronavale, di importanza fondamentale per collegare l'attività della Marina con quella dell'Aeronautica. Esisteva soltanto un volume dell'oggetto *"Norme d'impiego per le azioni aeronavali"*, edizione 1934, che era stato aggiornato con strisce di correzione, e in cui veniva specificato: *"I reparti dell'Armata Aerea cooperano con le Forze Navali dopo aver preso preventivi accordi"*. Vi erano poi alcune norme d'impiego generiche di Superaereo, l'Organo Operativo dello Stato Maggiore della Regia Aeronautica, diramate il 1° aprile 1940 nel Piano di Radunata n° 12 (P.R. 12) con il titolo *"Concorso dell'Armata Aerea alle operazioni della R. Marina"*, che furono allegate anche alla Direttiva Navale Di. Na. 1. Anche nel riepilogo delle *"Direttive Operative"* del P.R. 12, trasmesso da Superaereo alle unità dipendenti e agli Stati Maggiori delle Forze Armate il 9 giugno 1940, si faceva cenno ad una collaborazione dell'Armata Aerea (Armera) con l'Arma Navale soltanto riguardo all'intervento dei reparti da bombardamento, da sviluppare tramite accordi tra i Comandi Aeronautici con quelli della Marina. Nessun cenno era fatto ad una collaborazione fattiva nell'attività del l'esplorazione – che era affidata esclusivamente ai Reparti della Ricognizione Marittima – e alla scorta delle navi in mare.

l'efficacia di quelli del nemico, anche a causa della povertà del potenziale tecnico-industriale dell'Italia.

***

Il 19 luglio gli italiani ebbero un'altra grossa delusione presso Capo Spada, all'estremità nord-occidentale dell'isola di Creta. Inizialmente, il 14 luglio, per le richieste di sostegno navale al fronte terrestre della Cirenaica, che arrivavano a Roma dal generale Rodolfo Graziani, Supermarina aveva elaborato un progetto di bombardamento contro Sollum, appena al di là del confine della Cirenaica, da affidare ai due incrociatori della 2ª Divisione Navale *Giovanni dalle Bande Nere* e *Bartolomeo Colleoni*, che avendo accompagnato a Tripoli il grosso convoglio dell'operazione che portò alla battaglia di Punta Stilo, si rendevano disponibili Ma poi questa modesta missione, che in due occasioni era stata realizzata dai cacciatorpediniere di base a Tobruk, che poi furono quasi tutti eliminati dagli aerosiluranti della portaerei *Eagle*, fu ritenuto troppo pericolosa e pertanto cancellata, sostituendola con un'altra missione da svolgere nel Mare Egeo, per attaccare il traffico nemico tra la Turchia e l'Egitto.

Era infatti accaduto che il 16 luglio il Servizio Informazioni Segrete (SIS) di Maristat aveva segnalato che un gruppo di tre piroscafi britannici e uno greco (poi rettificato in base ad altre informazioni in tre piroscafi e tre pirocisterne) diretti in Egitto sarebbero salpati in convoglio, probabilmente da Istanbul, e sarebbero transitati per lo Stretto dei Dardanelli.[52] Su questa notizia il 17 luglio Supermarina decise l'intervento della 2ª Divisione, al comando dell'ammiraglio Ferdinando Casardi sul *Bande Nere*, inviando, tramite un aereo, l'ordine operativo firmato dall'ammiraglio Cavagnari, in cui, diretto a Casardi, si affermava:[53]

"Dirigerete per Portolago [Isola di Lero] passando tra Rodi e Scarpanto oppure a ponente di Creta, secondo che Vi sarà ordinato. Velocità 25 nodi fino all'arrivo a Portolago. A Portolago riceverete istruzioni radiotelegrafiche appoggiate a Marina Lero. Di massima dovrete tenerVi pronto ad eseguire rapide puntate nelle zone che Vi saranno indicate, per affondare traffico mercantile con bandiera inglese o al servizio degli Inglesi e unità sottili di protezione a detto traffico. Da Portolago rientrerete alla base nazionale che Vi sarà indicata quando ne riceverete l'ordine. Per garantirVi da sorprese durante le traversate e le operazioni in mare, sarà tempestivamente disposto un adeguato servizio di ricognizione aerea, il cui segnale di scoperta potrà anche direttamente intercettare. ... Assoluto silenzio radiotelegrafico durante tutta la missione".

Da questo trasferimento, iniziato con la partenza da Tripoli alle 20.35 del giorno 17 luglio, la 2ª Divisione diresse per un punto a 30 miglia a nord di Derna, arrivandovi alle 22.7 del 18, per poi assumere rotta nord (12°), e trovarsi alle 07.57 del 19 sul punto per imboccare il passaggio per l'Egeo, tra Capo Spada, all'estremità occidentale dell'Isola di Creta e l'Isola di Cerigotto (Antikythera), alla velocità di 25 nodi, zigzagando. Come

---

[52] Francesco Mattesini, *Corrispondenza e Direttive Tecnico-Operative di Supermarina*, 1° Volume, 1° Tomo, USMM, cit. Documenti da n. 112 a 117, p. 385-392.
[53] AUSMM, *Scontri navali e operazioni di guerra*, cartella 6.

stabilito dall'ammiraglio Cavagnari, era stata richiesta al Comando dell'Egeo per quel giorno un'adeguata esplorazione aerea lungo la rotta per l'Isola di Lero, e le navi avevano l'ordine di mantenere il silenzio radio.

Dalla Relazione dell'Ammiragliato britannico sappiamo che il 19 luglio l'incrociatore leggero australiano *Sydney* e cinque cacciatorpediniere britannici (*Hyperion, Ilex, Hero, Hasty* e *Havock*) si trovavano nella zona di Capo Spada per assolvere tre compiti. Per proteggere un transito frequente di navi in convoglio, diretti verso nord e verso sud fra i Dardanelli e l'Egitto da cui qualche nave isolata partiva per i porti dell'Egeo. Per contrastare l'attività dei sommergibili italiani nelle zone per le quali dovevano passare i convogli britannici.

Infine, nello stesso tempo, per attaccare il traffico italiano che passava senza scorta attraverso l'Egeo nei suoi viaggi di andata e ritorno dal Mar Nero e dai porti dell'Egeo, impiegando nella maggior parte dei casi, il Canale di Corinto se diretto ai porti dell'Italia e dell'Adriatico, con una navigazione che comportava un transito frequente nel Golfo di Atene. In particolare quel giorno 19 luglio vi era in navigazione il convoglio AN.2, dall'Egitto diretto in Egeo, partito il giorno prima da porto Said.

Il Regio incrociatore *Giovanni dalle Bande Nere* il 30 maggio 1938 in uscita dal porto di Genova. Era la nave comando della 2ª Divisione Navale.

L'incrociatore *Bartolomeo Colleoni* in navigazione nel porto di Taranto nel 1936.

Per la protezione di questo convoglio, per la caccia antisommergibile e la ricerca di navi italiane nell'Egeo, era stato stabilito di realizzare:[54]

"1°) Una caccia ai sommergibili verso lo Stretto di Caso e intorno a Creta eseguita da quattro cacciatorpediniere, combinata con un rastrello eseguito da un incrociatore e da un cacciatorpediniere nel Golfo di Atene contro il traffico italiano.

2°) A cominciare dal 20 Luglio un'altra caccia a sommergibili per mezzo do otto cacciatorpediniere tra Creta e la Cirenaica. Questa forza fu successivamente inviata a rastrellare nell'Egeo meridionale per coprire il movimento di cui al paragrafo frequente.

3°) Un convoglio diretto ai porti dell'Egeo in partenza da Porto Said il 19 luglio. La scorta di questo convoglio doveva condurre indietro un convoglio dai porti dell'Egeo in Egitto, dove sarebbe arrivato intorno al 28 luglio".

Le unità delle forze navali prestabilite lasciarono Alessandria il 18 luglio. La 2ª Flottiglia cacciatorpediniere, con *Hyperion*, *Ilex*, *Hero* e *Hasty*, al comando del capitano di fregata Hugh St. Lawrence Nicolson) sull'*Hyperion*, ricevette l'ordine di passare per lo Stretto di Caso, tra le isole di Scarpanto e di Creta, intorno alle 21.30 del 18 e quindi proseguire lungo la costa settentrionale di Creta, attraversare il Canale di Antikythera, per poi tornare ad Alessandria

In appoggio vi era l'incrociatore australiano *Sydney*, comandato dal capitano di vascello John Augustine Collins, e il cacciatorpediniere *Havock*. Il compito delle due navi era quello di passare il Canale di Caso per poi procedere per il Golfo di Atene alla

---

[54] AUSMM, *Scambio notizie con Ammiragliato britannico.*

ricerca del traffico italiano. Quindi dovevano rientrare ad Alessandria passando per il Canale di Antikythera.

I due cacciatorpediniere *Hereward* e *Imperial*, furono inviati da Alessandria a Porto Said per scortare le navi del convoglio AN.2, che da quel porto dovevano salpare

La partenza degli incrociatori italiani da Tripoli il 17 luglio, e che si stavano avvicinando da ponente al Canale di Anticitera per operare nell'Egeo, non era conosciuta.

Il mattino del 19 luglio, mentre i due incrociatori italiani si stavano avvicinando al Canale di Antikythera da ponente, i quattro cacciatorpediniere della 2ª Flottiglia *Hyperion, Ilex, Hero, Hasty*, disposti in linea di fronte con i paramine in mare, distanti l'uno dall'altro circa 1.000 metri, stavano arrivando da levante, scarsamente visibili nella foschia e per l'abbagliante scia del sole. L'avvistamento, alle 06.17, fu contemporaneo da ambo le parti, e immediatamente il *Bande Nere* e il *Colleoni*, aumentando la velocità a 30 nodi, e elevandola poi a 32 nodi, dressero sui cacciatorpediniere per impegnarli con le loro superiori artiglierie da 152 mm, iniziando il tiro, alle 06.27, sui due di sinistra. Anche i cacciatorpediniere, recuperati i paramine, aprirono il fuoco alle 06.32, con tiro centrato in cursore ma corto di 700-800 metri dal *Bande Nere*. Nel contempo, il segnale di avvistamento trasmesso dal cacciatorpediniere *Hero* raggiunse l'incrociatore *Sydney*, che trovandosi a circa 40 miglia a nord-nordest subito, accostando a sud, diresse alla massima velocità per la zona del combattimento assieme al cacciatorpediniere *Havock*. Poco dopo il *Sydney* (capitano di vascello John Augustine Collins), che aveva ricevuto altre notizie sulle navi italiane e sulla loro rotta 360° dal cacciatorpediniere *Hyperion*, ricevette dall'ammiraglio Cunningham l'ordine di riunire le due formazioni e di attaccare insieme.

Mentre i quattro cacciatorpediniere della 2ª Flottiglia, avendo aumentato la velocità a 35 nodi, si allontanarono manovrando per raggiungere il *Sydney* coprendosi con cortine di nebbia, per poi non essere più in vista alle 06.48, ora a cui fu cessato il tiro, il *Sydney* avvistò i due incrociatori italiani alle 07.26 e tre minuti più tardi aprì il fuoco, sull'unità di testa, con i suoi cannoni da 152 mm alla distanza di 18.000 metri. Per l'ammiraglio Casardi, sul *Bande Nere*, la cui attenzione era rivolta a levante su dove erano scomparsi i cacciatorpediniere britannici, fu una sorpresa, perché le salve d'artiglieria provenienti da nord e ben centrate, furono il primo avviso dell'arrivo dell'unità australiana, che poi apparve da un ampio bando di foschia bassa, che non aveva permesso all'ammiraglio Casardi di individuare il *Sydney* e l'*Havock*.

In questa fase il Bande Nere (capitano di vascello Franco Maugeri) fu colpito da un proietto da 152 mm che forò "una volpe del tetrapode, attraversa la cassa a fumo del fumaiolo prodiero e scoppia in prossimità della porta poppiera dell'aviorimessa, uccidendo quattro militari e ferendone altri quattro.[55]

Il *Bande Nere*, imitato dal *Colleoni*, (capitano di vascello Umberto Navarro) risposero subito al fuoco con tutte le torri senza poter distinguere chiaramente le unità nemiche, e non potendo telemetrarle regolarono il tiro sulle vampe dei cannoni dell'avversario, per poi eseguirono un'accostata di 90° sulla dritta ed emisero per occultarsi durante la manovra una cortina di nebbia artificiale. Alle 07.32, sospesa la cortina, risposero al fuoco con le torri poppa, ma le salve caddero corte sul *Sydney* e poi

---

[55] AUSMM, "Comando II Divisione Navale – Rapporto sull'azione navale del 19 c.m., protocollo n. 279/SRP del 23 luglio 1940-XVIII E.F., fondo *Scontri navali e operazioni di guerra*, cartella 6.

lunghe. Quindi i due incrociatori della 2ª Divisione, che erano inquadrati da salve d'artiglia di sei o otto colpi, accostarono decisamente mettendosi parallele al *Sydney*, non riuscendo a distinguere contro chi stavano sparando, mentre il nemico vedeva benissimo gli incrociatori italiani.

Alle 07.40, il *Bande Nere* e il *Colleoni* che lo seguiva, accostarono simultaneamente verso sud; manovra che venne spiegata dell'ammiraglio Maugeri, per la necessita di allontanarsi dal Canale fra Candia e Cerigotto, per il seguente motivo:[56]

"Per poter trarre il miglior vantaggio tattico dalla caratteristica più rilevante dei due incrociatori, la velocità, avevo bisogno di manovrare liberamente senza vincoli creati dalla configurazione geografica del bacino nel quale era avvenuto l'incontro. Perciò fino dal primo istante del contatto con gli Incrociatori avversari ho subito considerato la necessità di trascinare la forza navale nemica verso le acque libere per evitare che essa, composta di un maggior numero di unità, potesse avvantaggiarsi dalla configurazione geografica per impedirmi di disimpegnarmi nel caso in cui la situazione fosse divenuta critica per le mie navi. Perciò alle 07.46, istante cruciale dell'azione, anziché dirigere verso Lero, prendendo decisa caccia, ho accostato nettamente a dritta (50°) su uno schieramento all'incirca parallelo a quello avversario, rilevandolo nei settori di massima offesa".

Subito dopo il cambio di rotta la visibilità si fece più chiara e alle 07.46 l'ammiraglio Casardi ritenne di aver riconosciuto tra le unità nemiche che stava affrontando due incrociatori, della classe "Sydney" e "Gloucester". Quest'ultimo era in realtà il modesto cacciatorpediniere *Havock*..

Sempre alle 07.46 il *Sydney* ricominciò a sparare sul *Bande Nere*, ma poiché si stava coprendo col fumo, spostò il tiro contro il *Colleoni*, che seguiva la nave ammiraglia, impegnandolo ad una distanza di oltre 17.000 metri con le due torri prodiere. Nel frattempo i quattro cacciatorpediniere britannici di tanto intanto si univano al combattimento, sparando con i loro cannoni da 120 mm, ma verso le 08.00 essi vennero a trovarsi fuori tiro, e dovettero sospendere il fuoco. Alla stessa ora il *Sydney* diresse nuovamente il tiro contro il *Bande Nere*, per poi spostarlo alle 08.08 sul *Colleoni* (capitano di vascello Umberto Navarro), *"che aveva sino a quel momento aveva mantenuto perfettamente il suo posto in formazione eseguendo tiro efficace e celere"*, e che alle 08.24 si fermo, essendo stato colpito da tre proietti da 152, al centro, nel torrione e nel locale macchine, rimanendo fuori combattimento, a 5 miglia a ovest di Capo Spada. Il colpo nella sala macchine era stato mortale, ed anche il timone era in avaria. A bordo del *Colleoni*, che fu visto dal *Sydney* procedere lentamente alla deriva con la prora immersa, tutte le luci si erano spente e le macchine elettriche avevano smesso di funzionare comprese le torri dei cannoni e la bussola giroscopica.

L'ammiraglio Casardi, dopo un altro cambio di cannonate con il *Sydney*, che era stato colpito alle 08.21 sul fumaiolo prodiero da un proietto da 152 mm del *Bande Nere* che uccise un marinaio, considerando che il *Colleoni* era condannato, e il nemico con i cacciatorpediniere aveva una superiorità assoluta, decideva di ritirarsi con la sua nave, per raggiungere Bengasi.

---

[56] AUSMM, "Relazioni del Comando della 2ª Divisione Navale" del 23 luglio 1940, Protocollo 279/SRP, *Scontri navali e operazioni di guerra*, cartella n. 6.

Per sottrarsi al tiro nemico il *Bande Nere* si diresse a sud a tutta velocità inseguito dal *Sydney* e dai cacciatorpediniere *Ilex* e *Havock*, che però dovettero invertire la rotta tornando ad est perché l'incrociatore australiano, per l'enormità di colpi sparati, era rimasto con le due torri prodiere che avevamo una rimanenza totale di cinque proietti.

Tuttavia, in questa fase del combattimento, alle 08.50, un altro proietto da 152 mm del *Sydney* cadde a bordo del *Bande Nere*, attraversò la coperta del castello ed esplose uccidendo quattro uomini e ferendone dodici, ma l'incrociatore, che per un'avaria era stato costretto a spengere una caldaia, poté allontanarsi alla velocità di 29 nodi, per poi raggiungere Tripoli.

Il *Bartolomeo Colleoni*, completamente immobilizzato, affondò alle 09.24, dopo aver ricevuto il colpo di grazia da due siluri lanciati dai cacciatorpediniere *Ilex* (capitano di fregata Philip Lionel Saumarez) e *Havock* (capitano di fregata Rafe Edward Courage), che poi assieme all'*Hyperion* ne ricuperarono 525 naufraghi, tra cui il comandante, capitano di vascello Umberto Navarro, poi deceduto per le ferite riportate il 23 luglio ad Alessandria. Fu decorato postumo con la Medaglia d'Oro al Valor Militare.

L'incrociatore australiano *Sydney* che il 19 luglio a Capo Spada affondò l'incrociatore italiano *Bartolomeo Colleoni*.

L'*Hyperion*, che comandava la 2ª Flottiglia Cacciatorpediniere della Mediterranean Fleet.

L'incrociatore *Colleoni* in fiamme e immobilizzato. Abbandonato dall'equipaggio fu poi affondato con siluri dai cacciatorpediniere *Ilex* e *Hyperion*.

Il siluro lanciato da un cacciatorpediniere che colpì e affondò l'incrociatore *Colleoni*.

Rottami e naufraghi dell'equipaggio del *Colleoni*. I morti dell'incrociatore furono 121.

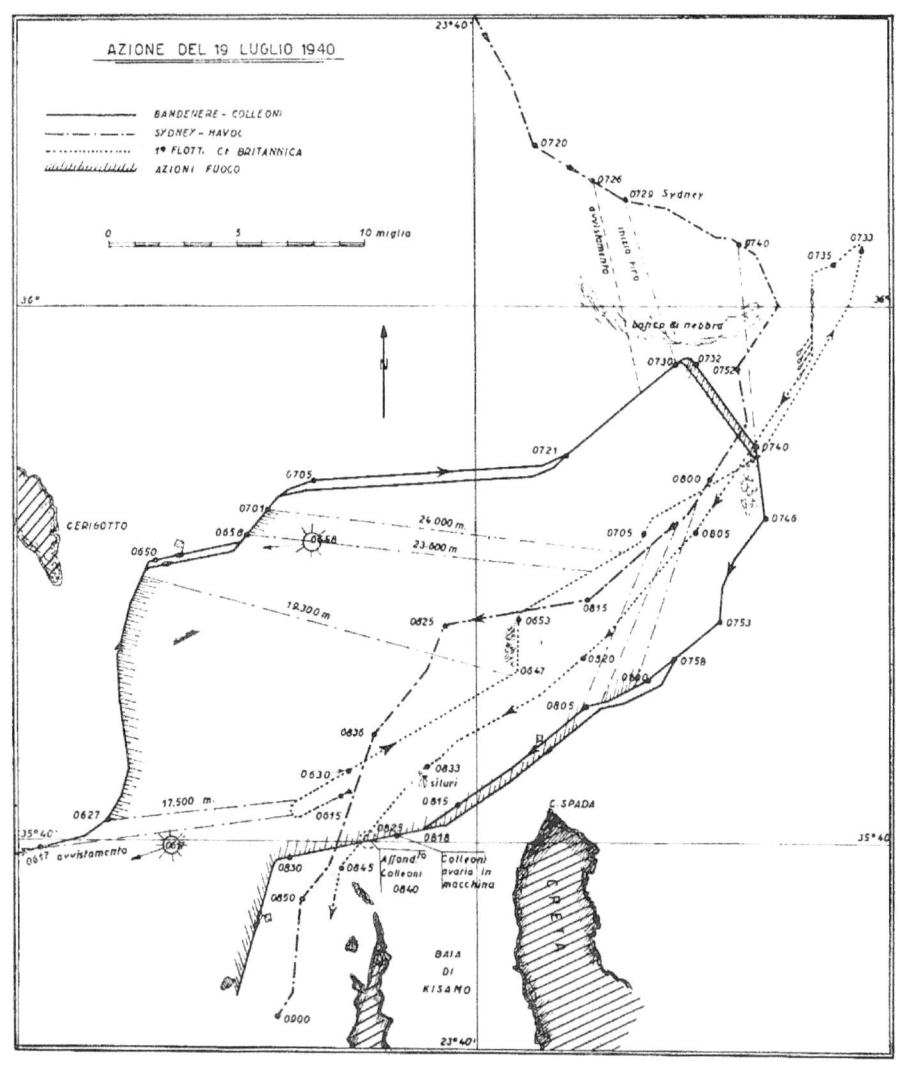

LA BATTAGLIA DI CAPO SPADA
Le manovre delle navi italiane e di quelle britanniche nel corso di un combattimento durato circa due ore.

Il foro sul fumaiolo del *Sydney* causato da un proiettile da 152 mm sparato dall'incrociatore *Bande Nere*, ma che non ebbe alcuna conseguenza sull'efficienza dell'incrociatore australiano.

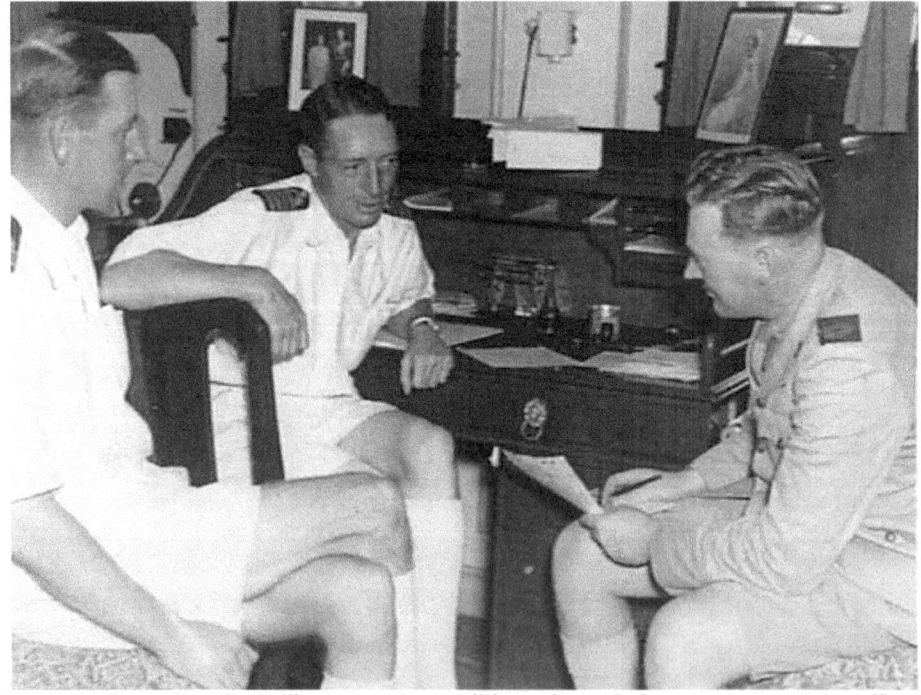

Il capitano di vascello John Collins, comandante dell'incrociatore *Sydney*, conversa con due ufficiali.

L'ammiraglio Ferdinando Casardi quando nel 1941 comandava la 7ª Divisione Navale. A Capo Spada sull'incrociatore *Giovanni dalle Bande Nere* comandava la 2ª Divisione Navale. Nel combattimento anche il *Bande Nere* era stato colpito sottocoperta dal Sydney, che a sua volta era stato colpito al fumaiolo dall'incrociatore italiano.

Il capitano di vascello Franco Maugeri, comandante dell'incrociatore leggero Giovanni dalle Bande Nere.

Il recupero dei naufraghi si verificò nel corso di un bombardamento effettuato da aerei italiani dell'Egeo, il cui intervento, da Rodi, era stato richiesta alle 07.22 dall'ammiraglio Casardi. Decollarono dall'aeroporto di Gadurra ventuno bombardieri S.79 del 34° Gruppo (maggiore Vittorio Cannaviello) e del 42° Gruppo (maggiore

Ademaro Nicoletti Altimari), quest'ultimo del 12° Stormo, e dall'aeroporto di Marizza sei S.81 del 39° Stormo (colonnello Cesare Mari), che raggiunte le navi britanniche alle 11.30 sganciarono duecento bombe da 100 chili. Fu preso di mira il cacciatorpediniere *Havock* del capitano di fregata Rafe Edward Courage che, nel corso dell'attacco dei sei S.81 del 39° Stormo a 3 miglia a sud dell'Isola di Gaudo, a causa di una bomba esplosa in acqua vicino allo scafo, fu investito da schegge e ebbe una caldaia danneggiata. Tuttavia, dopo soli cinque minuti poté riprendere la sua velocità a 24 nodi per poi rientrare ad Alessandria.

La vernice scrostata dal calore dei cannoni dell'incrociatore *Sydney* dopo la battaglia di Capo Spada.

La scarsa precisione del tiro italiano, fu giustificata nella relazione dell'ammiraglio Casardi, con il fatto che il mare, con vento di maestrale, era agitato e le unità italiane non riuscirono a dirigere il tiro con precisione. Ma le medesime condizioni del mare dovette affrontare il *Sydney* che inoltre, pur trovarsi svantaggio nel dover combattere con due incrociatori nemici, riuscì a colpirli entrambi.[57]

Il 20 luglio 1940 Supermarina, con messaggio n. 25096, trasmise a Marilibia Bengasi, il sintetico seguente messaggio diretto all'incrociatore *Bande Nere*, per la 2ª

---

[57] Le fonti principali da parte italiana per la battaglia di Capo Spada sono varie. Le più importanti, documentarie, riguardano le Relazioni del Comando della 2ª Divisione Navale, al fondo *Scontri navali e operazioni di guerra*, cartella n. 6, e "*L'affondamento del R.I. Colleoni*", della Commissione d'Inchiesta Speciale (CIS) della Marina del 14 luglio 1948. La migliore ricostruzione, con alcune sbavature, si trova nel libro dell'ammiraglio Giuseppe Fioravanzo, *Le azioni navali in Mediterraneo. Dal 10 giugno 1940 al 31 marzo 1941*, USMM, Roma, 1959, p 161-181. Da parte britannica segnaliamo "*Action off Cape Spada, Crete*, del Naval Staff History Second World War, e la Relazione della Sezione Storica dell'Ammiragliato britannico, trasmessa all'Ufficio Storico della Marina Militare negli anni '50. Per le pubblicazioni vedi Hermon Gill, *Royal Australian Navy 1939 – 1942*, volume I, Camberra, 1957, p. 184-196.

Divisione: *"Duce esprime suo compiacimento per aver impegnato combattimento con forze superiori"*.[58]

Ma i britannici non erano ancora contenti del nuovo successo conseguito, e per rendere ancora più difficile la vista ai Comandi responsabili italiani, in particolare della Marina, nel corso della notte fra il 19 e il 20 luglio, bombardieri leggeri Blenheim degli Squadron 55° e 211° della RAF, di base in Egitto, bombardarono l'aeroporto di El Aden e il vicino porto di Tobruk. L'azione ebbe lo scopo di agevolare un contemporaneo attacco di sei aerosiluranti Swordfish dell'824° Squadron (capitano di fregata A.J. Dobenham) della portaerei *Eagle* che, decollati dall'aeroporto di Sidi el Barrani, conseguirono come risultato positivo l'affondamento dei cacciatorpediniere *Nembo* e *Ostro*, e colpirono il piroscafo *Sereno*, che per evitare l'affondamento fu portato ad incagliare, restandovi poi immobilizzato. Falli invece l'attacco degli aerosiluranti Swordfish contro l'incrociatore corazzato *San Giorgio*, che si trovava in rada protetto da un recinto retale. Nella reazione della contraerea britanniche andò perduto lo Swordfish del cadetto pilota H.J.W. Wyner, nonché un altro Swordfish del 700° Squadron, un idrovolante della corazzata *Warspite*, che era stato inviato su Tobruk per rilevare l'effetto dell'attacco aereo. Il pilota, capitano di corvetta Brown sopravvisse, mentre decedette l'altro membro dell'equipaggio, tenente di vascello N. Nedd.[59]

Il Regio incrociatore *Bande Nere* il 30 maggio 1938 in uscita dal porto di Genova. Era la nave comando della 2ª Divisione Navale, ed era armato con otto cannoni da 152 mm.

---

[58] AUSMM, Scontri navali e operazioni di guerra, cartella 6.
[59] Historical Section Admiralty, *Mediterranean*, Volume I, Londra, 1952, p. 55; SMEUS, *Diario del Comando Supremo*, Volume I, *Diario*, Roma, 1986, p. 224.

Il cacciatorpediniere *Nembo* silurato e affondato a Tobruk il 20 luglio 1940, affiora coricato sul fianco.

L'incrociatore corazzata *San Giorgio*, all'ancora nel suo recinto di reti parasiluri nella rada di Tobruk.

Aerosiluranti Swordfish in volo.

***

Le perdite di quattro cacciatorpediniere a Tobruk, negli attacchi del 5 e del 20 luglio, la battaglia di Punta Stilo del 9 luglio, e la disgraziata azione di Capo Spada del 19 luglio, con la perdita dell'incrociatore *Colleoni*, rappresentarono per la Regia Marina i primi duri impatti con la Royal Navy. I due episodi di combattimento navale fecero comprendere che le navi della flotta non erano ancora pronte ad affrontare quelle nemiche in una battaglia di grosse dimensioni e dagli esiti, se non decisivi, strategicamente condizionanti. Ciò rese ancora più cauti Supermarina ed il Comando Supremo nella pianificazione delle operazioni offensive, anche quelle che apparivano di natura favorevole. Anche perché i due combattimenti fecero comprendere ai vertici della Regia Marina, ormai convinti di dover sostenere una lunga guerra, che senza un'efficace esplorazione aerea le navi italiane isolate avrebbero corso rischi mortali avventurandosi, senza adeguate informazioni, in zone di mare perfettamente vigilate dal nemico.

Nello stesso tempo, allo scopo di diminuire il divario tecnico-tattico nei confronti del nemico, fu data attuazione ad un intenso programma di manovra e di tiro, che sulle due corazzate tipo "Littorio", continuò ad essere reso precario dalla difficile messa a punto delle artiglierie, in particolare dei calcatoi, rappresentarono per la Regia Marina i primi duri impatti con la Royal Navy. Soprattutto la battaglia di Punta Stilo, fece comprendere che le navi della flotta non erano ancora pronte ad affrontare quelle nemiche in una battaglia di grosse dimensioni e dagli esiti, se non decisivi, strategicamente condizionanti. Ciò rese ancora più cauti Supermarina ed il Comando Supremo nella pianificazione delle operazioni offensive, anche quelle che apparivano di natura favorevole. Nello stesso tempo, allo scopo di diminuire il divario tecnico-tattico nei confronti del nemico, fu data attuazione ad un intenso programma di manovra e di tiro, che sulle due corazzate tipo "Littorio", continuò ad essere reso precario dalla difficile messa a punto delle artiglierie, in particolare dei calcatoi.

L'11 luglio, due giorni dopo la battaglia di Punta Stilo, il Comando Supremo aveva fatto pervenire agli Stati Maggiori delle tre Forze Armate nuove direttive strategiche di Mussolini, che tra l'altro richiedeva all'Aeronautica di bombardare Malta, Alessandria e la flotta nemica in mare. Alla Marina, tenendo conto della separazione delle due flotte britanniche alle estremità del mediterraneo e del fatto che entro breve tempo avrebbero potuto *"prendere parte alle operazioni attive"* due nuove corazzate da 35.000 tonnellate (*Littorio* e *Vittorio Veneto*), con le quali *"poter vantaggiosamente affrontare sia l'uno che l'altro dei due gruppi avversari"*, il Duce richiedeva di assumere un atteggiamento decisamente più aggressivo. Ma tale direttiva fu evidentemente considerata di carattere troppo impegnativo; ragion per cui fu ritirata e sostituita con altro documento, recante stessa data e stesso numero di protocollo (1239/Op), ma dal contenuto offensivo alquanto mitigato, ossia più cauto.[60]

Partendo dal principio che per l'Italia vi era al momento un solo fronte terrestre, *"quello della Cirenaica"*, e che nel Mediterraneo la Regia Marina e la Regia Aeronautica avevano, nei confronti del nemico britannico, *"all'incirca parità in mare"* e *"supremazia in aria"*, era ritenuta misura necessaria quella di potenziare con unità terrestri ed aeree lo scacchiere della Libia. Conseguentemente, mentre all'Aeronautica era richiesto di svolgere *"una poderosa azione di concorso con l'Esercito nell'A.S.I."*, e di agire in massa contro i tre obiettivi principali di *"Alessandria, Malta e Gibilterra"*, alla Marina, contando sull'entrata *"in linea al più presto"*, delle due nuove corazzate *Littorio* e *Vittorio Veneto*, e aspettandosi dai sommergibili *"un proficuo lavoro,* si

---

[60] ASMEUS, *Diario Storico del Comando Supremo*, lettera n. 1239/Op., cartella 1445, allegato n. 444. Francesco Mattesini, *Corrispondenza e Direttive tecnico-operative di Supermarina*, cit., Documenti n. 143-145, p. 478-482.

richiedeva di *"tenere in mare per la scorta dei convogli e per dimostrare la padronanza"* che essi avevano nei settori operativi.[61]

Il pensiero strategico che in quel momento esisteva negli alti vertici della Regia Marina, risulta chiaramente spiegato nella bozza di una nuova versione della "Di. Na. Zero" (Direttiva Navale n. 0), datata 14 luglio 1940. In essa, prendendo atto che dall'uscita del conflitto della Francia le basi aeronavali francesi del Mediterraneo occidentale erano da considerare neutralizzare, e che l'Isola di Malta si trovava sotto il controllo aeronavale italiano, si metteva in risalto il rafforzamento delle posizioni nazionali nel bacino centrale ed una *"accresciuta possibilità di movimenti nello scacchiere occidentale"*. Da ciò derivava la possibilità di controllare agevolmente le rotte con la Libia, e nel contempo, di *"valorizzare"* la manovra delle forze navali nazionali per impedire al nemico di superare lo sbarramento del Canale di Sicilia, e di affrontarlo a fondo, non appena fosse stato possibile, con il grosso delle forze navali (Squadra delle corazzate), a patto però che la zona dello scontro fosse prossima alle proprie basi e lontana da quelle nemiche. Era tassativamente da evitare di *"affrontare forze navali avversarie decisamente prevalenti"*.[62]

Circa la difesa ermetica del Canale di Sicilia alquanto più pessimista nelle proprie valutazioni si dimostrò il Comando Supremo che, con promemoria del 21 luglio, affermava che un eventuale tentativo per forzare di quel tratto di mare da parte del nemico non avrebbe potuto essere impedito dagli italiani, anche se avessero impiegato, con estrema decisione, le loro forze navali leggere, i sommergibili e l'aviazione da bombardamento.[63]

Invece, dimostrandosi molto fiducioso sulle possibilità della Marina, il maresciallo Badoglio consultato un promemoria compilato dall'Ufficio Operazioni del Comando Supremo, arrivo alla convinzione che fosse giunto il momento di passare all'azione. Ritenendo che la Mediterranean Fleet avrebbe potuto contrastare dal mare la pianificata avanzata del Regio Esercito in Egitto, alla fine del mese di luglio il Capo di Stato Maggiore Generale chiese all'ammiraglio Cavagnari di presentare un piano per *"organizzare - in concomitanza con quelle terrestri - operazioni aeronavali contro la flotta inglesi"*.

L'intenzione di Badoglio era quella *"di impostare una battaglia navale partendo dai porti della Cirenaica verso Alessandria"*, contando di impegnarvi il complesso delle cinque corazzate al momento presenti a Taranto. Dal Comandante in Capo della 1ª Squadra e Comandante Superiore in Mare della flotta, ammiraglio Campioni, e poi dall'ammiraglio Cavagnari, ricevette un quadro della situazione alquanto desolante. Il primo affermò che soltanto la *Littorio* la *Cesare* e la *Cavour* potevano essere pronte per la metà di agosto; e dal momento che la Mediterranean Fleet comprendeva quattro navi da battaglia, tutte armate con artiglierie da 381 mm, calibro a cui da parte italiana poteva opporsi la sola *Littorio* (le altre due corazzate disponevano di cannoni da 320 mm), Badoglio si convinse non essere *"prudente affrontare una battaglia lontana dalle basi italiane"*.[64]

---

[61] *Ibidem*.
[62] Francesco Mattesini, *Corrispondenza e Direttive tecnico-operative di Supermarina*, cit., Documento n. 146.
[63] *Ibidem*, Documento n. 167.
[64] *Ibidem*, Documento n. 170.

Le navi della flotta italiana in navigazione navigano in colonne parallele.

Cavagnari, da parte sua fu ancora più drastico affermando che la *Littorio* non poteva essere pronta a sostenere un combattimento perché necessitava ancora di addestramento, la *Vittorio Veneto* era in ritardo di qualche settimana per la messa a punto delle artiglierie, in particolare i calcatoi, mentre sulla *Duilio,* ancora in fase di addestramento, non si poteva contare fino ai primi di settembre. Ragion per cui sconsigliò l'impiego della flotta per fiancheggiare l'avanzata dell'Esercito, anche perché specificò: "*la zona in cui sarebbe prevedibile uno scontro con le Forze principali del nemico risulterebbe strategicamente svantaggiosa a noi*".[65]

Nonostante queste pessimistiche valutazioni, a iniziare dall'agosto, con le effettive entrate in servizio delle corazzate *Littorio*, *Vittorio Veneto* e *Doria*, la superiorità potenziale della Regia Marina su ciascuna delle due squadre britanniche in navi da battaglia e incrociatori pesanti, era divenuta di natura così marcata, da rendere evidente la necessità di non mantenersi ancorati del tutto alla teoria della Fleet in being, ma di assumere anche un certo atteggiamento offensivo, se il nemico ne avesse data l'occasione, anche perché la flotta italiana manteneva una posizione strategica invidiabile.[66]

---

[65] *Ibidem.*
[66] Il Primo Ministro britannico Winston Churchill era preoccupato per l'entrata in servizio delle due corazzate moderne tipo "Littorio", come lo era l'ammiraglio Cunningham che, dovendo sostenere nel Mediterraneo centro-orientale il peso di tutta la flotta italiana (soprattutto gli incrociatori da 10.000 lo avevano impressionato a Punta Stilo), sollecito di ricevere navi più moderne delle vecchie corazzate tipo "Ramillies" e della portaerei *Eagle*. Le sue richieste furono accolte dall'Ammiragliato britannico, e alla fine di agosto 1940, con l'operazione "Hats", gli furono inviati in rinforzo, transitando per il Mediterraneo, la corazzata rimodernata *Valiant* (gemella della *Warspite*), fino ad allora della Forza H di Gibilterra, e dalla Gran Bretagna la nuovissima portaerei *Illustrious* e gli incrociatori contraerei *Calcutta* e *Coventry* (per fronteggiare con navi più adatte gli attacchi dei bombardieri italiani). Ad esse si aggiunsero in settembre, proveniente dal Canale di Suez, l'incrociatore leggero *Ajax* e l'incrociatore pesante *York*. Tutte queste navi

Infatti, disponendo di basi ubicate al centro del Mediterraneo (Taranto, Augusta, Messina, Palermo, Napoli e Brindisi), la flotta italiana era praticamente in grado di dominare il Canale di Sicilia, che rappresentava il solo anello di congiunzione tra la Mediterranean Fleet e la Forza H, sistemate a Gibilterra e Alessandria in porti molto distanti per permettere la riunione delle due squadre britanniche nel corso di una determinata azione.

Napoli, luglio 1940. L'ammiraglio Angelo Iachino assume il Comando della 2ª Squadra Navale. Aveva sostituito l'ammiraglio Paladini che il 25 luglio 1940 era stato colpito da Angina pectoris.

---

erano dotate di apparati radar, strumento fino a quel momento inesistente tra le navi britanniche della Mediterranean Fleet.

Equipaggi della 2ª Squadra schierati per la cerimonia. Alla banchina l'incrociatore *Pola*.

Schieramento degli equipaggi della 2ª Squadra all'assunzione del Comando dell'ammiraglio Angelo Iachino

Altre immagini della cerimonia con i marinai schierati davanti all'incrociatore *Pola*.

Nella rada del porto di Napoli altri due incrociatori pesanti della 2ª Squadra Navale, che aveva abbandonato Augusta, essendo troppo vicina all'isola di Malta, e quindi agli attacchi della RAF e dell'Aviazione Navale britannica (FAA), quest'ultima con i suoi aerosiluranti Swordfish.

Di conseguenza, disponendo con il nucleo delle cinque – sei corazzate di un potenziale offensivo più elevato rispetto a ciascuna delle due squadre nemiche, che continuavano a disporre di quattro navi da battaglia ad Alessandria e di altre tre a Gibilterra, la flotta italiana, operando per linee interne, aveva la possibilità di essere impiegata al completo contro l'uno o l'altro dei complessi nemici, scegliendo le occasioni più favorevoli.

Ciò nonostante, le ragioni per superare il concetto della Fleet in being, particolarmente desiderato da Mussolini, continuarono a non trovare eccessivo accoglimento negli ambienti di Supermarina, e al pessimismo dell'ammiraglio Cavagnari finì per aggiungersi anche quello del Comando Supremo come dimostra il contenuto dei molti studi e delle direttive operative e lo scambio della corrispondenza intercorsa tra gli Alti Comandi.

Nelle settimane seguenti, mentre la prevista offensiva dell'Esercito in Egitto veniva rimandata di giorno in giorno per l'insicurezza dimostrata dal maresciallo Graziani ad assumere l'iniziativa richiesta insistentemente dal Duce, la Regia Marina si limitò a scortare in Libia un importante convoglio alla fine di luglio (operazione T.V.L.), e poi ad incrementare le esercitazioni nello Ionio e nel Tirreno per mettere le grandi navi della flotta nelle migliori condizioni di affrontare futuri cimenti. Una di queste esercitazioni, con le unità della 1ª e della 2ª Squadra, era stata programmata nello Ionio per i giorni 29 e 30 agosto, e Supermarina ne aveva messo al corrente Superaereo con il messaggio n. 1076.[67]

L'uscita dai porti delle navi italiane coincise con l'inizio di un'operazione britannica, chiamata in codice "Hats", con la quale, accettando richieste espresse dall'ammiraglio Cunningham, l'Ammiragliato britannico inviava rinforzi ad Alessandria, sotto forma della corazzata rimodernata *Valiant* (classe "Warspite"), della nuova nave portaerei *Formidable* che per la difesa aerea impiegava i caccia biposto (pilota e navigatore) ad ali ripiegabili Fulmar armati con otto mitragliere, e gli incrociatori contraerei *Calcutta* e *Coventry*.

---

[67] ASMAUS, *GAM 4*, cartella 89. * Poco dopo mezzogiorno del 22 agosto una formazione di tre aerosiluranti Swordfish dell'824° Squadron, guidata dal capitano dei Marines Oliver Patch, che aveva per gregari i tenente di vascello J.W.C. Wellham e N.A.F. Cheesman, affondò nel Golfo di Bomba (Cirenaica) il sommergibile *Iride* e la nave appoggio *Monte Gargano*. Fu un duro colpo per gli italiani, che si stavano preparando per effettuare un'azione di tre mezzi d'assalto SLC (Siluri Lunga Corsa) della X Flottiglia M.A.S. contro il porto di Alessandria (operazione GA.1). La *Monte Gargano* portava gli SLC da trasferire sull'*Iride*. Dopo questo nuovo attacco di aerosiluranti devastante il naviglio leggero, ancora rimasto disponibile nei porti della Cirenaica orientale, fu arretrato a Bengasi, lontano dalla linea del fronte libico egiziano, dove affluiva la maggior parte del traffico marittimo dall'Italia nel momento in cui l'Esercito del maresciallo Rodolfo Graziani, stava per iniziare, dopo molte sollecitazioni da parte di Mussolini, l'offensiva in Egitto, con obiettivo iniziale Sidi el Barrani, a 80 chilometri dal confine della Cirenaica.

Uno dei quattro complessi contraerei a otto canne da 40 mm pom pom della corazzata britannica *Malaya* salpata da Alessandria per un attacco a obiettivi italiani della costa della Cirenaica (operazione "MB.2"), il 17 agosto 1940.

La portaerei britannica *Illustrious*, che alla fine di agosto 1940, partendo da Gibilterra fu mandata a rinforzare la Mediterranean Fleet ad Alessandria, attraversando il Canale di Sicilia.

Avendo constatato che la Marina e l'Aeronautica italiana non costituivano lo spauracchio inizialmente temuto, a Londra fu deciso di far transitare quelle navi da Gibilterra ad Alessandria attraverso quasi l'intero Mediterraneo, inizialmente scortate fino all'entrata occidentale del Canale di Sicilia dalla Forza H del vice ammiraglio

Somerville, per essere poi prelevate ad occidente di Malta dalla Mediterranean Fleet dell'ammiraglio Cunningham.

Quest'ultimo approfittò dell'occasione per scortare alla Valletta un primo convoglio di rifornimento, l'MF.2, costituito da tre navi mercantili, i piroscafi *Cornwall* e *Volo* e la petroliera *Plumleaf*, che imbarcavano 36.000 tonnellate di rifornimenti, una delle quali, il *Cornwall* come vedremo, raggiunse la destinazione dopo essere stata colpita da una bomba dagli aerei italiani.

La corazzata *Valiant*, seguita dalla portaerei *Illustrious* in navigazione nel Mediterraneo occidentale durante l'operazione "Hats".

Secondo i piani italiani la chiusura dello Stretto di Sicilia costituiva, come è noto, il principale cardine strategico della strategia navale. Quando il 30 agosto le due squadre navali britanniche furono segnalate in mare dai ricognitori, il Comando Supremo si limitò a diramare alla Regia Aeronautica l'ordine di attaccare le navi nemiche con la più grande determinazione.[68]

Ritenendo poi che unità britanniche si potessero avvicinare a distanza utile dalle coste nazionali per attaccare le basi dello Ionio e del basso Adriatico con i velivoli delle portaerei, il Comando Supremo mise in allarme la Difesa Territoriale (DICAT) e l'intera flotta prese il mare per portarsi a sud del Golfo di Taranto. Lo scopo era quello di fronteggiare la Mediterranean Fleet, con un complesso costituito da cinque corazzate,

---

[68] ASMEUS, *GAM 4*, cartella 89.

sette incrociatori pesanti, sei incrociatori leggeri e trentanove cacciatorpediniere, e tenerla lontano dai probabili obiettivi.

Gli ordini impartiti dall'ammiraglio Cavagnari all'ammiraglio Campioni risultarono di natura particolarmente restrittiva, poiché la Squadra Navale ebbe l'ordine di riunirsi per le ore 16.00 del 31 agosto a 200 miglia da Taranto, con le seguenti direttive:[69]

"Nel caso che l'esplorazione aerea o delle siluranti non faccia prevedere il contatto col nemico prima del tramonto, invertire la rotta e regolare la navigazione in modo da trovarsi per le ore 5 del 1° settembre esattamente al centro della congiungente Santa Maria di Leuca – Crotone, già colle forze formate sulla direttrice sud-sud-est".

Dal momento che la Mediterranean Fleet, che avanzava da levante, disponeva soltanto delle due corazzate *Warspite* e *Malaya*, della portaerei *Eagle*, dell'incrociatore pesante *Kent*, e degli incrociatori leggeri *Orion*, *Sidney*, *Gloucester*, *Liverpool* e tredici cacciatorpediniere, la superiorità potenziale e numerica della flotta italiana era schiacciante. L'esatta consistenza delle unità maggiori britanniche era nota a Supermarina, essendo stata rilevata alle 15.20 del 30 agosto da un idrovolante della Ricognizione Marittima, che segnalò a 130 miglia a nord-est di Tobruk due navi da battaglia tipo *Warspite*, una portaerei tipo *Eagle*, un incrociatore pesante e otto cacciatorpediniere, con rotta nord-ovest alla velocità di 16 nodi.

Tuttavia questa ripartizione organica, segnalata prima della partenza della flotta all'ammiraglio Campioni, fu distorta nelle prime ore del pomeriggio dell'indomani, quando l'ammiraglio Cavagnari portò a conoscenza del Comando Supremo un apprezzamento della situazione, desunta sulla base degli avvistamenti effettuati dagli aerei alle ore 12.00 e alle ore 13.00. Il Capo di Stato Maggiore della Marina comunicò infatti che la Mediterranean Fleet risultava stesse navigando su tre gruppi, di cui uno con unità leggere all'avanguardia, e gli altri due rispettivamente costituiti, il primo da due corazzate, il secondo da una corazzata e da una portaerei.[70]

In particolare, la segnalazione delle ore 13.00, effettuata da un Cant.Z.506 della 139ª Squadriglia della Ricognizione Marittima di Taranto, aveva specificato che la fotta britannica si trovava a circa 30 miglia a levante di Candia (Isola di Creta), con rotta est-sudest alla velocità di 30 nodi. In tali condizioni, l'ammiraglio Campioni avrebbe potuto tentare di arrivare al contatto balistico verso il tramonto, intorno alle ore però alle condizioni di aumentare la velocità della Squadra Navale a 25 nodi e di spingersi ben oltre il limite stabilito da Supermarina della congiungente Malta-Zante.

In quel momento la flotta italiana disponeva di quattro delle cinque corazzate (*Littorio, Vittorio Veneto, Duilio e Cavour*) salpate da Taranto, perché la *Giulio Cesare* si trovava ancora distante, essendo partita da Taranto con un certo ritardo a causa di sopraggiunte avarie alle macchine, ed aveva anche tredici incrociatori e trentanove cacciatorpediniere. La Mediterranean Fleet dell'ammiraglio Cunningham, con rotta nord-ovest, sembrava stesse manovrando per arrivare ad un combattimento, e l'ammiraglio Campioni aveva l'ordine di ritirarsi se non fosse arrivato al contatto con il nemico alle ore 19.00. Egli stava ancora dirigendo verso sud-est, quando Supermarina, non ritenendo conveniente di affrontare il rischio di una battaglia dall'esito incerto

---

[69] ASMEUS, *Diario Storico del Comando Supremo*, agosto 1940.
[70] ASMAUS, *GAM 7* cartella 126.

lontano dalle coste nazionali, ne anticipò le mosse ordinandogli di invertire la rotta alle 16.20 del 31 agosto, tre ore prima del previsto. Nel telecifrato, trasmesso alla corazzata *Littorio*, la nave di Bandiera dell'ammiraglio Campioni, compilato con "*Procedura Immediata*" era infatti specificato:[71]

"*SUPERMARINA 20709 – Ore 16.00 se non avvenuto contatto tattico con reparti nemici invertire rotta regolatevi in modo trovarsi domattina ore 05.00 centro Golfo Taranto per riprendere quindi direttrice marcia 150 (alt) Potete inviare Taranto aliquote cacciatorpediniere che abbiano maggiore necessità rifornimento (alt) Disporre tempestiva riunione con nave CESARE (alt) = 143031*".

La decisione di Supermarina, e in definitiva dell'ammiraglio Cavagnari, fu ancora una volta da addebitare a una discutibile politica, impostata su un eccessiva prudenza. Come, giustamente, ha fatto notare l'allora Comandante della 2ª Squadra Navale, ammiraglio Iachino, fu perduta una buona occasione per infliggere seri danni al nemico. Se la squadra navale italiana e quella britannica, che al momento dell'inversione di rotta dell'ammiraglio Campioni distavano 120 miglia l'una dall'altra, avessero continuato nella loro rotta d'impatto, sarebbero giunte a contatto balistico (circa 30.000 metri) poco prima del calare dell'oscurità, dando corpo ad un eventuale scontro notturno d'artiglieria negli ultimi minuti del crepuscolo, seguito dalle azioni notturne delle siluranti, in cui superiorità dei cacciatorpediniere italiani poteva essere determinante. Ciò avrebbe portato notevole beneficio anche dal punto di vista del morale, poiché gli italiani erano tacitamente convinti della superiorità della Marina britannica in fatto di esperienza bellica di natura navale, ampiamente dimostrata negli ultimi quattro secoli. Il morale era anche intaccato dalla perdita dell'incrociatore *Bartolomeo Colleoni* e di parecchi cacciatorpediniere e sommergibili.[72]

Nave da guerra britannica nel porto di La Valletta il 26 luglio 1940 – Il monitore *Terror*

---

[71] AUSMM, *Scontri navali e operazioni di guerra*, cartella 8.
[72] Angelo Iachino, *Tramonto di una grande Marina*, Mondadori, Milano, 1959, p. 211.

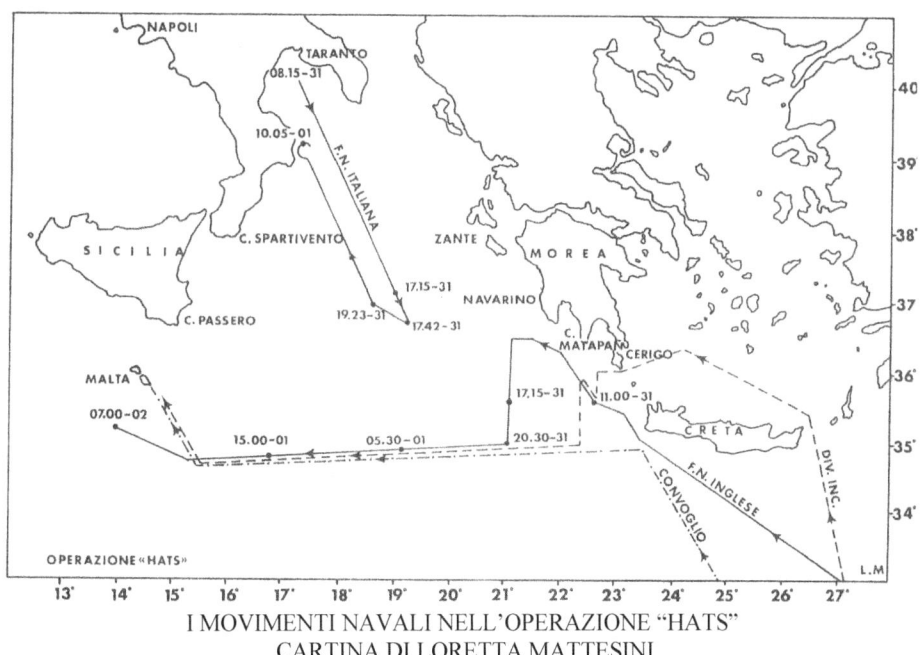

I MOVIMENTI NAVALI NELL'OPERAZIONE "HATS"
CARTINA DI LORETTA MATTESINI

Settembre 1940. Le navi della flotta italiana italiane in navigazione nel basso Ionio durante l'abortito contrasto all'operazione britannica "Hats". Notare le condizioni del mare. Dietro alla nave ammiraglia *Littorio* la gemella *Vittorio Veneto*, seguita dalle altre corazzate tipo "Cavour" e "Doria".

1 Settembre 1940. Sempre nel corso dell'operazione "Hats" dal ponte di comando della *Littorio* i sei cannoni delle torri prodiere da 381 mm, nave. Le onde del mare di un eccezionale moto ondoso che imperversava nello Ionio, si infrangono contro la prua della corazzata a volte sommergendola.

Altra immagine del tentativo del mancato contrasto alla flotta britannica durante l'operazione "Hats". Una divisione d'incrociatori pesanti italiana della 2ª Squadra Navale in navigazione con mare grosso nello Ionio.

Gli incrociatori pesanti della 2ª Squadra Navale. Lo *Zara* è in testa alla 1ª Divisione, mentre sulla sinistra dell'immagine manovrano le unità della 3ª Divisione Navale.

Occorre però dire che anche gli incrociatori britannici, a differenza di quelli italiani, sebbene non avessero il radar erano addestrati per le azioni di mischia, e questo Cavagnari e gli altri ammiragli di Supermarina dovevano saperlo. Inoltre, mentre i cacciatorpediniere italiani possedevano sei tubi lanciasiluri da 533 mm, i cacciatorpediniere britannici ne avevano otto, e tutte le navi della Royal Navy possedevano per le azioni di mischia proiettori a finestra.

Il modo piuttosto ambiguo espresso dall'organo operativo dell'Alto Comando navale nel trattare la questione dell'intervento della flotta, trova conferma nelle successive disposizioni impartite nella tarda serata del 31 agosto dall'ammiraglio Campioni con il telecifrato n. 45139. In esso Supermarina, sostenendo che a partire dall'alba del 1° settembre la flotta avrebbe dovuto riprendere la rotta 150° alla velocità di 20 nodi, confermava che si dovevano *"impegnare forze nemiche a nord congiungente Malta Zante salvo ulteriori disposizioni"*.[73]

Poiché l'ammiraglio Cunningham, trovandosi considerevolmente inferiore di forze, non mostro di avere nessuna intenzione di portarsi verso nord per superare con le sue navi il limite geografico imposto da Supermarina alla propria flotta, alle ore 14.00 del 1° settembre l'ammiraglio Campioni ordinò alle dipendenti divisioni delle due Squadre Navali di rientrare alle basi.

L'indomani Supermarina pensò di far riprendere il mare all'intera Squadra Navale, le cui unità si erano nel frattempo rifornite di nafta e acqua per caldaie, per intercettare la Mediterranean Fleet. L'organo operativo dell'alto Comando navale fece l'ipotesi, risultata poi esatta, che la flotta britannica avrebbe ripreso nel corso della giornata del 2 settembre la rotta per rientrare ad Alessandria, dopo essersi congiunta con una nave portaerei, una nave da battaglia, due incrociatori e nove cacciatorpediniere, che nella notte avevano superato il Canale di Sicilia, provenienti dal Mediterraneo occidentale.

Supermarina ritenne possibile di poter prendere contatto con il nemico in una zona situata a nord di Cirene. Ma poiché ciò avrebbe comportato una navigazione di circa venti ore, ed erroneamente fu ritenuto che (con l'arrivo della *Valiant*) l'avversario potesse disporre di quattro corazzate in piena efficienza ed armate con cannoni da 381 mm, a cui da parte italiana ne potevano essere opposte cinque, delle quali soltanto le due più anziane, la *Cesare* e la *Cavour*, erano considerate in piena efficienza, Supermarina non ritenne conveniente di affrontare il rischio di un contatto balistico, e ne dette le seguenti spiegazioni:[74]

"In queste condizioni di relatività, si esprime il parere che un combattimento risolutivamente impegnato dovrebbe essere tentato soltanto se la situazione generale della guerra lo richiedesse e se si dovesse prescindere dalle conseguenze delle perdite subite".

La ritirata delle due Squadre Navali italiane della giornata del 31 agosto, dovute ad un pessimo apprezzamento della situazione da parte di Supermarina, ed imposta, prudentemente dai responsabili dell'organo operativo dell'Alto Comando navale contro ogni più elementare logica della strategia marittima, lasciò alla sola Aeronautica, con la sua massa di bombardieri in quota, quando sarebbero stati necessari bombardieri in picchiata e un maggior numero di aerosiluranti (in Libia ve ne erano soltanto quattro della 278ª Squadriglia), il compito di contrastare i movimenti navali del nemico. I circa cento sommergibili era come se non esistessero. Non vedevano nulla e, stando in

---

[73] AUSMM, *Scontri navali e operazioni di guerra*, cartella 8.
[74] *Ibidem..*

immersione durante il giorno, non effettuavano attacchi alle formazioni navali del nemico.

Gli attacchi dei bombardieri in quota S.79 e S.81 contro le due flotte britanniche di Alessandria e Gibilterra, che scorrazzando per una settimana nell'intero Mediterraneo, attaccando gli aeroporti di Cagliari e di Rodi con gli Swordfish delle portaerei *Ark Royal* e *Illustrious*, non furono però confortati da esultanti risultati, poiché furono danneggiate gravemente due sole navi: il piroscafo inglese *Cornwall* del convoglio MF.2 diretto a Malta, che fu colpito il 31 agosto a sud di Creta per attacco di una formazione di dieci S.79 del 34° Gruppo Bombardamento dell'Egeo (maggiore Vittorio Cannaviello); e il cacciatorpediniere polacco *Garland* (capitano di corvetta Antoni Doroszkowski), della Forza H, anch'esso colpito il 4 settembre a nord delle coste dell'Algeria da una bomba sganciata nell'attacco di trentasette S.79 dell'8° e 32° Stormo dell'Aeronautica della Sardegna.

Il cacciatorpediniere polacco *Garland*, che fu colpito e danneggiato il 4 settembre da una bomba sganciata da bombardieri italiani S.79.

L'ammiraglio Angelo Iachino, Comandante della 2ª Squadra Navale, a Napoli, conversa con alcuni comandanti di unità navali alle sue dipendenze.

Estate 1940, l'ammiraglio Iachino assiste ad esercitazioni della 15ª Squadriglia Cacciatorpediniere (ricostituita dopo i lavori alle sue unità) a bordo del *Pigafetta*. A destra, il comandante capitano di vascello Carlo Margottini.

Pertanto Supermarina continuò a far operare secondo il discutibile deleterio concetto della Fleet in being che, lo ricordiamo, consisteva nel mostrare al nemico la presenza in mare delle proprie navi, in zone relativamente vicine alle proprie coste, in modo da poter contare sull'appoggio di una forte aviazione. Soltanto nel caso si fossero presentate occasioni particolarmente favorevoli, che potevano essere agevolate in seguito ai positivi attacchi dell'Aeronautica e degli sbarramenti di sommergibili, e sempre contando sulla superiorità di forze, nei confronti di quelle dell'avversario, di almeno tre a due nel numero delle corazzate, sarebbe stato possibile di andare al contatto balistico, senza correre eccessivi rischi e con buone possibilità di successo.

Questa politica dell'Alto Comando navale, pur essendo osteggiata in taluni ambienti del Capo di Stato Maggiore Generale, in particolare dall'Ufficiale Addetto, generale Armellini, era pienamente condivisa dal maresciallo Badoglio.

Nel frattempo, in seguito alle disposizioni diramate il 21 agosto 1940 con lettera n. 3524/S/SUP, a partire da 1° settembre, la Flotta italiana fu riorganizzata, assegnando alla 1ª Squadra Navale dell'ammiraglio Campioni le cinque corazzate *Littorio*, *Vittorio Veneto* (9ª Divisione), *Giulio Cesare*, *Conte di Cavour* (5ª Divisione) e *Caio Duilio* (6ª Divisione), gli incrociatori leggeri della 7ª e 8ª Divisione *Eugenio di Savoia*, *Duca d'Aosta*, *Raimondo Montecuccoli – Duca degli Abruzzi* e *Giuseppe Garibaldi*, e sei squadriglie di cacciatorpediniere, con un totale di ventitré siluranti. Con la 2ª Squadra Navale dell'ammiraglio Iachino rimasero i sette incrociatori pesanti della 1ª e 3ª Divisione *Pola*; *Zara*, *Gorizia*, *Fiume – Trieste*, *Trento* e *Bolzano*, gli incrociatori leggeri della 4ª Divisione *Alberto Di Giussano* e *Armando Diaz* e quattro squadriglie di cacciatorpediniere, con un totale di sedici siluranti.

Pertanto la Squadra Navale, in attesa della corazzata rimodernata *Andrea Doria*, in corso di addestramento a Pola e assegnata alla 6ª Divisione, era complessivamente costituita da cinque corazzate, sette incrociatori pesanti, nove incrociatori leggeri e trentanove cacciatorpediniere, a cui erano da aggiungere gli altri tre incrociatori leggeri *Luigi Cadorna*, *Alberigo Da Barbiano* e *Bande Nere*, che si trovavano alle dirette dipendenze di Supermarina.

A dimostrazione che Supermarina aveva in quei primi giorni di settembre idee alquanto confuse sugli intendimenti del nemico e nella condotta di inconcludenti missioni belliche, che oltretutto comportavano un cospicuo consumo di preziosa nafta a danno delle scorte nei depositi che si andavano restringendo, nel pomeriggio del 7 settembre si verificò una nuova uscita in mare di gran parte della Squadra Navale: cinque corazzate, sei incrociatori e diciotto cacciatorpediniere. La nuova missione fu determinata dalla notizia che la Forza H era uscita dal porto di Gibilterra la sera del 6 settembre, con un nucleo comprendente due navi da battaglia, la portaerei *Ark Royal* e dieci cacciatorpediniere.

Nell'ipotesi che la squadra navale britannica si spingesse nuovamente verso il Mediterraneo centrale per rilevare unità in avaria ritenute presenti a Malta, mentre in realtà esse diressero verso l'Atlantico, l'ammiraglio Campioni, partendo da Taranto, ebbe l'ordine di superare lo Stretto di Messina e di trovarsi alle ore 16.00 dell'8 settembre nel punto a 50 miglia a sud di Cagliari. In base alle istruzioni ricevute , nel corso della notte le unità della 1ª e della 2ª Squadra Navale incrociarono in zone del basso Tirreno, per poi rientrare nelle basi di Napoli e Messina, con rinnovata delusione per gli equipaggi, usciti in mare per ben tre volte nello spazio di otto giorni, senza aver potuto affrontare il nemico.[75]

---

[75] Angelo Iachino, *Tramonto di una grande Marina*, Mondadori, Milano, 1959, p. 211.

Il 13 settembre ebbe inizio, con un notevole ritardo sul previsto, l'avanzata del maresciallo Graziani in Egitto, che si concluse tre giorni più tardi a Sidi el Barrani, a soli 80 chilometri oltre il confine della Cirenaica.

Graziani aveva richiesto verbalmente al maresciallo Badoglio di appoggiare dal mare l'operazione terrestre, con bombardamenti terrestri, e il Capo di Stato Maggiore Generale ne aveva messo al corrente l'ammiraglio Cavagnari. Un'operazione da svolgere con l'inizio dell'offensiva terrestre, fu effettivamente studiata da Supermarina con l'impiego degli incrociatori pesanti della 3ª Divisione (*Trieste*, *Trento* e *Bolzano*). Essi avrebbero dovuto bombardare Marsa Matruh, distante da Taranto 785 miglia, con la protezione di un gruppo di sostegno comprendente gli incrociatori pesanti *Pola* e della 1ª Divisone *Zara*, *Fiume* e *Gorizia*, oppure con le navi da battaglia della 5ª Divisione *Cesare* e *Doria*, e gli incrociatori leggeri della 4ª Divisione *Di Giussano*, *Da Barbiano*, per intervenire se la Mediterranean Fleet avesse interferito. Ma, Cavagnari era nettamente contrario a mandare le navi a realizzare questo piano e non se ne fece nulla.

L'incrociatore *Gorizia*, della 1ª Divisione Navale a Napoli, molo Angioino nell'estate 1940. L'equipaggio fa la doccia.

Anche in questa occasione l'operazione proposta dal maresciallo Graziani fu sconsigliata dallo stesso Comandante della Marina della Libia (Marilibia), ammiraglio Bruno Brivonesi, che scrivendo il 1° settembre a Supermarina, con foglio 10277, riferì:[76]

---

[76] Francesco Mattesini, *Corrispondenza e Direttive tecnico-operative di Supermarina*, volume I, Tomo I, Documenti n. 221-222, p. 675-677.

"*Mi sono limitato a far presenti le difficoltà e gli inevitabili gravi rischi che incontrerebbe la permanenza delle nostre Forze in acque controllate e fortemente presidiate dal nemico, poste a notevolissima distanza dalle nostre Basi e senza alcun valido punto di appoggio nelle vicinanze*".

Accadde poi che il 16 settembre, con l'Esercito di Graziani attestato a Sidi el Barrani, in seguito a richiesta dell'ammiraglio Cavagnari, il maresciallo Badoglio legittimava la tattica del Fleet in being con la lettera n. 2529/Op. S.R.P. dall'argomento "*Direttive al Capo di Stato Maggiore della Marina*".

Ammiraglio Bruno Brivonesi Comandante di Marina Libia (Marilibia), con sede di comando a Tripoli.

In tale documento, considerando che la flotta italiana, comprendente al momento cinque corazzate (mancava ancora l'*Andrea Doria* che doveva concludere l'addestramento) non poteva impegnare vantaggiosamente una battaglia con quella di Alessandria, che disponeva di altrettante corazzate (in realtà erano quattro essendo partita per l'Oceano Indiano la *Royal Sovereign*), oltre a due portaerei, si affermava che esisteva la possibilità di affrontare il rischio di uno scontro balistico soltanto contro il nucleo navale di Gibilterra, costituito da tre corazzate e una portaerei.[77]

Tuttavia, considerando che fino a quel momento la flotta britannica aveva recato soltanto scarso disturbo alle coste libiche, e che quella italiana aveva assolto i suoi compiti di "*garantire al cento per cento le comunicazioni con la Libia e l'Albania,*

---

[77] ASMEUS, *Diario Storico del Comando Supremo*, settembre 1940. Vedi anche Francesco Mattesini, in *Corrispondenza e Direttive tecnico-operative di Supermarina*, cit., e Angelo Iachino in *Tramonto di una grande Marina*.

permettendo un traffico continuo e indisturbato", che era il compito principale assegnatogli, Badoglio scrisse:[78]

La corazzata *Andrea Doria* che aveva completato i lavori di rimodernamento ripresa a Pola durante la fase di addestramento prima di entrare in squadra.

"Le due forze avversarie, pur essendo quella inglese doppia della nostra [sic], hanno svolto finora le stesse serie di missioni.

Esaminando i risultati si deve concludere che la bilancia è più favorevole a noi.

Le perdite subite e i danni ricevuti dalle due flotte presso a poco si equivalgono.

Chi avrebbe interesse a modificare tale stato di cose? Evidentemente la marina più potente, ossia l'inglese.

Noi invece dovremmo augurarci che la situazione attuale, nella quale, pur essendo più deboli, possiamo corrispondere in pieno alle missioni affidate alla Marina, si mantenga sempre in questa forma.

Non vedo quindi alcun motivo per cambiare la linea di condotta sinora eseguita".[79]

---

[78] *Ibidem*. Sempre approfittando dell'operazione "Hats", il 2 agosto, con l'operazione "Hurry" furono fatti arrivare a Malta dodici caccia Hurricane, lanciati dalla portaerei *Argus* a sud-ovest della Sardegna. Ormai a Londra si erano convinti che l'Isola di Malta non sarebbe stata conquistata dagli italiani, ed occorreva rinforzarla adeguatamente anche nei confronti dei bombardamenti frequentissimi dell'Aeronautica Italiana. Da questa decisione nacquero tutti i guai non solo per le rotte con l'Africa Settentrionale, ma per la stessa flotta, attaccata in navigazione e nei porti.

[79] La linea di condotta prevedeva: garantire le comunicazioni fra l'Italia e la Libia e fra il continente e l'Albania; intervenire con la flotta qualora le coste metropolitane fossero state minacciate da unità navali nemiche; attaccare il traffico britannico, mercantile e da guerra, con naviglio leggero e sommergibili.

Pertanto, specificò Badoglio, la flotta italiana poteva ricercare la battaglia soltanto nel caso (come a Punta Stilo) che il nemico avesse cercato di insidiare le coste nazionali. Invece la ricerca del nemico non sarebbe rientrata nelle "*possibilità italiane*", perché, affermò il maresciallo, "*Siamo più deboli. Se lo effettuerà la marina inglese saremo pronti ad affrontare la sorte. Il concepire una battaglia navale come fine a se stessa è un assurdo. Non vale la pena di discuterci sopra. Conclusione: seguire la via finora percorsa*"[80]

Sulla base di queste direttive condizionanti, che praticamente, come ha scritto l'ammiraglio Romeo Bernotti, erano dettate dalla "*incertezza sull'entità delle forze avversarie*" unita al "*criterio di non rischiare perdite navali anche quando si disponeva di forze superiori*", il 22 settembre l'ammiraglio Cavagnari elaborava un promemoria dal titolo "*Considerazioni sulla situazione strategica in relazione alle operazioni in Egitto*". In esso ribadiva che il compito principale della Marina era quello di "*garantire le comunicazioni attraverso il Mediterraneo Centrale*". Pertanto doveva essere scartato il concetto "*di andare a ricercare un combattimento con la flotta di Alessandria, riservandosi di accettarlo soltanto quando l'andamento generale della guerra lo imponga*".

Dovendo assicurare la sicurezza delle rotte della Libia, "possibilmente soltanto con l'esistenza stessa delle nostre Forze Navali principali cui atteggiamento potenziale costituisce già un freno all'iniziativa avversaria", è necessario, specificò Cavagnari, "che la nostra flotta prenda sempre il mare con tutte le forze riunite". Ciò allo scopo di metterle "in grado di poter scegliere ogni favorevole occasione per impegnarlo, secondo i criteri dettati dal Capo di Stato Maggiore Generale".[81]

Non è chiaro se il passivo concetto operativo concordato tra Cavagnari e Badoglio fosse allora condiviso da Mussolini, ma è probabile che il Duce avesse idee radicalmente opposte, e desiderasse da parte della Marina un'attività più vigorosa, almeno nelle proprie acque metropolitane e sotto il proprio controllo. Infatti, lo stesso giorno 22 settembre, Badoglio diramò a Supermarina e a Superaereo il telescritto n. 2656/Op., in cui affermava:[82]

"*Duce mi informa che è prevedibile che inglesi tentino inviare Alessandria navi mercantili attraverso Canale di Sicilia. Prendere tutte le disposizioni per una continua vigilanza detto Canale. È evidente che nessuna nave deve passare*".

Ricevuto sempre lo stesso giorno 22 settembre anche il promemoria di Cavagnari, Badoglio dopo averlo esaminato, rispose il giorno 28, condividendone la linea operativa. Egli infatti specificò: "*Il compito della R. Marina è stato da me definito ed è contenute nelle Direttive al Capo di S.M. della Marina in data 16 settembre 1940-XVIII*". E aggiunse che alla flotta per "*il suo stato d'inferiorità rispetto alla Flotta di Alessandria*", non era permesso al momento "*di intervenire nel Mediterraneo Orientale, ove operava la Marina inglese*".[83]

---

[80] ASMAUS, *OP.1*, cartella 11.
[81] *Ibidem.*
[82] *Ibidem.*
[83] *Ibidem.*

Pertanto, quando l'indomani, 29 settembre, la Mediterranean Fleet di Alessandria fu avvistata in mare in due gruppi (con un complesso stimato di quattro corazzate, sette incrociatori e quattordici cacciatorpediniere), che Supermarina ritenne si sarebbe trovata per le ore 06.00 del giorno seguente a ponente dell'estremità occidentale di Creta, sulla congiungente con l'Isola di Zante, il Comando Supremo, comunicò a Superaereo *"di tenere pronti i propri reparti ad intervenire"*.[84]

Tenendo presente l'eventualità di un contatto navale balistico, poiché la flotta italiana, con le due squadre riunite, doveva portarsi ad incrociare a sud-ovest di Zante, per impedire al nemico di portarsi a distanza utile per attaccare le basi dello Ionio, il generale Pricolo ordinò alle proprie unità aeree di portare l'offesa *"di preferenza contro la nave portaerei"* e di fare molta attenzione nel riconoscimento dei bersagli nemici.[85]

Ma ancora una volta, come era logico considerando la natura delle direttive concordate tra lo Stato Maggiore Generale e Supermarina, l'idea di affrontare una battaglia navale lontano dalle coste nazionali non rientrava negli intendimenti di Cavagnari e di Badoglio. Pertanto, pur comprendendo la flotta italiana cinque corazzate (*Littorio, Vittorio Veneto, Doria, Cesare, Cavour*), sette incrociatori pesanti (*Pola, Zara, Fiume, Gorizia, Trieste, Trento, Bolzano*), cinque incrociatori leggeri e ventitré cacciatorpediniere, ed era quindi enormemente superiore a quella britannica che, impegnata nell'operazione "MB.8", schierava soltanto due corazzate (*Warspite* e *Valiant*), cinque incrociatori (*Orion, Sydney, Gloucester, Liverpool, York*)[86] e undici cacciatorpediniere, Supermarina si limitò ancora una volta a mantenere le navi in posizione di attesa nello Ionio. Con ciò fu permesso alla Mediterranean Fleet di transitare indisturbata verso Malta per sbarcarvi rinforzi per la guarnigione, sotto forma di 1.200 soldati trasportati dai due incrociatori della 3ª Divisione *Gloucester* e *Liverpool*, e quindi di rientrare ad Alessandria senza subire perdite. L'unico contrasto fu esercitato dalla Regia Aeronautica i cui attacchi in pieno giorno, con bombardieri e aerosiluranti (i *"quattro gatti"* S.79 della 278ª Squadriglia), furono però particolarmente deludenti.

---

[84] *Ibidem.* messaggio n. 2799/Op.
[85] ASMAUS, *LT.2*, cartella 19, messaggio B-00768.,
[86] La sera del 17 settembre, con l'operazione MBD.1, si verificò un attacco a Bengasi da parte di aerei della portaerei *Illustrious*, che era scorta dalla corazzata *Valiant*, dall'incrociatore *Orion* e da sette cacciatorpediniere, mentre vi era in sostegno la 3ª Divisione incrociatori con il *Kent, Liverpool, Gloucester*, l'incrociatore contraereo *Calcutta* e due cacciatorpediniere. L'attacco, realizzato da quindici velivoli Swordfish, nove bombardieri dell'815° Squadron e sei posamine dell'819° Squadron, portò all'affondamento dei due cacciatorpediniere *Borea* e *Aquilone* e dei due piroscafi italiani *Maria Eugenia* e *Maria Stella*. Sulla rotta di rientro il *Kent* (capitano di vascello Douglas Young-Jamieson), accompagnato dai cacciatorpediniere *Nubian* e *Mohawk* andò a bombardare Forte Capuzzo (Bardia). Qui fu attaccato e messo fuori combattimento da un siluro lanciato da due S.79 della 278ª Squadriglia Aerosiluranti, con piloti i tenenti Guido Robone e Carlo Emanuele Buscaglia. Rimorchiato ad Alessandria dal cacciatorpediniere *Nubian*, fu costretto a lasciare il Mediterraneo per lunghe riparazioni a Devemport, e rientrò il servizio nella Home Fleet nel settembre 1941. In sostituzione del *Kent* fu inviato ad Alessandria l'incrociatore *York*, che disponeva di apparato di scoperta radar, e che era l'unico della Mediterranean Fleet ad essere armato con cannoni da 203 mm, che però erano soltanto sei. I sette incrociatori pesanti italiani di cannoni di quel calibro ne avevano cinquantasei.

L'incrociatore pesante britannico *Kent* che la sera del 17 settembre fu colpito davanti a Bardia da un siluro lanciato nell'attacco di due S.79 italiani della 278ª Squadriglia Aerosiluranti, con piloti i tenenti Guido Robone e Carlo Emanuele Buscaglia.

Il fallimento dell'Arma Aerea fu poi completato dalle inesatte informazioni fornite dalla Ricognizione Marittima, i cui idrovolanti segnalarono la presenza in mare di quattro corazzate britanniche, invece delle due effettive. Dal momento che ciò si era verificato anche nelle precedenti operazioni, a cominciare dall'episodio di Punta Stilo, occorre dire che le più gravi lacune della ricognizione italiana, confrontate con quella britannica, non riguardavano tanto l'insufficiente numero di velivoli messi a disposizione della Marina dalla Regia Aeronautica, quanto invece le imperfette notizie sul nemico trasmesse dagli equipaggi, anche se avevano a bordo qualificati ufficiali osservatori. Le esagerazioni, sulla presenza di un numero doppio di corazzate britanniche nel corso delle operazioni del 31 agosto e del 30 settembre, ne sono una chiara testimonianza, e sotto questo riguardo la Regia Marina aveva tutti i motivi per lamentarsi.

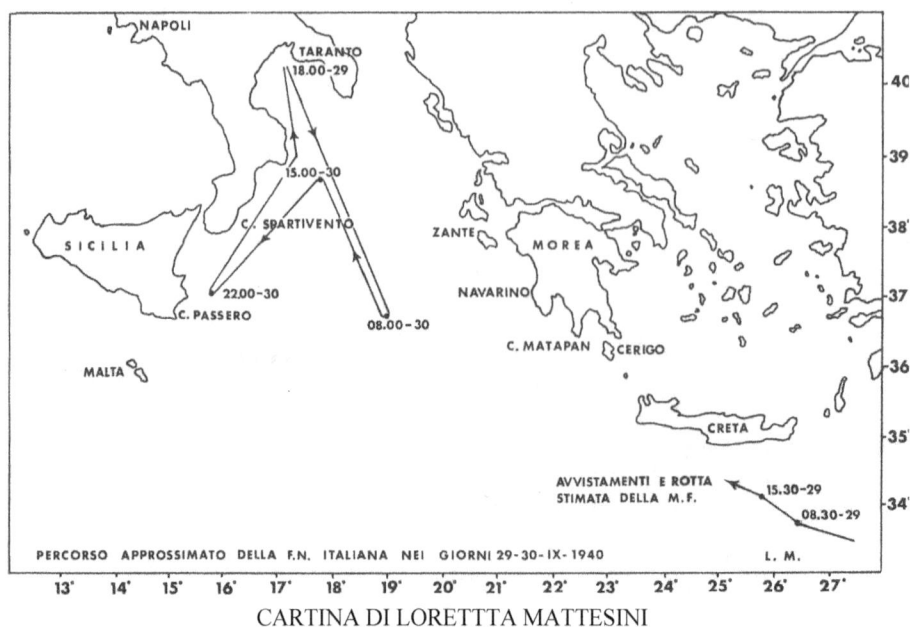

CARTINA DI LORETTTA MATTESINI

Ricevendo informazioni difettose e discordanti, e pertanto di difficile interpretazione, il compito di Supermarina per stabilire una situazione di intervento navale favorevole, non fu certamente agevole. Ciò, tuttavia, non è elemento pienamente scusante per giustificare la passività della Squadra Navale del 30 settembre, perché la discutibile forma di strategia concordata con il Comando Supremo, aveva finito per comportare ancora una volta il timore di trovarsi in condizioni di inferiorità, per le informazioni inesatte trasmesse dagli aerei da ricognizione. Ritenendo di dover fronteggiare quattro corazzate nemiche, invece delle due effettive, con ben cinque navi da battaglia nazionali, ancora una volta aveva condizionato lo Stato Maggiore della Regia Marina ad attuare una condotta operativa passiva. Questa biasimevole forma di strategia, dettata da coloro che non erano certamente dei *"cuor di leone"*, avrebbe comportato, come ha scritto l'ammiraglio Bernotti (Comandante della flotta durante il periodo della guerra di Spagna), di agevolare *"il nemico ad imporre il combattimento nelle condizioni più difficili, nel momento e nel modo da lui prescelto"*.[87]

---

[87] Romeo Bernotti, *Storia della guerra nel Mediterraneo (1940-43)*; Vito Bianco, Roma, 1960, p. 93.

CAPITOLO VIII: LA MANCATA OPERAZIONE "C.V." E LA BATTAGLIA DI CAPO PASSERO

Nel corso dell'estate del 1940 il generale Cesare Maria De Vecchi, Governatore e Comandante delle Forze Armate delle Isole Italiane dell'Egeo, aveva più volte sollecitato Roma affinché provvedesse a rifornire il possedimento del Dodecaneso di tutti generi necessari per permettere alla guarnigione e alla popolazione di sopravvivere, e alle unità aeree e navali ai suoi ordini di agire intensamente nel Mediterraneo orientale, come richiesto dal Comando Supremo. Era inoltre suo intendimento di spezzare il traffico illecito che si svolgeva tra i porti britannici del Medio Oriente e quelli della Grecia, nazione, quest'ultima, che sebbene fosse ancora neutrale, agevolava palesemente gli interessi dei britannici.

Il fatto stesso che gli ellenici accogliessero benevolmente nelle acque metropolitane le navi britanniche finì per costituire preoccupazione e più profonda irritazione nel vulcanico De Vecchi, e di riflesso anche in Galeazzo Ciano, Ministro degli Esteri del Governo italiano, nonché suocero di Benito Mussolini. Al pari del Duce, essi non nascondevano le loro mire territoriali nei confronti della Grecia, e non mancavano di esercitare pressioni sullo stesso Mussolini, sullo Stato Maggiore Generale, e in Supermarina per indurli ad adottare in Egeo una condotta operativa più energica.[88]

Poiché le proteste diplomatiche appariva non servissero alcun effetto sul Governo di Atene, il 4 agosto 1940 Supermarina aveva compilato uno studio sull'argomento dall'oggetto *"Progetto di attacco al traffico nell'Egeo"*, nel quale erano esaminate le possibilità di affondare in tale zona anche tutte quelle navi neutrali sospette di esercitare il traffico illegale a favore del nemico.

Da tutta questa esplosiva situazione si verificarono nell'estate alcuni attacchi dell'aeronautica e del naviglio subacqueo dislocato in Egeo, che generarono incidenti nei confronti di navi neutrali, il più grave dei quali fu opera del sommergibile *Delfino* (tenente di vascello Giuseppe Aicardi), che fu inviato dal generale De Vecchi ad operare nelle acque delle Isole Cicladi, con ordini di attacco assolutamente chiari. Il mattino del 15 agosto il *Defino*, partito da Lero, penetrò nell'avamporto di Tino, ove silurò e affondò il piccolo incrociatore posamine *Helli*, determinando con ciò risentite proteste da parte del Governo ellenico che, in seguito al recupero di frammenti di siluri, ebbe la prova trattarsi di armi italiane.[89]

Intanto, di fronte alle sempre più pressanti sollecitazioni avanzate dal Governatore dell'Egeo per ricevere sostanziosi approvvigionamenti, specificati in 5.586 tonnellate di materiali, incluse 2.048 tonnellate di benzina, i Capi di Stato Maggiore delle Forze Armate si riunirono il 28 agosto al Comando Supremo, sotto la direzione del maresciallo Badoglio. Rilevando che nel Dodecaneso esisteva ancora una sufficiente scorta di munizionamento, fu deciso di inviare parte dei restanti richiesti materiali per mezzo di sommergibili e aerei da trasporto e di fornire a De Vecchi la valuta necessaria per permettergli di acquistare in Grecia quanto ancora gli era necessario, inclusa la benzina proveniente dalla Romania.

---

[88] AUSMM, *Maricotraf*, cartella 6.
[89] Francesco Mattesini, I retroscena dell'affondamento dell'incrociatore greco HELLY. La missione e l'attacco del sommergibile italiano DELFINO, nella pagina dell'Autore in academia edu.

Tuttavia, le misure prese a Roma dovettero apparire non sufficienti, poiché a distanza di pochi giorni, il 4 settembre, l'ammiraglio Cavagnari inviò al Governatore e Comandante dell'Egeo la lettera *"Riservata alla Persona"* Supermarina n. 4242, con cui portava a conoscenza di aver predisposto per il rifornimento del Possedimento, mediante un convoglio costituito dai due piroscafi *Calitea* e *Sebastiano Venier*. Partendo da Taranto in un determinato giorno X e passando a sud di Cerigo, tra il Peloponneso e l'Isola di Creta, il convoglio avrebbe dovuto raggiungere Lero, navigando ad una velocità di 14 nodi, scortato da quattro cacciatorpediniere della 12ª Squadriglia e preceduto dai sette incrociatori pesanti della 2ª Squadra, che a loro volta avrebbero usufruito dell'appoggio delle Unità della 1ª Squadra, con le sue cinque corazzate, sei incrociatori e le loro Squadriglie di cacciatorpediniere.[90] La 1ª Squadra, secondo il piano di operazione n. 22 di Supermarina, diramato quello stesso 4 settembre con protocollo n. 4240/S.R.P./Sup., avrebbero dovuto portarsi per le ore 15.00 del terzo giorno dell'operazione (X +2) *"a 70 miglia a ponente di Capo Spada [Creta] allo scopo di opporsi a forze nemiche provenienti da Alessandria e dirette ad intercettare la 2ª Squadra nelle acque di Creta"*.[91]

Sebbene l'ordine di operazione di Supermarina specificasse di attaccare "le forze leggere nemiche eventualmente incontrate in Egeo", e di effettuare "Decisa azione contro forze nemiche dirette ad opporsi alle nostre forze, a meno che non si verifichi per noi nettamente svantaggiosa", fu previsto, per motivi di assicurare al convoglio la "massima sicurezza", che l'operazione, denominata in codice "C.V.", dovesse svolgersi quando vi fosse stata l'assoluta certezza che "la Mediterranean Fleet" si trovasse in porto ad Alessandria. Pertanto, oltre a pianificare un ampio servizio di vigilanza con l'aviazione e con uno sbarramento di sette sommergibili, disposti tra Creta e la costa egiziana, fu stabilito che l'operazione "C.V." sarebbe stata sospesa, facendo rientrare il convoglio, se lo stesso fosse stato avvistato dal nemico all'alba del giorno X + 1. Una tale eventualità avrebbe dovuto comportare l'uscita da Alessandria della Mediterranean Fleet, con corazzate e navi portaerei, intorno alle ore 16.00 di quel giorno X + 1, e di permettergli, navigando alla velocità di 18 nodi, di portarsi per le ore 15.00 dell'indomani nelle acque di Creta, in posizione favorevole per entrare in contatto con le navi italiane.

Secondo le disposizioni impartite da Supermarina all'ammiraglio Campioni, una simile eventualità era assolutamente da evitare, così come era da eludere un qualsiasi combattimento che si fosse presentato al Comandante Superiore in mare della Squadra Navale, con condizioni ritenute sfavorevoli nella relatività delle forze; e ciò doveva essere fatto *"variando opportunamente la direzione di marcia"* delle proprie divisioni navali, manovrando in modo da tenere il nemico a distanza di sicurezza. Se poi il convoglio fosse stato direttamente minacciato, e non vi fosse stata *"nessuna possibilità"* di far giungere a destinazione i piroscafi, essi dovevano essere affondati dalle stesse unità di scorta, per non rallentare il disimpegno della flotta.[92]

L'inizio dell'operazione "C.V." fu ritardato fino al 5 ottobre 1940, quando i piroscafi *Calitea* e *Sebastiano Venier* e le unità di protezione ravvicinata della 12ª Squadriglia Cacciatorpediniere, e appoggiate a distanza della 2ª Squadra Navale, con i sette

---

[90] AUSMM, *Maricotraf*, cartella 6.
[91] *Ibidem*.
[92] *Ibidem*.

incrociatori pesanti e i loro cacciatorpediniere di scorta, presero il mare da Taranto e da Messina, dirigendo inizialmente verso la Cirenaica per ingannare il nemico sulla destinazione del Dodecaneso. Tutto sembrava andare per il meglio, ma poi, l'indomani, in seguito al segnale di allarme trasmesso da un velivolo S.79 della 205ª Squadriglia del 41° Gruppo dell'Aeronautica dell'Egeo, che alle ore 08.50 aveva avvistato fuori dal porto di Alessandria un nucleo navale comprendente due corazzate, due incrociatori e sette cacciatorpediniere, Supermarina, ritenendo possibile il temuto intervento della Mediterranean Flee, poco dopo le 12.00 del 6 ottobre ordinò alle proprie navi di "*rientrare subito a Taranto*".

Si trattò certamente di una decisione intempestiva, poiché nel pomeriggio di quello stesso 6 ottobre fu portata alla conoscenza di Supermarina la notizia che alle ore 15.40 un velivolo da ricognizione della 175ª Squadriglia della 5ª Squadra Aerea della Libia aveva avvistato nel porto di Alessandria un complesso navale costituito da quattro corazzate, due portaerei, dieci incrociatori e un numero imprecisato di cacciatorpediniere. Sebbene si trattasse dell'intera della intera Mediterranean Fleet, Supermarina non impartì alla Squadra Navale l'ordine di riprendere la rotta originale, e di conseguenza tutte le unità italiane rientrarono alle rispettive basi nel corso della giornata del 7 ottobre.[93]

Fu persa un occasione per portare il convoglio a destinazione, ritenendo improbabile che le navi britanniche avrebbero interferito nell'operazione, trovandosi in condizioni di inferiorità. La formazione navale avvistata dai ricognitori, salpata da Alessandria il 3 ottobre, era infatti costituita dalle due corazzate del 1° Squadron da battaglia (contrammiraglio Geoffrey Layton) *Malaya* e la *Ramillieas*, la portaerei *Eagle*, l'incrociatore leggero *Ajax*, l'incrociatore contraereo *Coventry* (inutile in un combattimento navale) e otto cacciatorpediniere. Ma ormai bastava ogni segnalazione di navi britanniche in mare, qualunque fosse il loro potenziale, a mettere sull'allarme Supermarina. Per realizzare una qualunque missioni occorreva che le navi britanniche non si trovassero in mare. E da ciò, come vedremo, né seguì una settimana più tardi una tragica punizione.

---

[93] *Ibidem.*

La corazzata britannica *Malaya*, nave comando del 1° Squadron da battaglia della Mediterranean Fleet, fotografata nell'anteguerra nel Grand Harbour di Malta.

Ripresa dall'incrociatore *Sydney* una flottiglia di cacciatorpediniere della Mediterranean Fleet in due linee di fila.

Le navi del contrammiraglio Layton erano partite da Alessandria alle 01.00 del 3 ottobre. Rientrarono in porto a mezzogiorno del 6 ottobre (e quindi l'avvistamento dei ricognitori italiani non riferirono che si trovavano in rotta di rientro), dopo aver incrociato a sudovest di Creta per insidiare, senza successo, le rotte italiane per la Libia.

La malinconica e per molti versi intempestiva ritirata, ordinata prima ancora fosse stato accertato che il nemico si trovava in mare con forze superiori a quelle segnalate dalla ricognizione dell'Egeo, perché due sole corazzate e due incrociatori non potevano certamente impensierire l'ammiraglio Campioni, fu seguito da un tragico episodio, connesso al predisposto sbarramento di sommergibili dell'operazione "C.V.".

La sera del 6 ottobre il *Gemma* (tenente di vascello Guido Cordero di Montezemolo) ricevette l'ordine di lasciare la sua zona di agguato per rientrare alla base di Lero. Poco dopo il Comando dell'Egeo fu informato che anche il *Trichego* (capitano di corvetta Alberto Avogadro di Cerrione) aveva preso la decisione di rientrare, avendo a bordo un ferito grave. Gli fu allora segnalato di fare "*massima attenzione*" per la presenza nelle sue vicinanze di un sommergibile nazionale. Tuttavia la trasmissione non fu ricevuta dal *Trichego*, che alle 01.20 del 7 ottobre, trovandosi nei pressi di Pigadia (Scarpanto, lanciò i siluri contro un sommergibile, affondandolo. Purtroppo si trattava del *Gemma*, che si inabissò con l'intero equipaggio.[94]

Nel frattempo, il 4 ottobre Mussolini si era recato a Napoli in visita alla Flotta, perché probabilmente non era soddisfatto del suo modo di agire, e forse gli erano giunti malumori. Si recò a bordo della corazzata *Littorio*, visitandola, e poi fece un giro per il Mar grande in motoscafo, passando vicino alla *Vittorio Veneto* con l'equipaggio schierato.

In seguito al rientro nelle basi della flotta italiana senza aver concluso la missione "C.V.", e senza intenzione di combattere da parte di Supermarina, si verificò uno stato di disagio e di mal contento negli equipaggi e negli stessi Stati Maggiori delle unità navali, che l'ammiraglio Cavagnari ritenne opportuno mitigare recandosi a Taranto il 10 ottobre. In una riunione tenuta a bordo della *Littorio*, egli lesse le direttive emanate dal Comando Supremo (ma da lui desiderate e concordate) il 16 settembre e il promemoria di Supermarina del 22 settembre, che enunciava le difficoltà incontrate dalla Marina per intervenire tempestivamente sulle coste della Cirenaica in appoggio alle operazioni dell'Esercito. Cavagnari giustificò tale impedimento con la superiorità della flotta britannica, che in realtà allora non esisteva assolutamente.[95]

L'ammiraglio Iachino, Comandante della 2ª Squadra Navale, si rese conto che "*Supermarina veniva a fissare un criterio di condotta della guerra che corrispondeva ad una vera e propria difesa passiva*", secondo la vecchia teoria, già da noi spiegata, della Flotta in potenza (Fleet in being).

Non condividendo tale concetto operativo, Iachino consegnò a Cavagnari in promemoria datato 10 ottobre 1940, nel quale faceva notare la convenienza di permettere alle forze navali di "*ricercare il combattimento*" quando fossero state in condizioni di superiorità. In netto contrasto con la tesi sostenuta dal Capo di Stato Maggiore della Marina, Iachino rispose che le condizioni della flotta italiana erano allora "*nettamente migliori di quelle inglesi*"; sia per la maggiore portata balistica delle artiglierie; sia per la maggiore velocità delle navi, che permetteva "*do interrompere il combattimento in caso di spiacevoli sorprese tattiche*"; sia, infine, per la vicinanza delle basi che consentivano di recuperare, meglio del nemico, le unità danneggiate.[96]

---

[94] Può sembrare una fatalità, ma occorre dire che nell'esaminare il piano di operazione "C.V.", fattogli pervenire da Supermarina, il maresciallo Badoglio aveva scritto all'ammiraglio Cavagnari: "*Caro Marino. Bisogna avvertire il bollente De Vecchi altrimenti lancia contro i nostri aviazione e sottomarini. Cordialissimi saluti. Badoglio*".

[95] Angelo Iachino, *Tramonto di una grande Marina*, cit., p. 226-239.

* È vero che le quattro vecchie lente corazzate britanniche avevano tutte cannoni da 381 mm, contro le due moderne e veloci "Littorio", ma la flotta italiana poteva disporre di ben sette incrociatori armati con cannoni da 203 mm, e i britannici soltanto di uno, il *Kent*.

[96] Angelo Iachino, *Tramonto di una grande Marina*, cit., p. 226-239.

Visita del Duce alla Flotta a Taranto il 4 ottobre 1940. Il motoscafo del Duce si accosta alla corazzata *Littorio*.

L'ammiraglio *Campioni* attende il Duce sul ponte della *Littorio*, assieme ad un altro ammiraglio.

Mussolini, accompagnato dall'ammiraglio Campioni, passa in rassegna l'equipaggio della *Littorio*.

Al termine della visita alla *Littorio* il motoscafo del Duce passa vicino alla corazzata *Vittorio Veneto con* l'equipaggio schierato.

L'ammiraglio Cavagnari, consultato il promemoria di Iachino, rispose il 12 ottobre con lettera Riservata alla Persona n. 6032, dichiarando che le considerazioni espresse dal Comandante della 2ª Squadra *"erano il frutto di un grave equivoco e che non vi era nulla di nuovo nel criterio di impegnare le nostre navali quando* [vi fossero] *le condizioni di superiorità".* Commentò Iachino nella sua opera, *"Il Capo di S.M. negava la possibilità di definire a priori quale rapporto di forze poteva essere considerato da noi vantaggioso",* e di conseguenza non si ebbe *"nessun mutamento nei criteri d'impiego delle nostre forze navali".*[97]

In realtà Cavagnari, come risulta dalla lettera personale, da me rintracciata in originale, assieme al promemoria di Iachino, ed inserite entrambe nella collana *Corrispondenza e Direttive Tecnico-Operative di Supermarina,* fu particolarmente pungente con il Comandante della 2ª Squadra Navale, al quale, a differenza di quanto da lui scritto nel dopoguerra, si rivolse come segue:[98]

"1) Ho preso conoscenza del Vostro pro-memoria in data 10 ottobre contenenti Considerazioni sulla condotta della guerra marittima.

2) Nella premessa di tale pro-memoria Voi, Eccellenza, dopo aver accennato alla "impressione formatasi nei più che le direttive sulla condotta della guerra marittima vietino tassativamente alle nostre forze navali di impegnarsi al di la di certi limiti restrittivi, **qualunque sia la condotta delle forze nemiche in mare***; affermate che "questa impressione viene ora convalidata e consolidata dal contenuto dei documenti che l'Ecc. il Capo di Stato Maggiore della Marina ha letto ai due Comandanti in Capo delle Squadre".*

Questa vostra affermazione non può ovviamente fondarsi che su un grave equivoco, nel quale siete incorso e che deve essere subito chiarito. Se richiamerete, infatti alla Vostra mente il contenuto dei documenti dei quali Vi ho dato comunicazione, Vi apparirà evidente, anche per la fonte da cui promanano, che nulla, né nella lettera, né nello spirito dei documenti stessi, può autorizzare una simile interpretazione delle direttive in vigore.

Vi prego quindi di prenderne atto.

3) In relazione a quanto sopra, ed ha quanto ha formato argomento dello
scambio di vedute, che ho avuto con Voi e con l'Amm. Campioni appare altrettanto evidente che il criterio di impegnare decisamente le nostre forze navali **"quando le condizioni di superiorità"** *non rappresenta davvero alcuna innovazione, se non in quanto finora abbiamo proprio affrontato il nemico quando, come a Punta Stilo, eravamo invece in condizioni di netta inferiorità, del resto brillantemente superata [sic].*

4) Per quanto si riferisce alla definizione di un rapporto di forze che possa essere considerato per noi vantaggioso, come ho avuto occasione di metterVi in rilievo, essa non può essere racchiusa in una formula, dipendendo da diversi fattori. Questi, come il sempre crescente grado di efficienza delle corazzate di recente entrate in servizio, o come il reale rendimento dell'esplorazione aereo-navale, od anche come la consistenza delle forze navali nemiche dislocate ai due estremo del Mediterraneo sono essenzialmente mutevoli. Rientra appunto nei compiti di Supermarina vagliare caso per

---

[97] *Ibidem.*
[98] Francesco Mattesini, *Corrispondenza e Direttive Tecnico-Operative di Supermarina,* Volume 1°, 2° Tomo, cit., Documento n. 260, p. 759-763.

caso le effettive possibilità, in base a tutti gli elementi di giudizio di cui dispone. In ogni modo, sono già stati esposti a Voi i criteri direttivi di tale valutazione.

5) Circa l'accenno da Voi fatto ad un presunto senza di disagio esistente fra i Comandanti ed Ufficiali nei riguardi dell'impiego bellico delle nostre forze navali debbo ritenere che esso possa essersi creato a Vostra insaputa e penso che non Vi sarà difficile, grazie al Vostro prestigio e valendovi discretamente degli elementi di giudizio che ho portato a Vostra conoscenza, raddrizzate qualsiasi errata interpretazione o valutazione, derivante da giustificabile inesatta conoscenza della situazione di fatto".

***

Al prudente comportamento nave italiano faceva nettamente riscontro lo spirito prettamente offensivo della Royal Navy. Il 2 ottobre 1940 l'Ammiragliato britannico, telegrafò al Comandante in Capo della Mediterranean Fleet (messaggio n. 185 delle ore 00.40), riferendogli che "*l'intensificarsi dell'attacco*" degli italiani "*all'Egitto, eventualmente con l'assistenza della Germamia*", dipendeva "*in larga misura sui rifornimenti diretti via mare in Libia*", che non potevano essere efficacemente contrastati "*dalla Flotta basata ad Alessandria*". L'Ammiragliato faceva presente all'ammiraglio Cunningham che ciò sarebbe stato possibile concentrando a Malta un sufficiente numero di unità navali leggere, a patto però che fosse stato anticipato il programmato rafforzamento della difesa contraerea.

Essendo stato invitato a dare "*un'indicazione del minimo*" che gli era necessario (sotto forma di incrociatori, cacciatorpediniere, aerei e armi contraeree) da concentrare a Malta, Cunningham rispose il 5 ottobre con il messaggio n. 139 delle ore 18.45. In esso affermava che, dovendo operare nel Mediterraneo centrale per interrompere le linee di comunicazione tra l'Italia e la Libia, occorreva assicurare la sicurezza delle forze offensive da dislocare a Malta, e nel tempo aumentare le possibilità di esplorazione, che fino a quel momento era stato, a giudizio del Comandante della Mediterranean Fleet, "*un fallimento*", "*avendo segnalato un solo convoglio in rotta per la Libia*".

Per attuare a Malta il necessario rinforzamento dei mezzi richiesti dall'Ammiragliato, tenendo in considerazione che i convogli italiani potevano essere scortati da "*4 incrociatori con pezzi da 8 pollici e relativi cacciatorpediniere*", Cunningham ritenne necessario disporre di: quattro incrociatori del tipo "Gloucester", armati con dodici cannoni da 6 152 mm, ed un incrociatore fornito da cannone da 203 mm.; quattro cacciatorpediniere della classe "Tribal"; un maggior numero di velivoli da ricognizione terrestre; infine una forza d'attacco di aerosiluranti "Beaufort" della RAF, da impiegare contro le navi nemiche. Il tutto doveva essere poi protetto da un'adeguata quantità di velivoli da caccia e di armi contraeree.[99]

---

[99] Il 6 ottobre 1940, Winston Churchill scrisse al generale Hastings Lionel Ismay, Capo del Segretariato Militare del Gabinetto di Guerra, riferendogli: "*Non appena la Flotta si porterà da Alessandria nel Mediterraneo centrale bisognerebbe approfittare dell'occasione per mandare rinforzi a Malta, che io considero attualmente in grave pericolo*". Il Primo Ministro britannico si riferiva all'invio di battaglioni di fanteria, subito almeno uno, per rinforzare la guarnigione dell'isola, che era molto modesta.

La risposta dell'Ammiragliato britannica, verificatasi il 24 ottobre, e pertanto con notevole ritardo, mediante il messaggio n. 1144, fece conoscere a Cunningham che era in attuazione il programma di portare i caccia Hurricane di Malta alla forza effettiva di uno Squadron. Ciò si sarebbe realizzato contemporaneamente, da parte dell'aviazione britannica, all'aumento sull'isola dei ricognitori terrestre Glenn Martin, che dovevano essere portati ad un totale di dodici, e di quello delle armi contraeree che dovevano essere portate a Malta all'inizio di novembre.

Quanto alla disponibilità di navi da concentrare eventualmente a La Valletta, per costituirvi il previsto gruppo navale d'attacco da impiegare contro le rotta tra l'Italia e la Libia, l'Ammiragliato comunico a Cunningham che il tutto si riduceva a due incrociatori e a quattro cacciatorpediniere, che sarebbero giunti in Mediterraneo assieme alla corazzata *Barham*, destinata a rinforzare il 1° Squadron da battaglia della Mediterranean Fleet. Ciò, avvenne, come vedremo, nella prima decade di novembre nel corso dell'operazione "MB.8".

***

Nel frattempo, il 12 ottobre si era verificata per la Regia Marina italiana un'altra cocente delusione, poiché con l'operazione britannica "MB.6" fu permesso alla Mediterranean Fleet di portare a Malta un convoglio di rifornimento di quattro piroscafi

In questo periodo della guerra, l'ammiraglio Cunninghan ebbe la sensazione che la sua situazione nei riguardi delle navi principali della Flotta italiana fosse in paragone buona, potendo disporre nel Mediterraneo orientale quattro navi da battaglia e due portaerei contro sei navi da battaglia del nemico. Differenze era la situazione degli incrociatori, avendone soltanto sei, di cui uno armato con cannoni da 203 mm, mentre gli italiani ne avevano diciotto, dei quali impressionavano i sette incrociatori pesanti, anch'essi con cannoni da 203 mm. Nel Mediterraneo occidentale la Forza H era invece molto debole, perché ridotta ad un solo incrociatore da battaglia e circa 10 cacciatorpediniere, perché il resto di quella flotta era stato distaccato per operazioni in Atlantico, nel corso delle quali, durante l'attacco a Dakar (operazione "Menace") il 25 settembre, nello scontro con le navi francesi, la corazzata *Resolution* fu gravemente danneggiata da un siluro del sommergibile Bévéziers.

Perciò, in quel momento, il bacino occidentale del Mediterraneo conteneva forze navali britanniche insufficienti per costituire una minaccia alle linee di comunicazione marittime italiane, E ciò aumentava la possibilità, per quanto poteva pensarne il Comandante della Mediterranean Fleet, di uno scontro navale nel Mediterraneo centrale o Orientale.[100] Con questo motivo, di ricercare un combattimento con la Flotta italiana e nello stesso tempo per proteggere il convoglio MF.3 diretto a Malta, l'ammiraglio Cunninghan aveva programmato l'operazione "MB.6", e lasciato il porto di Alessandria l'8 ottobre con la sua insegna sulla corazzata *Warspite*.

La protezione del convoglio MF.3, costituito dai piroscafi *Clan Ferguson, Clan Macaulay, Lanarkshire* e *Memnon*, avvenne, come temeva l'ammiraglio Cavagnari, con una forte scorta, che nell'occasione comprendeva le quattro navi da battaglia del 1° Squadron da Battaglia *Warspite, Valiant, Malaya, Ramillies*, le due portaerei *Illustrious*,

---

[100] AUSMM, *Scambio notizie con Ammiragliato britannico*, Quesito n. 3.

Eagle, i sei incrociatori *York, Orion, Ajax, Sydney, Gloucester, Liverpool*, i due incrociatori contraerei *Calcutta* e *Coventry* e venti cacciatorpediniere. Ossia, in previsione della sperata battaglia, era salpato tutto il naviglio maggiore della Mediterranean Fleet.

Nella giornata del 9 ottobre la ricognizione aerea di Malta, realizzata dai velivoli Maryland della 431ª Fligh (Squadriglia) riportò che la Flotta italiana era segnalata in porto; le sei navi da battaglia a Taranto, la maggior parte degli incrociatori, come considerato dal servizio informazioni britannico, dislocati a Messina, Augusta e Napoli.

Il convoglio MF.3, che durante la navigazione verso il Mediterraneo centrale navigò a poppa della flotta, poté restare occultato alla ricognizione aerea italiana per la copertura nuvolosa del cattivo tempo e forti temporali, fu avvistato da una aereo civile della linea I-AREM in volo tra l'Italia e la Libia soltanto alle 09.45 dell'11 ottobre a circa 70 miglia dalla sua destinazione, che poté raggiungere alle 16.00 senza alcun disturbo con la sua scorta diretta dei due incrociatori contraerei *Calcutta* e *Coventry* e quattro cacciatorpediniere. Uno di essi, l'*Imperial* (capitano di fregata Charles Arthur de Winton Kitcat), avendo urtato una mina posata da navi italiane, fu rimorchiato alla Valletta, dove arrivo per rifornirsi, scortata da sei cacciatorpediniere, anche la corazzata *Ramillies*.

Nello stato di delusione dell'ammiraglio Cunninghan, che aveva contato sulla partenza della flotta italiana nella notte tra il 10 e l'11 ottobre per poi intercettarlo l'indomani 11, Supermarina, ancora una volta decise di non impegnare le squadre navali. Questa volta non furono neppure fatte uscire dalle basi poiché, per la prova di forza del nemico, apparve subito evidente che la Mediterranean Flee era uscita da Alessandria al completo, con un complesso di unità riconosciuto che comprendeva quattro corazzate e due portaerei. Pertanto, Supermarina, si limitò a predisporre, per la notte sul 12, un agguato notturno a sud di Capo Passero, con sette siluranti: quattro della 11ª Squadriglia Cacciatorpediniere (*Artigliere, Aviere, Geniere, Camicia Nera*), e tre della 1ª Squadriglia torpediniere (*Airone, Alcione, Ariel*), mentre la 2ª Squadriglia Mas si portò a nord di Gozzo e presso La Valletta.

La missione fallì tragicamente. A mezzanotte tra l'11 e il 12 ottobre la corazzata *Warspite* era a 50 miglia a sud di Capo Matapan, e l'ammiraglio Cunningham ordinò agli incrociatori della 7ª Divisione *Orion, Ajax* e *Sydney* di dislocarsi a nordest della flotta, in posizione estrema. In quel momento non era a conoscenza della presenza dei cacciatorpediniere e delle torpediniere del nemico, e ne ebbe notizie soltanto alle 02.00 del 12 dall'*Ajax* (capitano di vascello Edward Desmond Bewley McCarthy), che entrato nella zona in cui si trovavano le unità italiane fu da esse attaccato con decisione, con il siluro e il cannone, e colpito con sette proiettili da 100 e 120 mm.

L'unità britannica, che arrivata dal Regno Unito ad Alessandria, attraverso il Canale di Suez, nel mese di settembre possedeva un apparato radar di ricerca navale tipo 279. Tuttavia, agevolata dalla notte chiara individuò otticamente le siluranti, e reagendo con le artiglieri con un tiro molto preciso ed efficace riuscì a danneggiare il cacciatorpediniere *Aviere* (capitano di fregata Carlo Tallarigo), ad affondare le torpediniere *Ariel* (tenente di vascello Mario Ruta) e *Airone* (capitano di corvetta Alberto Banfi), e ad immobilizzare il cacciatorpediniere *Artigliere* (capitano di vascello Carlo Margottini). L'*Artigliere*, con le macchine fuori uso, al mattino del 12 ottobre, fu preso a rimorchiato dal gemello *Camicia Nera* (capitano di fregata Giuseppe Oliva), che però dovette abbandonarlo all'arrivo di quattro aerei Swordfish decollati dalla portaerei *Illustrious* e dal sopraggiungere di altre navi britanniche. Completamente abbandonato *l'Artigliere* ricevette il colpo di grazia dal sopraggiunto incrociatore della 3ª Divisione *York* (capitano di vascello Reginald Henry Portal), e colpito da colpi di cannone da 203 mm e da un siluro affondò esplodendo.[101] Questo episodio, dimostrando per la prima volta agli italiani l'efficienza e lo stato di addestramento delle unità britanniche nei combattimenti notturni, fu anche accolto negli ambienti della Regia Marina non solo con dolore ma anche con rammarico e particolare delusione.

Commentando l'episodio, l'ammiraglio Cunningham si soffermò sui danni ricevuti dall'*Ajax*, scrivendo nella sua autobiografia che "*colpito sette volte* [da tre proiettili da 100 mm della torpediniera *Airone* e da quattro proietti da 120 mm del cacciatorpediniere *Artigliere*] *riportò notevoli avarie in plancia e sugli apparati radar, causate in gran parte dall'incendio in un deposito*". Inoltre nel corso del tiro ebbe qualche difficoltà a sparare "*a motivo dell'accecamento prodotto dalle vampe dei suoi stessi cannoni, mentre il nemico usava cariche a vampa ridotta con buone cosette luminose*":[102]

La torpediniera *Airone* che, prima di essere affondata dall'incrociatore *Ajax*, lo colpì con tre colpi di cannone.

---

[101] AUSMM, *Scambio notizie con Ammiragliato britannico*; Giuseppe Fioravanzo, *Le azioni navali in Mediterraneo* dal 10 Giugno 1940 al 31 marzo 1941, USMM, Roma, 1976.
[102] Andrew Browne Cunningham, *L'odissea di un marinaio*, Milano, Garzanti, 1952, p.

Mattino del 12 ottobre. Il relitto dell'*Artigliere*. Sullo sfondo due incrociatori britannici. A sinistra il britannico *Orion*, a destra l'australiano *Sydney*.

Il cacciatorpediniere *Artigliere*. Colpito dal tiro dell'incrociatore britannico *Ajax* abbandonato e in fiamme fu poi affondato dall'incrociatore britannico *York*.

L'incrociatore *Ajax* che con il suo tiro immobilizzò il cacciatorpediniere *Artigliere* (poi finito dall'incrociatore *York*), affondò le torpediniere *Ariel* e *Airone*, e danneggiò il cacciatorpediniere *Aviere*.

L'incrociatore *York*, l'unica unità della Mediterranean Fleet ad essere armata con cannoni da 202, che dette il colpo di grazia all'*Artigliere*.

L'esplosione e affondamento del cacciatorpediniere *Artigliere* dopo essere stato cannoneggiato dall'incrociatore *York*.

Il cacciatorpediniere australiano *Vampire* recuperò i superstiti dell'*Artigliere*. Trentadue uomini incluso un ufficiale.

Nell'azione di sostegno alle unità italiane, la 3ª Divisione Navale dell'ammiraglio Luigi Sansonetti, che era tenuta pronta a muovere in tre ore, salpò urgentemente da Messina con gli incrociatori pesanti *Trieste*, *Trento* e *Bolzano* e i cacciatorpediniere della 14 Squadriglia *Vivaldi*, *Da Noli* e *Tarigo*. Scortata dai caccia della 2ª Squadra

Aerea, la Divisione fu bombardata a 70 miglia da Capo Passero per errore di riconoscimento da una formazione di dieci bombardieri "S.79" del 53° Gruppo del 34° Stormo decollati da Catania per attaccare le navi britanniche, il cui comandante, tenente colonnello Renato Poli, fu subito esonerato dal comando.

Nonostante l'errore, ancora una volta l'unico risultato positivo fu ottenuto dalla Regia Aeronautica, poiché la notte del 14 ottobre un aerosilurante S.79 decollato dalla Cirenaica, con pilota il comandante della 278ª Squadriglia capitano Massimiliano Erasi, avvistate le unità britanniche della Mediterranean Fleet che rientrava ad Alessandria scortando un convoglio di piroscafi scarichi. Nell'attacco, riuscito al terzo tentativo di aprirsi un varco per raggiungere le unità maggiori della formazione, il capitano Erasi, che aveva per secondo pilota il tenente Guido Robone, riuscì a colpire il grosso incrociatore *Liverpool*, che con prora completamente asportata riuscì a raggiungere Alessandria, rimorchiato e scortato dai cacciatorpediniere di scorta.[103]

Massimiliano Erasi, l'unico pilota italiano a cui sono stati attribuiti, senza ombra di dubbio, il siluramento di due incrociatori britannici, il *Liverpool* e il *Glasgow*.

---

[103] Ricordiamo che il tenente Guido Robone, della Aerosiluranti, il 17 settembre aveva attaccato, assieme all'S.79 del tenente Carlo Emanuele Buscaglia, l'incrociatore pesante *Kent*, che colpito da un siluro riportò danni considerevoli. Non è stato possibile precisare a chi aspetti il merito del siluramento, avendo entrambi i piloti della 278ª Squadriglia lanciato i siluri contemporaneamente. Cfr., Francesco Mattesini, *Gli aerosiluranti italiani e tedeschi nella seconda guerra mondiale (1945)*, Volume 1 e Volume 2, *Successi e delusioni*, Editore Luca Cristini, Zanica (BG), Roma, 2022

Il *Liverpool* dopo il siluramento mentre naviga con la prora contorta che stava per staccarsi.

L'incrociatore *Liverpool* con la prora asportata fino alla prima torre dei cannoni da 152 mm a causa del siluro lanciato da un velivolo S. 79 con pilota il comandante della 278ª Squadriglia, capitano Massimiliano Erasi.

CAPITOLO IX: I RINUNCIATARI SBARCHI CHIESTI DALL'ESERCITO ALLA MARINA ALL'INIZIO DELLA GUERRA CON LA GRECIA

Dopo aver lasciato alla flotta britannica la possibilità di scorrazzare nel Mediterraneo centrale e di aver lasciato il fronte del Nord Africa privo di un qualsiasi sostegno navale, Supermarina trovò difficoltà insormontabili anche ad appoggiare con sbarchi dal mare le operazioni dell'Esercito nella Grecia occidentale, ossia sulla porta di casa; e ciò a cominciare dall'occupazione di Corfù e delle altre isole Ioniche, come Cefalonia, ma soprattutto un iniziale sbarco a Prevesa che dovevano verificarsi non appena fossero cominciate le operazioni italiane nell'Epiro. Il 15 ottobre Mussolini discusse le modalità dell'attacco alla Grecia nella famosa riunione con i capi militari a Palazzo Venezia, e due giorni più tardi i Capi e i Sottocapi di Stato Maggiore delle Forze Armate concretarono le norme per l'impresa nella sede del Comando Supremo, sotto la presidenza del maresciallo Badoglio.

In tale occasione l'ammiraglio Somigli, vice di Cavagnari e praticamente, lo ricordiamo, l'uomo che guidava l'organizzazione di Supermarina, essendo Cavagnari anche Sottosegretario di Stato della Marina, lesse un promemoria. E sollevando le proteste del generale Mario Roatta, affermò che uno sbarco a Prevesa, come richiesto dal Capo di Stato Maggiore dell'Esercito per aggirare il fronte greco e montagnoso dell'Epiro, che era la mossa strategica più intelligente da realizzare, non era possibile. Ciò perché occorreva considerare che in tale zona mancavano installazioni portuali, vi erano difficoltà per racimolare le navi da trasporto, e si doveva tener conto del rapporto sfavorevole delle forze aeronavali italiane nei confronti di quelle nemiche. Pertanto, sostenne Somigli con l'approvazione del sempre accondiscendente Cavagnari, *"Le due operazioni che si possono fare sono Corfù e i trasporti in Albania, ma fare contemporaneamente i trasporti in Albania e lo sbarco a Prevesa non è possibile"*, perché la Marina, di fronte alla prevedibile reazione dei greci e degli inglesi non era in grado di *"assicurare la tempestività ed il successo di un'importante sbarco di truppe."*[104]

Lo Stato Maggiore dell'Esercito, avendo progettato di sviluppare l'offensiva in Epiro verso Atene, riteneva anche necessaria l'occupazione delle Isole di Santa Maura, Cefalonia e Zante, da compiere contemporaneamente a quella di Corfù. Ma poiché la Marina sosteneva che mancavano le navi per trasportare un'intera divisione da

---

[104] ASMAUS, *EMS 1* [Emergenza 1], cartella 20. * Il 20 agosto, dopo aver conferito con Mussolini, ricevendo l'ordine di prepararsi ad inviare in Grecia tre divisioni dell'Esercito e a *"dare il massimo impulso all'invio di materiali richiesta dal maresciallo Grazini"* per la Libia, il maresciallo Badoglio chiese al Sottocapo di Stato Maggiore dell'Esercito di interessarsi per dare attuazione al programma dei trasporti. Il generale Mario Roatta prese contatti con Supermarina che, tramite l'ammiraglio Somigli, rispose quello stesso 20 agosto riferendo di non poter assicurare in quel momento, nella massima sicurezza, il trasporto delle truppe attraverso l'Adriatico per la presenza di sommergibili inglesi, per cui specificò che per dare la massima sicurezza al movimento dei convogli, occorreva *"rallentare notevolmente l'invio delle unità e dei materiali non appartenenti alle tre Divisioni"*. Ciò sollevò le rimostranze di Roatta, il quale annotò al margine della lettera di Somigli: *"Qualche sommergibile ferma tutto"*. Poiché il trasporto delle tre divisioni era in quel momento soltanto un progetto, fu quindi convenuto di dare attuazione soltanto all'invio già programmato dei materiali, che doveva essere ultimato entro il 15 settembre; trasporto per il quale Supermarina dette la sua adesione elencando i nominativi dei piroscafi e delle unità portuali che sarebbero stati impiegati in quel compito.

impiegare nell'impresa, fu richiesto di occupare soltanto Cefalonia, per bloccare il porto di Argostoli, sbarcando un solo reggimento da imbarcare su due motonavi, scortate dagli incrociatori dell'8ª Divisione Navale, *Duca degli Abruzzi* e *Giuseppe Garibaldi*, da una squadriglia di cacciatorpediniere e due squadriglie di torpediniere.[105]

Ma anche l'attuazione di un'impresa di relativo impegno andava oltre gli intendimenti dell'ammiraglio Cavagnari, che con lettera del 19 ottobre prospettò a Superesercito difficoltà di ogni genere.[106] Cavagnari si recò anche da Badoglio per far presente che con gli uomini andava subito sbarcato a Cefalonia un quantitativo di approvvigionamenti pari a venti giorni, e ciò allo scopo di non lasciare le truppe abbandonate nella prevedibile reazione del nemico, che avrebbe costretto la Marina a svolgere altre operazioni navali per rinforzare o ritirare il contingente sbarcato.[107] Di fronte alle discutibili argomentazioni esposte a Badoglio dal Capo della Marina, il quale affermò di non possedere i mezzi necessari per appoggiare due operazioni concomitanti, il 22 ottobre fu deciso di iniziare con lo sbarco a Corfù e, in un secondo tempo, a Cefalonia e nelle altre isole Ioniche.[108]

Ma anche l'operazione di Corfù, affidata alla Forza Navale Speciale (FNS) dell'ammiraglio Vittorio Tur, con un complesso di quindici piroscafi riuniti per il trasporto della divisione Bari e del Reggimento della Marina San Marco, e con la protezione diretta e indiretta di otto incrociatori, dieci cacciatorpediniere e tre torpediniere, e di un appoggio assicurato da forte aliquote dell'Aeronautica, era destinata a fallire.

L'incrociatore *Duca degli Abruzzi* ripreso mentre procede a grande velocita. Assieme al gemello *Giuseppe Garibaldi* era l'incrociatore leggero più potente e più veloce della Flotta italiana.

---

[105] *Ibidem*, Promemoria di Supermarina del 18 ottobre 1940.
[106] *Ibidem*, lettera n. 6519, *EMS 1*.
[107] *Ibidem*, Comando Supremo lettera n. 3275, *EMS 1*.
[108] *Ibidem*, *EMS 1*; SMEUS, *La campagna di Grecia*, Tomo II – *Documenti*, Roma 1980, p. 227-229.

Le artiglierie a prua e a poppa dell'incrociatore *Duca degli Abruzzi*, gemello del *Giuseppe Garibaldi*.

L'incrociatore leggero *Giuseppe Garibaldi* nel 1938.

Il 28 ottobre, giorno dell'attacco alla Grecia, Cavagnari comunicò ai comandi interessati che lo sbarco a Corfù (operazione "DG.4") avrebbe avuto inizio il 30 ottobre (giorno X). Ma poi l'indomani informò di averlo rimandato per il peggioramento della *"situazione meteorologica"*.[109] In un clima di grande incertezza furono perduti tre giorni, poiché soltanto il 31 ottobre Cavagnari comunicò che lo sbarco era stato fissato per il 2 novembre. Tuttavia quello stesso giorno si verificarono due avvenimenti condizionanti. L'inaspettata offensiva dei greci nell'Epiro, e la notizia che la Mediterranean Fleet, comprendente tre navi da battaglia, due navi portaerei, cinque incrociatori e quattordici cacciatorpediniere, dopo aver assicurato lo sbarco a Suda (Creta) di truppe britanniche, era stata segnalata in rotta verso Navarino (Grecia sud-occidentale) ove, secondo il parere di Cavagnari, poteva *"essere stabilita una base aero-navale"*.[110]

In realtà la Mediterranean Fleet, per scortare un convoglio in Grecia, era salpata da Alessandria con le quattro corazzare *Warspite*, *Valiant*, *Malaya*, *Ramillies*, le due portaerei *Illustrious*, *Eagle*, quattro incrociatori e cacciatorpediniere, per portarsi a copertura nel Mare Ionio. Un eventuale sbarco italiano a Corfù avrebbe potuto portare a una grande battaglia navale, ossia quella che l'ammiraglio Cunningham desiderava e che l'ammiraglio Cavagnari invece voleva ancora evitare, forse sospettando che le forze navali britanniche, come in effetti era, disponessero di forze superiori a quelle segnalate dai ricognitori. Ed in questa situazione erano soprattutto temibili le due navi portaerei per sviluppare attacchi aerei a distanza.

La flotta italiana, tenuta pronta a Taranto e nelle basi del basso Adriatico, Bari e Brindisi, avrebbe dovuto appoggiare l'operazione di Corfù dislocandosi *"sul parallelo di Cefalonia per interdire l'eventuale accorrere della flotta inglese ed eventualmente*

---

[109] ASMAUS, Messaggio n. 16690, *GAM 16*, cartella 251.
[110] Quirico Armellini, *Diario di guerra*, cit., p. 131.

impegnarla onde proteggere lo sbarco".[111] Disponendo di un complesso di cinque corazzate e quindici incrociatori, i marinai italiani forse potevano conseguire un successo in acque relativamente vicine alle coste nazionali, agendo secondo il concetto tattico che dopotutto rientrava nella strategia fissata dai responsabili di Supermarina. L'aviazione era pronta ad appoggiare il combattimento della Marina e nel frattempo poteva essere concentrato nello Ionio un vasto concentramento di sommergibili.

La corazzata rimodernata britannica *Valiant* in navigazione nell'agosto 1940. Sono stati eliminati i cannoni da 152 mm in casamatta, e sistemate sul ponte dieci torri binate (cinque per lato) di cannoni contraerei da 114 mm, considerati i migliori della Royal Navy durante la guerra, e molto più validi dei cannoni contraerei italiani da 90 mm delle corazzate tipo "Littorio" e "Duilio". Gli stessi cannoni, in otto torrette binate, si trovavano anche sulle due portaerei moderne operanti in Mediterraneo, la *Ark Royal* e la *Illustrious*.

Tuttavia l'ammiraglio Cavagnari, che si trovava quel giorno a Grottaglie (Puglia) al seguito del Duce, ancora una volta decise di evitare uno scontro navale, non ritenendolo vantaggioso; e in questa decisione fu anche agevolato dalla situazione verificatasi in Albania che, facendosi di ora in ora sempre più preoccupante, convinse Mussolini e gli altri Capi di Stato Maggiore a rinunciare allo sbarco a Corfù per rinforzare il fronte dell'Epiro con tutte le forze disponibili: inclusa la divisione Bari che fu subito inviata da Brindisi a Valona.[112]

Nei giorni immediatamente successivi, mentre l'offensiva dei greci, dilagando in Albania, sembrava incontenibile, di sbarco a Corfù non era più il caso di parlare, e neppure dello sbarco a Prevesa che era stato sollecitato da Mussolini,[113] anche perché

---

[111] *Ibidem*, p. 132.
[112] *Ibidem*, p. 133.
[113] Il 3 novembre 1940, avendo constatato che la resistenza opposta dai greci sul fronte dell'Epiro si palesava "*superiore al previsto*", Mussolini, convinto che occorreva superare quell'ostacolo con uno sbarco

nel frattempo si verificò un episodio altrettanto drammatico, che ridusse considerevolmente le possibilità potenziali della Regia Marina, proprio mentre stata finalmente per attuare un'operazione offensiva di bombardamento della Base navale di Suda, affidata ai quattro (a tre) incrociatori pesanti della 1ª Divisione Navale, *Pola*, *Zara*, *Fiume* e *Gorizia*, con l'appoggio di tutta la flotta, che per tale motivo era stata concentrata nel porto di Taranto, come vedremo descrivendo l'episodio nel prossimo capitolo.

Cacciatorpediniere della classe "Poeti" della 9ª Squadriglia della 2° Squadra Navale. L'impianto binato dei cannoni da 120/50 mm OTO, mod. 1931.

---

alle spalle dello schieramento nemico, compilò una nota per lo Stato Maggiore Generale, nella quale chiedeva di creare una testa di sbarco a Prevesa; operazione inizialmente da assegnare ad un reggimento di bersaglieri già disponibile, destinato a creare una testa di sbarco poi da integrare con altre truppe e con un reggimento di paracadutisti, che doveva essere secondo il Duce "*immediata*" per approfittare del favorevole andamento delle condizioni atmosferiche, con mare calmo. Ma le condizioni del fronte terrestre erano talmente disperate che, come spesso accadeva a colui che riteneva di essere un grande capo militare, mentre invece le Regie Forze Armate erano comandante dal Re, il Comando supremo non prese in considerazione la richiesta di Mussolini.

CAPITOLO X: IL DISASTRO DI TARANTO E LE SUE CONSEGUENZE TATTICHE E STRATEGICHE

Il 22 ottobre 1940 il maresciallo Pietro Badoglio inviò una lettera al Governatore dell'Egeo, generale Cesare Maria De Vecchi, in cui era scritto: *"Caro De Vecchi, il 28 ha inizio la spedizione punitiva contro la Grecia. Questi greci avranno il trattamento che si sono meritati. Certamente vi sarà una reazione della flotta e dell'aviazione inglese. Ben vengano – siamo pronti a riceverli"*.

Il Capo di Stato Maggiore delle Regie Forze Armate italiane non sarebbe stato tanto ottimista, e arrogante, se avesse saputo che i britannici si stavano preparando a menomare la flotta italiana nella base di Taranto, mediante un attacco, con siluro, che era stato studiato fin dal settembre 1938, e presentato all'epoca al Comandante della Mediterranean Fleet ammiraglio Dudley Poubd, dall'allora capitano di vascello Lumley Lyster, ehe nel 1940 era il Comandante delle portaerei della Flotta del Mediterraneo.

Quando verso la fine dell'estate 1940, in aggiunta alla vecchia e cimentata portaerei *Eagle*, poté disporre ad Alessandria della modernissima portaerei *Illustrious*, alzandovi la sua insegna di contrammiraglio, Lyster ripropose all'ammiraglio Cunningham il suo piano d'attacco. Il Comandante della Mediterranean Fleet ne incoraggiò l'attuazione volendo migliorare la propria situazione strategica, compromessa dall'entrata in servizio di quattro corazzate italiane, tra cui la *Littorio* e la *Vittorio Veneto*, dando al nemico la possibilità di poter disporre di ben sei navi da battaglia.

Alla metà di ottobre i piani per quella che fu denominata operazione "Judgment" erano molto avanzati, e poiché l'addestramento al volo notturno degli equipaggi degli aerosiluranti "Swordfish" delle portaerei risultava soddisfacente, tutto lasciava prevedere di poter sfruttare l'attacco contro Taranto per il giorno 21 del mese, anniversario della battaglia di Trafalgar, con la vittoria di Horatio Nelson sulle flotte francese e spagnola. Ma un incendio scoppiato in una aviorimessa dell'*Illustrious*, che distrusse e danneggiò alcuni aerei, a cui si aggiunse la necessità di appoggiare l'insediamento britannico nella Baia di Suda (Creta), conseguenza dell'irresponsabile attacco dell'Italia alla Grecia, costrinse l'ammiraglio Cunningham a rimandare la "Judgment" all'11 novembre, per sfruttare le condizioni lunari favorevoli.

Quando poi tutto era pronto per iniziare l'operazione, che doveva essere attuata da un gruppo d'attacco di trenta Swordfiosh, Cunningham dovette rinunciare alla *Eagle* che, a causa di avarie riportate nel mese di luglio per l'esplosone in vicinanza dello scafo di bombe sganciate dagli aerei italiani, accusò un grave difetto nel sistema di rifornimento della nafta. Fu pertanto deciso di trasferire i suoi Swordfish sulla *Illustrious,* per permettere alla portaerei almeno una forza d'attacco di ventiquattro velivoli, che non fu mantenuta poiché, durante la navigazione verso Taranto, tre aerei precipitarono in mare per guasti meccanici causati dalla benzina inquinata da sabbia.

L'operazione "Judgment" fu integrata in un piano, denominato "M.B.8", che prevedeva lo svolgimento di vasti movimenti navali nell'Intero Mediterraneo. La Mediterranean Fleet di Alessandria, costituita dalle navi da battaglia *Warspite*, *Valiant*, *Malaya* e *Ramillies*, dalla nave portaerei *Illustrious*, da sei incrociatori e diciannove cacciatorpediniere, dopo aver appoggiato il passaggio di due convogli in Grecia (AN.6) e a Malta (MW.3) e aver prelevato proveniente dalla Valletta un altro convoglio diretto in Egitto (ME.3), dove ricongiungersi a sud-est di Pantelleria con un gruppo navale giunto in rinforzo da Gibilterra. Quindi dirigendo a levante, avrebbe raggiunto nel Mare Ionio una posizione adatta, presso le coste della Grecia, per sferrare l'attacco contro Taranto, ed effettuare con un gruppo navale leggero una puntata offensiva nel Canale d'Otranto, per attaccare la navigazione tra l'Italia e l'Albania. Quanto al gruppo di rinforzo proveniente dalla Gran Bretagna, che doveva transitare diretto a levante per lo Stretto di Gibilterra, esso comprendeva la corazzata *Barham* (altra unità della classe "Warspite"), i due grandi incrociatori *Berwick* e *Glasgow*, e i tre cacciatorpediniere *Gallant*, *Greyhound* e *Griffin*. Fu deciso di farlo accompagnare, da Gibilterra fino all'entrata occidentale del Canale di Sicilia, dalla Forza H del vice ammiraglio Somerville, costituita dalla portaerei *Ark Royal*, dall'incrociatore *Sheffield* e da cinque cacciatorpediniere. Altri tre cacciatorpediniere furono distaccati per accompagnare il Gruppo "Barham" fino a Malta, per poi rifornirsi e rientrare a Gibilterra.

Il vasto movimento navale britannico ebbe inizio il 4 novembre con la partenza da Alessandria del convoglio AN.6 per la Grecia. Seguì l'indomani l'MW.3 diretto a Malta, le cui cinque navi mercantili (*Devis*, *Plunleaf*, *Fiord*, *Rodi*, *Volo*), scortate dagli incrociatori contraerei *Calcutta* e *Coventri* e dai cacciatorpediniere *Diamond*, *Vampire*, *Woyager* e *Waterhen*, furono protette dal grosso della Mediterranean Fleet, salpata nel pomeriggio del 6.

Essendo stato informato che la ricognizione aerea di Malta, svolta dai bimotori Glen Martin della 431ª Squadriglia (Flight), aveva individuato nell'ancoraggio di Taranto cinque corazzate italiane e una sesta nelle vicinanze del porto, l'ammiraglio Cunningham stimò probabile che il nemico avrebbe potuto impegnarlo nella giornata del 9 novembre con un complesso navale superiore, costituito da sei corazzate, sei incrociatori pesanti, e otto leggeri, a cui egli poteva opporre soltanto quattro corazzate, un incrociatore pesante e cinque leggeri. Ma i timori di Cunningham si dimostrarono infondati, per il semplice motivo che la flotta italiana non si fece assolutamente vedere in mare, mentre la flotta dell'ammiraglio Cunningham, spingendosi a sud-ovest di Malta, si ricongiunse con il gruppo navale di rinforzi per la Mediterranean Fleet, salpato dal Regno Unito.

Per giustificare il prudente comportamento di Supermarina, gli storici navali della Marina attribuirono la responsabilità del mancato intervento alla ricognizione aerea, che soltanto il mattino dell'8 novembre riuscì a localizzare la Mediterranean Fleet, quando ormai era troppo tardi per intercettarla. Secondo costoro anche l'indomani 9 la ricognizione aerea avrebbe dato *"segnalazioni imprecise e contrastanti"*, in base alle quali solo alle ore 15.00 fu possibile concludere che la flotta britannica doveva trovarsi a circa 300 miglia da Taranto, con rotta verso Alessandria; deduzione che fu poi smentita nella notte sul 10 da un avvistamento del sommergibile *Pier Capponi*, e il mattino del giorno seguente dalle stazioni di vedetta delle isole di Pantelleria e Linosa, che avvistarono alcuni gruppi di unità navali *"con rotte e composizioni imprecisabili per la distanza"*. Da ciò ne derivarono dubbi e incertezze in basi ai quali, secondo quanto se ritto dal comandante Marcantonio Bragadin, *"non si poteva concludere da parte nostra una consapevole ed efficace azione navale"*.

Le inesatte affermazioni furono poi convalidate anche dall'Ufficio Storico della Marina tramite uno dei suoi ufficiali superiori, poiché l'ammiraglio Giuseppe Fioravanzo, autore dell'opera *"Le azioni navali in Mediterraneo"*, scrisse quanto segue:

"Dei movimenti delle Forze Navali inglesi Supermarina ebbe in quei giorni notizie non sufficienti dare un'esatta idea di ciò che l'avversario stava facendo, soprattutto perché le condizioni meteorologiche non furono sempre favorevoli ad un'efficace ricognizione aerea ... L'alto Comando Navale non poté disporre l'uscita della Flotta, tenuta pronta a muovere in 3 ore, perché non riuscì a farsi un quadro attendibile della situazione in mare, e farsi un'ide sufficientemente approssimata delle intenzioni dell'avversario"

Inoltre, secondo l'ammiraglio Fioravanzo, sfuggì *"anche un gruppo di unità importanti era transitato nella notte sul 10 nelle acque tra la Sicilia e la Tunisia per unirsi alla Mediterranean Fleet, rafforzandole la compagine"*.

Queste dichiarazioni furono smentite dall'Autore di questo libro in un articolo sul quotidiano *Il Giornale d'Italia*,[114] poiché, come vedremo, ciò avvenne sulla base della allora inedita documentazione di Supermarina, di Superaereo e del Comando Supremo, dove risultava che le intenzioni e i movimenti del nemico non furono poi tanto misteriosi per i Comandi italiani, anche se indubbiamente essi non si aspettavano che i britannici avrebbero colpito nel porto di Taranto. Lo stesso ammiraglio Iachino, Comandante della 2ª Flotta, che aveva i suoi incrociatori in Mar Grande e in Mar Piccolo di Taranto, smentì le tesi esposte dai suoi colleghi, avendo scritto nella sua opera *Tramonto di una grande Marina*, che la Mediterranean Fleet, di scorta ad un convoglio diretto a Malta, fu avvistata e segnalata dalla nostra ricognizione nella sua giusta composizione, ma Supermarina, specificò Iachino:

"... non ritenne opportuno far uscire la flotta da Taranto per cercare d'intercettarla. Quando giunsero queste informazioni era troppo tardi perché le nostre navi potessero arrivare a intercettare il convoglio prima del suo arrivo a Malta. Tuttavia, se la nostra flotta fosse stata fatta uscire ed inviata ad alta velocità verso quella base, essa avrebbe potuto impegnare ugualmente la flotta inglese in condizioni favorevoli, mentre cioè incrociava a sud di Malta è in attesa della corazzata BARHAM che era in arrivo da ponente e della RAMILLIES, che era entrata alla Valletta per rifornirsi. Ma bisognava osare e accettare gli inevitabili rischi dell'impresa; lasciando invece le nostre forze navali in porto, si dava piena libertà d'azione al nemico , e si veniva a rinunciare a priori a ogni possibile successo".

Ma la verità del mancato intervento navale si può attribuire a ben altri intendimenti di Supermarina. Infatti, sfumato lo sbarco a Corfù richiesto dall'Esercito, proprio perché da parte italiana non si volle rischiare uno scontro aperto con la Marina britannica,

---

[114] Francesco Mattesini, *Verità Storiche - La notte di Taranto*, Il Giornale d'Italia, 12 Agosto 1985. A livello ufficiale la smentita avvenne da parte dell'Autore nel grande saggio (Monografia): *La notte di Taranto. Parte prima: Le misure italiane degli anni 1938-1939 per fronteggiare un eventuale attacco di aerosiluranti contro Taranto, e la pianificazione dell'operazione britannica Judgment; Parte seconda: Lo svolgimento dell'operazione Judgment e le considerazioni dei protagonisti*. In Bollettino d'Archivio dell'Ufficio Storico della Marina Militare, Settembre – Dicembre 1998. Vedi anche nella pagine dell'Autore nel sito *academia edu*.

preferendo ancora mantenere in vigore il concetto del "Fleet in being", tanto apprezzato dall'ammiraglio Cavagnari, Supermarina, pressata dagli eventi sfavorevoli sopraggiunti sul fronte greco e dalle sollecitazioni di Mussolini che chiedeva di fare qualcosa di concreto per risollevare il prestigio delle Forze Armate del Regno, programmò un operazione navale concernente il bombardamento della Baia di Suda. Operazione che, prudentemente, doveva essere attuata dalla 1ª Divisione Incrociatori (*Zara*, *Fiume* e *Gorizia*) appoggiata dal grosso delle due squadre navali, in un momento in cui la *Mediterranean Fleet* si fosse trovata troppo lontana da quell'obbiettivo per poter intervenire.

Il piano di operazioni fu portato a conoscenza dei due Comandanti delle Squadre Navali, ammiragli Campioni e Iachino, con il telegramma n. 02750 del 10 novembre 1940. Per l'importanza storica di questo documento, da noi riportato in più occasioni su varie pubblicazioni, che tra l'altro indicava come giorno probabile di partenza della Flotta da Taranto il 12 novembre, approfittando del rientro alla sua base di Alessandria della Mediterranean Fleet a conclusione dell'operazione "MB.9", lo riportiamo di seguito dall'originale:

"*Roma li 10 Novembre 1940-XIX*

NAVE LITTORIO PER SQUADRA
NAVE POLA PER SQUADRA

SUPERMARINA 02750 destinatario Nave LITTORIO per Squadra et per conoscenza Nave POLA per Squadra (alt) Est progettata una incursione in Egeo di nostre forze navali scopo bombardamento navi alla fonda et opere Suda et La Canea (alt) Forze da impiegare per azione bombardamento POLA et Prima Divisione Navale semialt sostegno costituito da nona e ottava divisione (alt) L'esecutivo verra dato quando la ricognizione avrà constatato che le forze navali inglesi attualmente nel Mediterraneo Centrale si troveranno a levante del meridiano 25° Est in rotta per Alessandria (alt) Partenza dei due gruppi dovrà avvenire in ore pomeridiane in modo effettuare navigazione ore diurne verso sud scopo dimostrativo dirigendo quindi dopo tramonto sud Cerigotto (alt) Il bombardamento degli obiettivi dovrà essere effettuato dagli incrociatori e dai soli cacciatorpediniere a seconda della loro importanza constatata dagli aerei catapultati (alt) Deve essere previsto l'impiego dei paramine da parte del naviglio sottile e degli incrociatori in fondali minabili (alt) Le azioni di fuoco dovranno svolgersi prime ore pomeriggio in modo che il gruppo incrociatori verso il tramonto si trovi fuori Canale Cerigotto al largo del quale dovrà incrociare gruppo corazzato (alt) Il ritorno alla base dovrà essere previsto per le ore pomeridiane del giorno seguente l'azione (alt) Comandante Superiore in mare Ammiraglio di Squadra Campioni (alt) Siano presi accordi con Marina Taranto per ricognizioni e scorte aeree a.s. da effettuarsi nelle acque a nord del parallelo 37° (alt) Sia compilato ordine operazione rimettendone copia a questo Supermarina (alt) Probabile partenza dalla base pomeriggio giorno dodici novembre (alt) 194010 (alt)".

Da quest'ordine di operazione si comprende benissimo che durante la giornata dell'11 novembre, ritenendo che le navi dell'ammiraglio Cunningham stessero rientrando nella loro base di Alessandria senza avere la possibilità di tornare indietro, in caso di allarme per la necessità di rifornirsi, Supermarina era convinta che fosse giunto il momento favorevole per agire contro Suda.

Pertanto, quello stesso giorno 11, i Comandi delle due Squadre Navali misero a punto i loro ordini operativi, sulle norme fissate dall'Alto Comando Navale, nell'intendimento di prendere il mare l'indomani.

L'ammiraglio Campioni compilò per le Divisioni dipendenti l'ordine generale di operazione n. 32 (Protocollo n. 1/163 S.R.P.), in cui era previsto che in un prossimo giorno X reparti della 2ª Squadra, con l'incrociatore nave ammiraglia *Pola*, gli incrociatori della 1ª Divisione *Zara*, *Fiume* e *Gorizia* e le squadriglie cacciatorpediniere 9ª, 12ª e 16ª, avrebbero dovuto bombardare le unità navali alla fonda e le opere militari delle baie di Suda e di La Canea. L'appoggio strategico sarebbe stato fornito da un gruppo veloce della 1ª Squadra, comprendente la 9ª Divisione Navale con le grandi e moderne corazzate *Littorio* e *Vittorio Veneto*, e dalla 8ª Divisione Navale con gli incrociatori *Garibaldi* e *Abruzzi*, e con le squadriglie cacciatorpediniere 7ª, 9ª e 10ª.

Ma l'attacco degli aerosiluranti della Royal Navy, prevenendo gli intendimenti italiani, impedì di portare a compimento quell'operazione.

È possibile che l'iniziativa presa da Supermarina per il bombardamento di Suda e di La Canea, fosse stata originata dai dissapori esistenti in quel periodo dell'inizio sfavorevole della campagna di Grecia, tra Mussolini, il quale pretendeva dai vertici della Marina un maggiore spirito offensivo nei confronti della Mediterranean Fleet, e l'ammiraglio Cavagnari che invece vi si opponeva, non intendendo correre rischi per mantenere la flotta intatta come strumento di potenza e, quindi di pressione nei confronti del nemico.

Ciò può essere chiaramente desunto da un documento esistente nell'Archivio di Stato a Roma EUR, al fondo Segreteria Particolare del Duce (busta n. 23, foglio n. 223 R), in cui una personalità, di cui non conosciamo le generalità, il 7 novembre 1940 scrisse:

"Secondo una informazione che mi è stata data, un dissidio sarebbe sorto tra il Duce e l'Ammiraglio Cavagnari, in quanto che il primo vorrebbe che la nostra flotta uscisse dalle basi nelle quali si trova e prendesse delle iniziative contro la flotta avversaria per ostacolarne i movimenti nel Mediterraneo orientale, mentre il secondo sarebbe del parere opposto, ritenendo che in caso di una sconfitta assai probabile, la situazione militare del nostro Paese verrebbe a trovarsi più compromessa di quanto sarebbe attualmente".

***

Vediamo ora come in realtà si svolsero gli avvenimenti. La partenza da Gibilterra della Forza H la sera del 7 novembre fu regolarmente segnalata a Roma dagli osservatori stanziati sulle coste spagnole dello Stretto, ad Algeciras e nel Marocco spagnolo. Ugualmente non sfuggì la tempestiva notizia dell'uscita da Alessandria della Mediterranean Fleet. La sua assenza dal porto fu infatti segnalata da un aereo da ricognizione S.79 della 5ª Squadra Aerea (Libia) e la presenza in mare successivamente rilevata dal traffico radiotelegrafico, in base al quale Supermarina stimò si trovassero in movimento verso occidente due o tre corazzate, sei incrociatori e una dozzina di cacciatorpediniere. Sulla base di tali notizie l'ammiraglio Cavagnari ordinò alla Squadra Navale di tenersi pronta a muovere a partire dal mattino dell'8 novembre. Quindi, con gli idrovolanti Cant.Z.506, dispose le ricognizioni aeree per localizzare le forze navali britanniche, assegnando l'incarico all'83° Gruppo della Ricognizione Marittima della Sicilia, che alle ore 11.00 dell'8 individuarono un convoglio di cinque piroscafi, scortato da un incrociatore e quattro cacciatorpediniere, a 180 miglia a levante di Malta, e poi alle 15.20, in posizione difensiva più a nord, un complesso con due corazzate, una portaerei e un considerevole numero di incrociatori e cacciatorpediniere.

In relazione a tali avvistamenti, denuncianti senza ombra di dubbio la presenza della Mediterranean Fleet e di un convoglio diretto a Malta (MW.3), Cavagnari chiese al suo collega dell'Aeronautica, generale Pricolo, di predisporre per l'indomani la ricognizione tra la Sardegna e le Isole Baleari, e di partecipare con aerei terrestri della Sicilia al controllo dello Ionio e del Mediterraneo centrale. Decise altresì di spostare quattro sommergibili a sud-est di Malta in agguato notturno a levante dell'isola. Da parte sua Pricolo ordinò alla 2ª Squadra Aerea della Sicilia. comandata dal generale Gennaro Tedeschini Lalli, di inviare all'attacco quindici S.79 del 34° Stormo Bombardieri, dei quali sei del 59° Gruppo (colonnello Umberto Mazzini) riuscirono ad avvistare la flotta britannica a sud di Malta. Tuttavia lo sgancio delle bombe fu impedito dall'intervento di tre dei quindici caccia Fulmar dell'806° Squadron della portaerei *Illustrious*, che costrinsero due S.79 a rientrare alla base con un motore fuori uso.

Quello stesso pomeriggio dell'8 novembre la Forza H di Gibilterra fu avvistata a sud delle Isole Baleari da ricognitori spagnoli S.79, uno dei quali fu abbattuto senza troppi riguardi dai caccia della portaerei *Ark Royal*, perché i britannici erano a conoscenza che in seguito ad un accordo tra Italia e Spagna quegli aerei S.79 svolgevano servizio di ricognizione, passando poi le informazioni a Roma. La segnalazioni dell'avvistamento della Forza H fu prontamente comunicata in serata a Superaereo dal capitano di fregata Eliso Porta, della Sezione Informazioni di Supermarina. Invitato dal colonnello Simone Martini ad esprimere un parere sui movimenti delle flotte britanniche, il comandante Porta rispose al collega dell'Aeronautica che secondo il SIM (Servizio Informazioni Militari del Comando Supremo) la portaerei della Forza H avrebbe tentato nella notte di forzare il Canale di Sicilia per passare nel Mediterraneo orientale. Supposizione questa dimostratasi poi errata, in quanto il transito del Canale di Sicilia, per ricongiungersi alla Mediterranean Fleet, riguardava solo il gruppo della corazzata *Barham*.

La corazzata britannica *Barham*, che nel novembre 1940 fu inviata a rinforzare Mediterranean Fleet.

Da parte sua la *Ark Royal*, dopo aver inviato all'alba del 9 novembre alcuni aerei Swordfish a bombardare l'aeroporto di Cagliari, si limitò ad accompagnare il gruppo "Barham" fino all'ingresso occidentale del Canale di Sicilia, che fu raggiunto al tramonto, dopo un attacco di venti S.79 del 32° Stormo, decollati dalla Sardegna al comando del colonnello Oscar Mecozzi, le cui bombe caddero vicine alla corazzata *Barham*, alla portaerei *Ark Royal* e al cacciatorpediniere *Duncan*. Quindi la Forza H invertì la rotta per rientrare a Gibilterra, mentre il gruppo "Barham" diresse per raggiungere l'indomani un punto di riunione con la Mediterranean Fleet fissato a 40 miglia ad ovest dell'Isola di Gozzo, la più settentrionale dell'arcipelago maltese.

9 novembre 1940, una salva di bombe sganciata da velivoli S.79 dell'Aeronautica Sardegna caduta a poppa dell'incrociatore pesante *Berwick*.

Verso la mezzanotte del 9 novembre il sommergibile *Pier Capponi* avvistò a circa 50 miglia a sud-est di Malta una formazione navale con rotta verso l'Isola. Il comandante dell'unità subacquea, capitano di corvetta Romeo Romei, effettuò l'attacco e riferì per radio di aver colpito un incrociatore pesante con due siluri e probabilmente con un terzo. Supermarina chiese allora all'Aeronautica di intervenire per il colpo di grazia, ma i ricognitori inviati il mattino del 10 nella zona del presunto siluramento dell'incrociatore non lo avvistarono e neppure relitti che ne potessero convalidassero il presunto affondamento. Fu però individuata alla Valletta la *Ramillies*, arrivata in porto per rifornirsi, e ciò fu erroneamente interpretato come se la corazzata fosse stata effettivamente danneggiata dal comandante Romei che, per la presunta impresa, fu decorato con la Medaglia d'Oro al Valor Militare.

Nel frattempo, durante la giornata del 9 novembre la Mediterranean Fleet era stata a più riprese localizzata dai ricognitori italiani nella zona a sud-ovest di Malta. Durante la notte sul 10 le navi di quella formazione diressero verso occidente per raggiungere il punto d'incontro con il gruppo "Barham". Questo, pur essendo sfuggito al controllo delle unità sottili italiane di vigilanza nel Canale di Sicilia, fu individuato al mattino dalla stazione di vedetta di Pantelleria, che segnalò tre grandi navi e tre minori in allontanamento verso sud. Mezz'ora dopo, alle 08.55, la stazione di vedetta di Linosa trasmise poi altre importanti notizie sui movimenti di una formazione navale nemica di ventisette unità, tra cui due navi da battaglia e una portaerei, che restò in vista a settentrione dell'isola fino alle 12.30, quando si allontanò con rotta est. Verso quell'ora la Mediterranean Fleet fu anche avvistata da un idrovolante Cant.Z.501 della 144ª Squadriglia della Ricognizione Marittima, pilotato dal sottotenente Ferri, ma esso fu abbattuto dai Fulmar dell'*Illustrious* mentre il marconista trasmetteva il segnale di avvistamento.

Resosi conto che i movimenti di unità britanniche in quella zona significavano un ricongiungimento di navi provenienti da Gibilterra con la flotta di Alessandria, l'ammiraglio Cavagnari chiese a Superaereo di far intervenire i propri aerei offensivi. Il generale Pricolo dette l'ordine d'attacco alla 2ª Squadra Aerea della Sicilia, che pur possedendo settanta bombardieri efficienti si limitò ad inviare contro il nemico soltanto una piccola formazione di otto S.79 del 30° Stormo, racimolati fra gli equipaggi del 90° Gruppo al comando del tenente colonnello Cannarsa. I velivoli arrivarono sulla Mediterranean Fleet alle 13.30 a 40 miglia ad ovest di Malta. Tuttavia lo sgancio delle bombe non portò a nessun risultato a causa d'imprecisione del tiro, determinata dal contrasto esercitato dai caccia Fulmar dell'*Illustrious*. Un bombardiere, danneggiato, fu costretto ad ammarare e per ricercarne l'equipaggio partì dalla base un altro S.79 della stessa Squadriglia (la 195ª), con ai comandi il capitano Paris. Questi alle 17.00 individuò a 30 miglia a sud-ovest di Malta una grossa formazione navale con rotta levante, costituita da una portaerei, cinque grosse navi, sette cacciatorpediniere e due piroscafi.

Tale avvistamento, importantissimo, fatto subito pervenire da Superaereo a Supermarina nella serata del 10 novembre, costituisce la prova inequivocabile che la Mediterranean Fleet, in rotta verso Alessandria, non era sfuggita all'osservazione della Regia Aeronautica, e che pertanto la Squadra Navale italiana, in approntamento per salpare da Taranto, avrebbe potuto partire nella notte per cercare di intercettare il nemico nella giornata dell'indomani. Con tale manovra si sarebbero potuti raggiungere due risultati positivi, ossia impegnare la Mediterranean Fleet nel momento in cui era vincolata alla scorta del convoglio partito da Malta, e sconvolgere i piani dell'ammiraglio Cunningham rendendo, con la flotta italiana in mare, molto difficile o impossibile l'esecuzione del programmato attacco notturno dell'operazione "Judgement" contro Taranto, che, come ha scritto l'ammiraglio Iachino, *"fu invece effettuato in un clima di ideale tranquillità"*.

Purtroppo, l'ammiraglio Cavagnari, considerati i rischi di dover affrontare il nemico dal potenziale elevato, ritenne l'uscita della Squadra Navale dell'ammiraglio Campioni non conforme alla prudente politica del Fleet in being. Egli pertanto si limitò a predisporre per la notte sull'11 novembre crociere di Mas e torpediniere a ponente del Canale di Sicilia e in prossimità di Malta, e a richiedere per l'indomani a Superaereo lo svolgimento di ricognizioni nelle acque a sud della Sicilia, ossia in direzione radicalmente opposta a quella in cui dirigevano le navi britanniche.

Lo spostamento di queste ultime verso levante fu poi confermato nella notte dal sommergibile *Topazio* (capitano di corvetta Emilio Berengan), che riferì di aver attaccato un convoglio con siluramento, risultato errato, di due piroscafi. Il mattino successivo velivoli da caccia Cr.42 avvistarono alle 09.00 una unità di tipo imprecisato e quattro cacciatorpediniere a circa 35 miglia da Malta con rotta levante. Si trattava della corazzata *Ramillies* che, assieme ala sua scorta, era salpata da La Valletta per assumere la protezione del convoglio ME.3 diretto ad Alessandria. Contemporaneamente il monitore *Terror* (che essendo armato con due cannoni da 381 mm si trovava a Malta dall'inizio della guerra per la difesa dell'isola da un eventuale sbarco italiano), essendo salpato da La Valletta dirigeva assieme ad un cacciatorpediniere verso Suda, dove la sua presenza era ritenuta più necessaria.

Questi movimenti navali focalizzarono l'attenzione degli idrovolanti della Ricognizione Marittima della Sicilia, che nel corso della mattinata dell'11 novembre fecero quattro avvistamenti, segnalando incrociatori, cacciatorpediniere e piroscafi, ed anche una nave di tipo imprecisato, ritenuta una probabile corazzata, come in effetti era trattandosi della *Ramillies*. Il Comando della 5ª Squadra Aerea della Libia inviò una formazione di dieci bombardieri S.79 del 15° Stormo (Colonnello Silvio Napoli) ad attaccare il gruppo navale più meridionale, ma non riuscì a rintracciarlo a causa delle cattive condizioni atmosferiche.

Sebbene i ricognitori italiani non fossero riusciti a determinare la posizione della Mediterranean Fleet, era logico supporre che essa non doveva trovarsi molto lontana, e certamente schierata a nord del convoglio e quindi più vicina alle coste italiane dello Ionio. Comunque gli avvistamenti effettuati dettero l'impressione che la flotta britannica si trovasse sulla rotta del ritorno verso Alessandria. A queste valutazioni arrivò certamente Superaereo, che alle 19.00 dell'11 novembre fece un apprezzamento della situazione in cui si affermava: *"Si presume che le forze navali inglesi abbiano proseguito la navigazione verso levante e che verso le ore 20 si trovino nella zona a nord di Apollonia* [Cirenaica]". Alle stesse conclusioni arrivò anche Supermarina, poiché nella tarda serata l'ammiraglio Cavagnari chiese al generale Pricolo di far ricercare l'indomani le unità nemiche dagli aerei della Ricognizione Marittima di Tobruk e da quelli dell'Aeronautica della Libia.

Purtroppo i velivoli della Sicilia, che durante la mattinata avevano dato alcune preziose informazioni sulla direttrice di navigazione delle unità britanniche, nel pomeriggio non avvistarono nulla. Ciò anche perché considerando che il nemico avrebbe diretto per levante verso la Cirenaica, i ricognitori erano stati inviati in una zona più meridionale, non percorsa dalla Mediterranean Fleet, che alle ore 12.00, allontanandosi dal convoglio ME.3, diresse per nord in direzione delle coste della Grecia. Poco dopo un gruppo navale al comando del vice ammiraglio Pridham-Wippell, denominato Forza X e costituito dagli incrociatori della 7ª Divisione *Orion*, *Sydney*, *Ajax* e dai cacciatorpediniere della classe "Tribal" *Nubian* e *Mohawk*, si separò dal grosso della squadra di Cunningham, dirigendo verso il Canale d'Otranto. Portatosi al largo di Valona, queste cinque unità britanniche affondarono nella notte, dopo contatto visivo, un intero convoglio italiano di quattro piroscafi (*Locatelli*, *Capo Vado*, *Premuda* e *Calatafini*), e danneggiò una delle due unità di scorta, la torpediniera *Fabrizzi* (tenente di vascello Giovanni Barbini), andato audacemente all'attacco con i siluri, uno dei quali, per vera sfortuna, passò sotto lo scafo del cacciatorpediniere *Mohawk*.

Nel frattempo alle 18.00 dell'11 novembre, dopo che il contrammiraglio Lyster ebbe consultato le ultime fotografie, scattate dai ricognitori di Malta (trasferite sulla *Illustrious* per mezzo di un velivolo Swordfish decollato dall'aeroporto di Hal Far) che confermavano gli ormeggi tenuti a Taranto dalle navi italiane, anche la portaerei si era staccata dalla Mediterranean Fleet, dopo aver ricevuto dall'ammiraglio Cunningham il segnale di augurio "*Buona fortuna*".

La portaerei *Illustrious* con velivoli Swordfish, ad ali ripieghevoli, sul ponte di volo.

Si prepara l'attacco a Taranto. Il trasporto del siluro per uno degli Swordfish parcheggiati sul ponte di volo della portaerei *Illustrious*.

Sul ponte della portaerei *Illustrious* bombe da 250 libbre da imbarcare sugli Swordfish con scritta la loro destinazione: Taranto.

Accompagnata da quattro incrociatori della 3ª Divisione *Gloucester*, *Berwick*, *Glasgow* e *York* e dai quattro cacciatorpediniere della 2ª Flottiglia *Hyperion*, *Ilex*, *Hasty* e *Havock*, fino a un punto situato a circa 40 miglia dall'Isola di Cefalonia e a circa 170 miglia da Taranto, la *Illustrious* (capitano di vascello Denis William Boyd) fece decollare in due ondate d'attacco ventuno Swordfish degli Squadron 813°, 815° e 824°, undici dei quali armati con siluri, cinque con bombe e quattro con bombe e bengala.

Al comando dei capitani di corvetta K.W. Willianson e J.W. Hale i lenti, sgraziati e decrepiti velivoli britannici raggiunsero l'obiettivo poco dopo le 23.00. Quindi, nonostante l'infernale fuoco di sbarramento delle artiglierie e delle mitragliere contraeree di tutte le navi e della difesa del porto, in allarme da due ore per la presenza di un ricognitore notturno di Malta, i piloti attuarono i previsti schemi di attacco, che portarono a compimento con grande determinazioni ed abilità contro le corazzate italiane, chiaramente individuate alla luce dei bengala. Volando a pelo d'acqua e sganciando da distanza ravvicinata, i piloti degli Swordfish colpirono la *Littorio* con tre siluri (un quarto siluro fu trovato sotto lo scafo dellòa corazzata inesploso), e la *Duilio* e la *Cavour* con uno ciascuno. Le prime due furono messe fuori combattimento per oltre sei mesi, mentre la *Cavour* lo rimase per tutta la guerra. Furono inoltre colpiti da bombe, fortunatamente non esplose, l'incrociatore pesante *Trento* e il cacciatorpediniere *Libeccio*, e nell'idroscalo vennero distrutti due idrovolanti, che si aggiunsero ai cinque della Sicilia abbattuti in quei giorni dai Fulmar dell'*Illustrious*. Da parte britannica le perdite furono limitate a due Swordfish tra cui quello di Williamson, comandante dellì815° Squadron, che dopo aver colpito la *Cavour* fu costretto ad ammarare e venne recuperato dagli italiani e fatto prigioniero.

Il lancio del siluro di un velivolo britannico Swordfish della FAA.

Le condizioni della corazzata *Andrea Doria* sensibilmente appruata.

Nella foto, scattata a Taranto, nel Mar Piccolo, dopo l'attacco dell'11 novembre 1940 da un velivolo da ricognizione Maryland della 431a Flight (Squadriglia), si riconosce la corazzata *Littorio* colpita da tre siluri. La nave, che ha tutto il ponte dipinto a strisce trasversali bianche e rosse per l'identificazione da parte degli aerei nazionali, ha la prua immersa ed è circondata da navi ausiliarie fra cui un sommergibile che provvede a fornire l'energia elettrica.

La *Littorio* all'incaglio, molto abbassata di prua e innalzata di poppa.

La *Littorio* dopo i siluramenti incagliata e abbassata di prua, con l'acqua che arriva alla prima torre di grosso calibro prodiera.

La *Littorio* vista di poppa.

Le condizioni di affondamento della corazzata *Cavour* quando spuntò l'alba del 12 novembre 1940.

L'affondamento della *Conte di Cavour*, vista di fianco.

L'incrociatore *Trento* della 3ª Divisione della 2ª Squadra Navale. Fu colpito da una bomba sganciata da uno Swordfish che perforò due ponti ma senza esplodere.

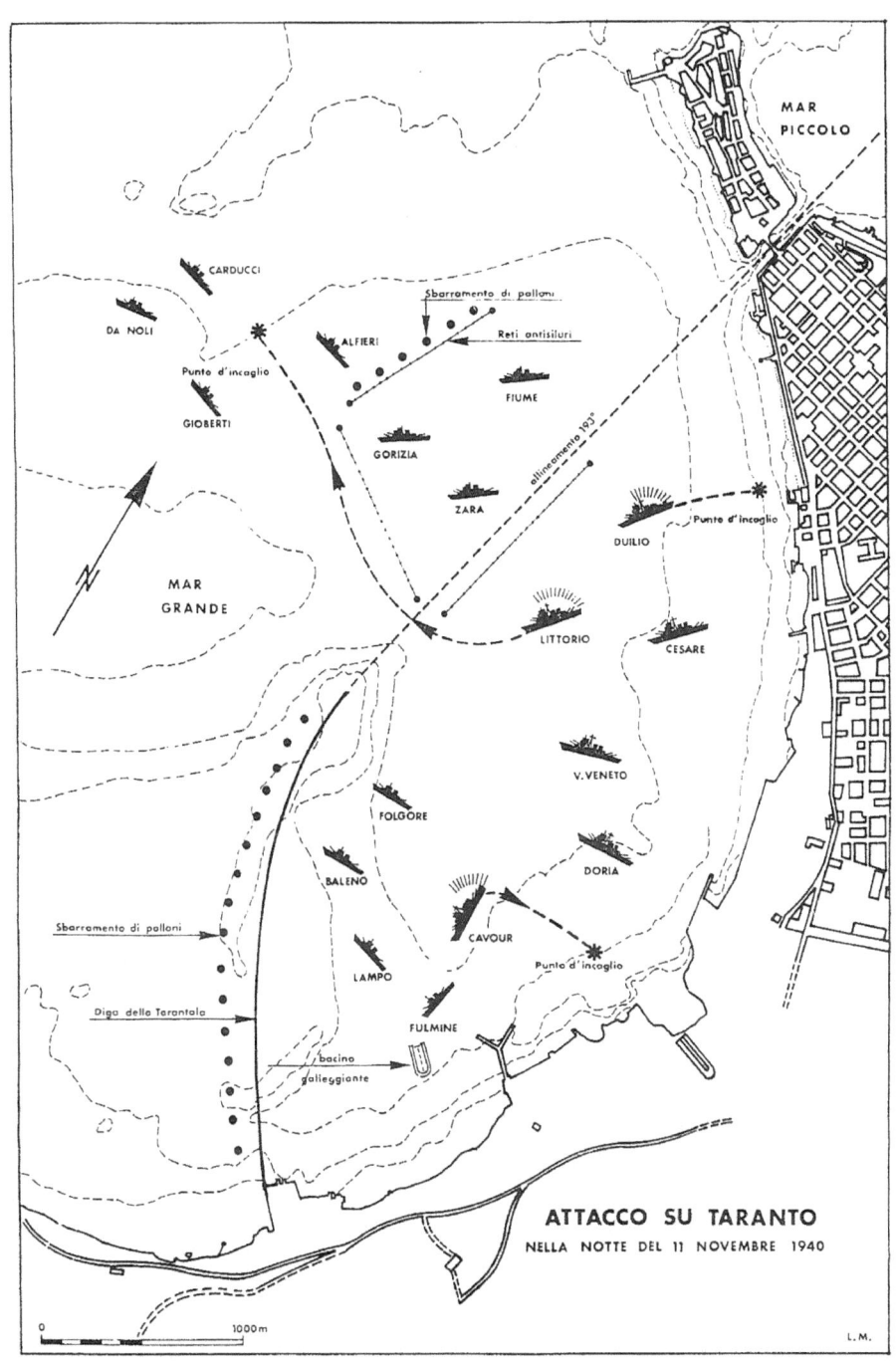

Le posizioni delle navi italiane nel Mar Grande di Taranto.
DISEGNO DI LORETTA MATTESINI

Mar Grande di Taranto. In questa immagine, ripresa da un ricognitore Maryland della 431ª sono presenti cinque corazzate italiane e quattro cacciatorpediniere. In alto vi è la *Cavour* semiaffondata con forte perdita di nafta.

Nella polemica sorta in Italia nell'immediato dopoguerra, fu affermato che era stato un grave errore ammassare a Taranto tutte le più grosse navi della Flotta italiana, ed i più, in particolare i profani o a chi ricercava il torbido e lo scandalo, tale osservazione apparve ben fondata: Invece l'errore dei Capi della regia Marina, fu secondo quanto scritto dall'ammiraglio Iachino di ben altra natura. Esso riguardò la mancata uscita della Squadra Navale da Taranto, per affrontare quella nemica che scorrazzava impunemente nel Mediterraneo centrale, e non per il fatto di aver concentrato le navi a Taranto, che era l'unica base per l'attuazione della strategia pianificata da Supermarina per affrontare il nemico con superiorità di forze e proteggere le rotte dell'Albania. La rada di Napoli, dove era possibile concentrare parte delle corazzate, si trovava assai distante dalle zone operative dello Ionio; Augusta risultava troppo esposta agli attacchi nemici e neppure attrezzata per ospitare una grande flotta; e i porti di Messina, e i porti di Messina e di Brindisi potevano al massimo ospitare una divisione d'incrociatori.

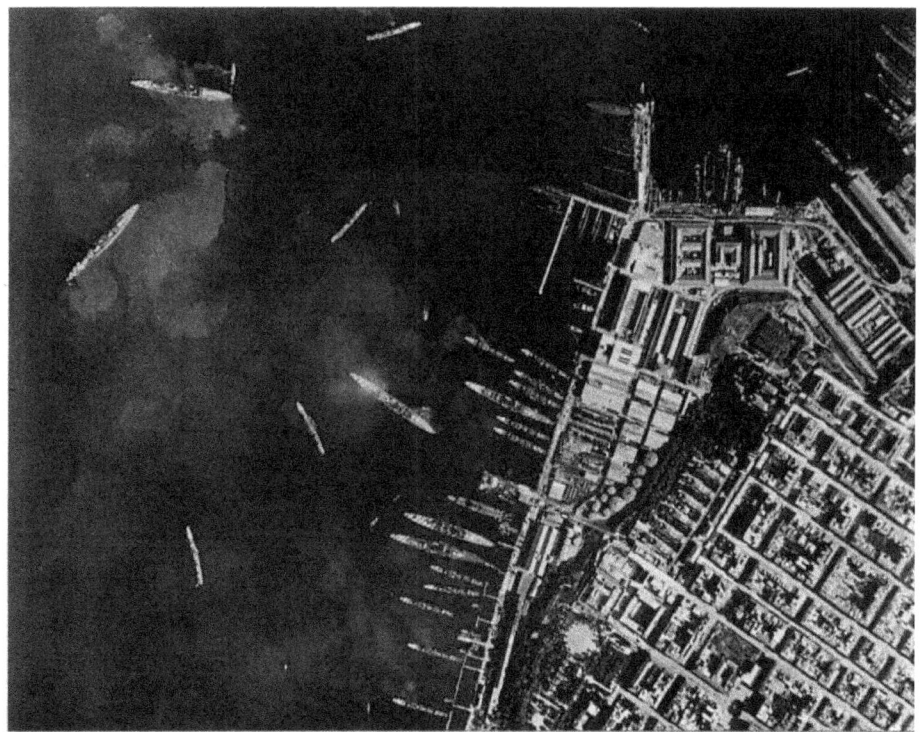

Ormeggio delle navi in Mar Piccolo di Taranto all'indomani dell'attacco aereo in una fotografia scattata da un velivolo Martin Maryland della 431ª Flight di Malta. Da sinistra, le quattro navi più grandi alla banchina sono gli incrociatori *Trento*, *Pola*, che sta manovrando, *Garibaldi* e *Abruzzi*.

Purtroppo il porto di Taranto, pur disponendo di una notevole difesa contraerea articolata su ben 101 cannoni, 84 mitragliere pesanti, 109 mitragliatrici, e integrata da palloni di sbarramento, stazioni aerofoniche e proiettori moderni, aveva una grossa deficienza nella protezione retale, che doveva recingere le navi nel Mar Grande. Tale deficienza era stata riscontrata fin dai primi mesi di guerra, quando fu constatato che gli aerosiluranti britannici erano molto abili nel colpire le navi nei porti, come aveva dimostrato l'affondamento del cacciatorpediniere *Pancaldo* ad Augusta, e di altre navi nella rada di Tobruk e nel porto di Bengasi. Dopo tali esperienze fu deciso di portare gli sbarramenti retali di Taranto ad un'estensione di 12.800 metri. Ma l'attacco degli aerosiluranti della portaerei *Illustrious* si sviluppò prima che tale forma protettiva avesse raggiunto un'ampiezza accettabile, poiché l'11 novembre 1940 essa era limitata a poco più di un terzo di quanto preventivato: 4.200 metri.

Occorre però dire che anche se fosse stata completata tale forma di protezione subacquea non avrebbe potuto fornire l'assoluta sicurezza. Infatti i velivoli della *Illustrious* impiegavano siluri con impianto stabilizzante per i bassi fondali, come quelli di Taranto, e dotati di acciarino magnetico "Duplex" (a percussione e magnetico), regolati alla profondità di metri 10,60, che era superiore a quella di 10 metri raggiunta dalle reti.[115]

---

[115] Per un esaustivo racconto dell'Operazione "Coat" e dell'attacco a Taranto (operazione "Judgment"), verdi Francesco Mattesini, *La notte di Taranto*. Parte prima: *Le misure italiane degli anni 1938-1939 per*

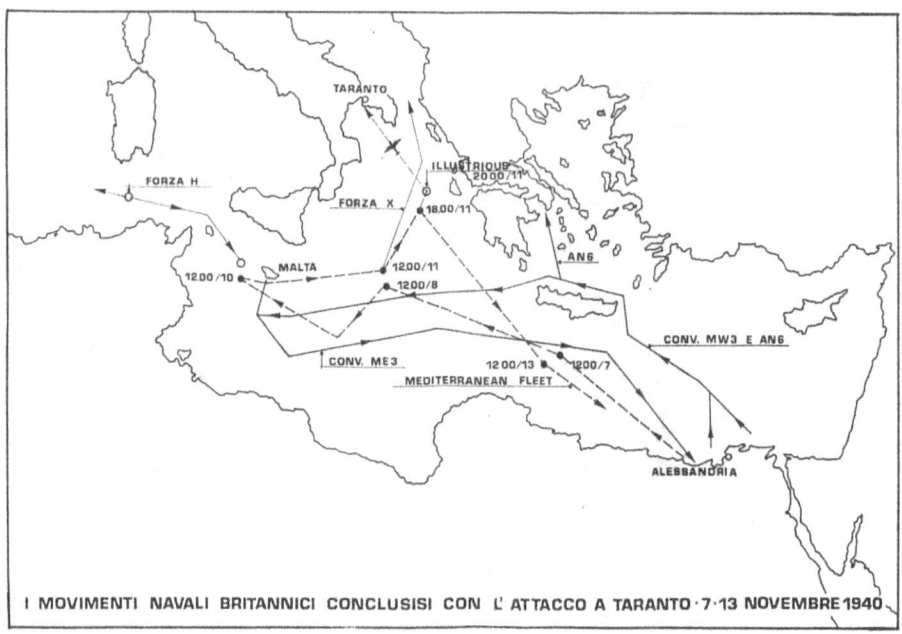

CARTINA DI LORETTA MATTESINI

Con l'arrivo ad Alessandria della corazzata *Barham* e dei due grandi incrociatori *Berwick* e *Glasgow*, la Mediterranean Fleet, assumeva un temibile potenziale, che la rendeva padrona del Mediterraneo centro-orientale, potendo ora disporre di cinque navi da battaglia (*Warspite, Valiant, Barham, Malaya, Ramillies*), tutte armate con cannoni da 381 mm, due navi portaerei (*Illustrious* e *Eagle*) e una decina d'incrociatori, senza contare i cacciatorpediniere e il naviglio minore. Ne conseguì che, volendo saggiamente evitare il confronto con una flotta tanto potente, le uniche possibilità d'azione della Regia Marina risultavano rivolte ad occidente, ove operava la Forza H di Gibilterra, il cui potenziale offensivo, limitato all'incrociatore da battaglia *Renown*, alla portaerei *Ark Royal* e a tre incrociatori, era nettamente inferiore a quello ancora disponibile nella flotta italiana. Pertanto all'indomani dell'attacco a Taranto quel grande porto fu praticamente evacuato dalle tre superstiti navi da battaglia *Vittorio Veneto*, *Cesare* e *Doria* e dai sette incrociatori pesanti, che furono inviati nelle più sicure basi del Tirreno, con le corazzate a Napoli, per tenerle al sicuro dagli attacchi degli aerosiluranti delle portaerei britanniche.

Il vice ammiraglio Eberhard Weichold, ufficiale di collegamento dell'Alto Comando della Marina Germanica (OKM) presso Supermarina, che però non conosceva i dettagli del pianificato bombardamento di Suda, commentò la situazione che si era creata nei termini seguenti:

---

fronteggiare un eventuale attacco di aerosiluranti contro Taranto, e la pianificazione dell'operazione britannica Judgment; Parte seconda: *Lo svolgimento dell'operazione Judgment e le considerazioni dei protagonisti*, in Bollettino dell'Ufficio Storico della Marina Militare, di Settembre e Dicembre 1998. Vedi anche, Francesco Mattesini, *La notte di Taranto 11 Novembre 1940, Operazione Judgment – Giudizio Universale*, nella pagina dell'Autore nel sito *academia edu*.

"I gravi danni inflitti alla Flotta italiana con un attacco in porto, ossia senza possibilità di combattere e di danneggiare il nemico, devono per lo meno essere considerati come una conseguenza della situazione interamente difensiva linea di condotta dell'Ammiragliato italiano, che ha così dato modo agli inglesi di rinvigorire continuamente la loro offensiva nel Mediterraneo centrale ... come sempre, lo Stato Maggiore italiano è chiaramente e completamente dominato dal pensiero che la Flotta italiana deve rimanere al sicuro per timore che, prematuramente in circostanze sfavorevoli, non possa più assolvere il suo compito principale: assicurare cioè le importanti comunicazioni marittime nel Mediterraneo centrale. Risulta che esso ne è ancora più convinto dopo gli scontri singoli di forze leggere – generalmente inadeguate – che hanno provocato perdite cui non hanno corrisposto successi.[116]

L'atteggiamento completamente passivo dei capi responsabili della Marina italiana non permette un chiaro apprezzamento dell'effettiva situazione e delle sue naturali conseguenze. Esso paralizza le loro facoltà di decisione, e in definitiva lo spirito offensivo della Flotta italiana; ed incoraggia una ancor più vigorosa offensiva inglese nelle acque italiane ... Se la situazione strategica nel Mediterraneo continuerà a svilupparsi nel modo attuale, sono inevitabili delle serie conseguenze in tutti i teatri di operazione, specialmente in Grecia e nell'Africa Settentrionale. Per mitigare tali ripercussioni per quanto è possibile, e essenziale un radicale cambiamento nell'attuale direzione italiana della guerra".

Il commento della Seekriegsleitung (SKL), il Comando Operativo dell'Alto Comando della Marina germanica (Oberkommando der Kriegsmarine - OKM), fu altrettanto lapidario, dal momento che in data 9 novembre 1940 esso scrisse nel suo Diario di guerra quanto segue:[117]

"I movimenti della flotta britannica si svolgono nelle immediate vicinanze delle basi aeree e navali italiane con sorprendente sicurezza, come se la flotta italiana non esistesse affatto".

Era ormai chiaro che la superiorità potenziale era passata di fatto nelle mani dei britannici.

---

[116] Quanto affermato da Weichold dovrebbe far riflettere coloro che continuano a giustificare la saggezza della strategia di Supermarina nella protezione ad oltranza delle rotte libiche, senza essersi curata troppo di esercitare il contrasto contro quelle nemiche. La battaglia dei convogli con l'Africa settentrionale avrebbe potuto avere successo soltanto alle condizioni di cercare di limitare le proprie perdite di naviglio mercantile, attuando ermeticamente il blocco di Malta, e tenendo il nemico lontano delle rotte nazionali del Mediterraneo centrale. Ciò doveva essere fatto mediante una continua pressione esercitata in profondità, nelle zone di influenza britannica, nei due bacini del Mediterraneo, con navi di superficie e sommergibili, anche se ciò avesse comportato delle perdite. D'altronde i britannici lo facevano in continuazione, impartendo lezioni di strategia.

[117] Eberhard Weichold, *"La guerra fatale dell'Asse nel Mediterraneo Contributo di una futura compilazione storica dal punto di vista della Strategia"*, conservato in AUSMM, collezione V.

Parte della difesa contraerea della corazzata *Littorio*. In basso le torrette di cannoni singoli da 90 mm. Sopra le mitragliere da 37 mm con ai lati si intravvedano due mitragliere binate da 20 mm.

In linea di fila i sette incrociatori pesanti della 2ª Squadra Navale, con la nave Comando *Pola* in testa.

CAPITOLO XI: LA BATTAGLIA DI CAPO TEULADA

Il devastante attacco alla Squadra Navale italiana nel porto di Taranto dell'11 novembre 1940, che fu definito dal Primo Ministro britannico Winston Churchill *"un colpo fracassatore"*, determinando nell'ambito della Regia Marina (ricordiamo che non esisteva una Marina fascista) una grave situazione di crisi.[118]

Apparve subito evidente a Roma che i britannici avevano acquistato, con un colpo solo, il controllo del Mediterraneo centrale, cardine della strategia italiana, dal momento che la parte più consistente e potente della Squadra Navale, comandata dall'ammiraglio di squadra Inigo Campioni (e comprendente le corazzate *Vittorio Veneto*, *Andrea Doria* e *Giulio Cesare*, e tre incrociatori pesanti della 1ª Divisione Navale *Pola*, *Fiume* e *Bolzano* con la loro scorta di cacciatorpediniere), per ordine di Supermarina fu immediatamente trasferita dalla base di Taranto in Tirreno, nel porto di Napoli ritenuto più sicuro ad un attacco di aerosiluranti delle portaerei britanniche, mentre i tre incrociatori della 3ª Divisione Navale ritornarono nella loro base di Messina, che avevano lasciato nella terza decade di ottobre per riunirsi al grosso della Squadra Navale, in previsione dell'abortita operazione di sbarco a Corfù.

La corazzata *Doria*, che necessitava di lavori si trasferì anch'essa a Messina e successivamente a La Spezia. Le altre due corazzate presero il mare da Napoli il 16 novembre per effettuare, assieme agli incrociatori della 2ª Squadra, una missione a sud della Sardegna Il movimento ebbe soprattutto un carattere dimostrativo nei confronti della Forza H, che era salpata da Gibilterra per effettuare, mediante la piccola nave portaerei *Argus* un trasferimento di dodici velivoli da caccia Hurricane e due Skua diretti a Malta, aveva come forze di copertura l'incrociatore da battaglia *Renown*, la portaerei *Ark Royal*, gli incrociatori leggeri *Sherffield* e *Despatch* e sette cacciatorpediniere. L'operazione ebbe il nome in codice "White".

Poiché il decollo degli aerei dall'*Argus* avvenne il mattino del 17 novembre a nord delle coste dell'Algeria, a 400 miglia da Malta, le due flotte si trovarono troppo distanti e non accadde nulla, mentre invece nel trasferimento degli aerei verso Malta, avvenuto in due formazioni, avendo i piloti della prima perso quarantacinque minuti per mettersi in formazione consumando un terzo della benzina, e quelli della seconda perso l'orientamento, ne conseguì che otto dei dodici caccia Hurricane e uno dei due Skua finirono in mare. La navigazione delle navi italiane, che erano state avvistate da aerei da ricognizione dell'*Ark Royal*, mentre incrociavano a 35 miglia a sud della Sardegna, avvenne in piena tranquillità, ma con la consapevolezza che il nemico doveva tenere conto che la Regia Marina era ancora in grado di operare.

Tuttavia, l'aver abbandonare il porto di Taranto significò lasciare alla Mediterranean Fleet" dell'ammiraglio Cunningham, l'iniziativa in gran parte del *"Mare nostrum"*, anche perché oltre che da Alessandria quella flotta poteva operare coin il navigli leggero anche dai porto greci di Suda e del Pireo. Pertanto la Mediterranean Fleet e la Forza H

---

[118] Francesco Mattesini, *La notte di Taranto*. Parte prima: *Le misure italiane degli anni 1938-1939 per fronteggiare un eventuale attacco di aerosiluranti contro Taranto, e la pianificazione dell'operazione britannica Judgment*; Parte seconda, *Lo svolgimento dell'operazione Judgment e le considerazioni dei protagonisti*. In Bollettino d'Archivio dell'Ufficio Storico della Marina Militare, settembre e dicembre 1998. Vedi anche Francesco Mattesini, *La notte di Taranto*, nella pagina dell'Autore, nel sito *academia edu*.

di Gibilterra del vice ammiraglio Somerville, subito né avrebbero approfittato per pianificare, come vedremo, nuove operazioni navali di carattere offensivo, includendovi, per la prima volta, l'attraversamento del Canale di Sicilia per mezzo di un convoglio proveniente dal Regno Unito.

Di affrontare la Mediterranean Fleet che disponeva allora di cinque navi da battaglia (*Warspite*, *Valiant*, *Barham*, *Malaya* e *Ramillies*), tutte armate con cannoni da 381 mm, e due navi portaerei (*Illustrious* e *Eagle*), dopo il disastro di Taranto, con la flotta da battaglia dimezzata a tre sole corazzate, delle quali soltanto due al momento efficienti (*Vittorio Veneto* e *Giulio Cesare*), non era neppure pensabile. Invece buone possibilità di sostenere un combattimento ad armi pari si presentava, come detto, nei confronti della Forza H di Gibilterra, che era costituita da un incrociatore da battaglia (*Renown*), una nave portaerei (*Ark Royal*) e due soli incrociatori (*Sherffield* e *Despatch*).

Il 21 novembre 1940 il maresciallo Badoglio preparò per Mussolini un promemoria dall'oggetto "*Obiettivi fondamentali*", in cui faceva le seguenti "*considerazioni e proposte*" nei riguardi dei compiti da far svolgere alla Regia Marina".

"In concorso con le operazioni terrestri in atto, suo compito fondamentale consiste nella protezione del traffico con l'Albania e con l'Africa Settentrionale. Deve garantire inoltre la chiusura del Canale di Sicilia e del Canale d'Otranto; intervenire contro le forze navali avversarie in caso di favorevole occasione, ed in tutte le circostanze che permettano l'impiego dei mezzi d'insidia".

Tuttavia, tenendo in considerazione la menomazione della flotta in seguito all'attacco degli aerosiluranti britannici nel porto di Taranto, e lo spostamento delle corazzate superstiti nelle basi del Tirreno, Badoglio puntualizzò:

"I recenti avvenimenti hanno reso difficile l'assolvimento di tali compiti".

Ne conseguiva, puntualizzò il Capo di Stato Maggiore Generale, che dovendo la Regia Marina assolvere come compito principale la difesa delle rotte di traffico con il fronte dell'Albania, l'attività offensiva vera e propria contro la flotta britannica restava quasi interamente devoluta alla Regia Aeronautica. Quest'ultima, già impegnata duramente a fornire il fondamentale concorso alle operazioni terrestri e a mantenere i collegamenti con l'Impero (Africa Orientale Italiana), doveva anche attaccare il traffico marittimo, le basi aeree e navali, e altri obiettivi nemici "*di particolare importanza strategica*".

Dubitando che tutti questi gravosi incarichi potessero "*per lungo tempo ancora essere supportati dall'Aeronautica*", che si trovava già in difficoltà nel poter "*sopperire alle perdite*", che stavano raggiungendo livelli e logorio di mezzi allarmanti, che la produzione nazionale non riusciva a ripianare, Badoglio invitava Mussolini a fissare "*le linee generali*" per permettere agli Stati Maggiori delle Forze Armate di mantenere in efficienza i loro reparti. Invitava pertanto, il Capo del Governo (che di problemi militari ne capiva ben poco), a richiedere materiali bellici alla Germania, con la quale doveva essere raggiunto uno "*stretto collegamento operativo*", argomento che fino ad allora era stato praticamente ritenuto non necessario in nome dell'imprescindibile "*guerra parallela*".

Saul campo tattico navale, fu ancora una volta Mussolini a sollecitare, i Capi della Regia Marina a cambiare la linea della loro condotta rinunciataria. Anche la Regia Aeronautica, che nelle ultime settimane aveva dimostrato di non essere in grado di assicurare nelle sue stesse acque la tanto importante supremazia aerea, fu invitata dal Duce ad assumere un atteggiamento più aggressivo.

Il 24 novembre 1940, diramando a Supermarina e a Superaereo una lettera dall'oggetto: *"Traffico inglese nel Mediterraneo"* il maresciallo Badoglio comunicò:[119]

"Il traffico tra il Mediterraneo Occidentale ed il Mediterraneo Orientale continua talvolta ininterrotto.
La presenza di numeroso naviglio nel porto di Gibilterra fa presumere prossimi movimenti.
Il DUCE, richiamandosi anche alle sue direttive, di cui al telescritto 2656/Op. del 22 Settembre 1940, ordina che la chiusura del Canale di Sicilia sia garantita".

Quanto poi alle direttive del telescritto 2656, esse specificavano:

"Duce mi informa che è probabile che inglesi tentino inviare Alessandria navi mercantili attraverso Canale di Sicilia. Prendete tutte le disposizioni per una continua vigilanza detto Canale. È evidente che nessuna nave deve passare. Badoglio".

***

Da parte britannica, con la cosiddetta operazione in codice "Collar" (inserita nel più vasto piano dell'operazione "MB.9"), fissata per l'ultima settimana di novembre 1940, fu stabilito che tre piroscafi trasporto truppe, il *Clan Forbes*, il *Clan Fraser* e il *New Zealand Star*, provenienti dal Regno Unito e i primi due destinati a raggiungere Malta e il terzo ad Alessandria, sarebbero transitati per lo Stretto di Gibilterra scortati dalla Forza F (contrammiraglio Lancelot Ernest Holland comandante della 18ª Divisione), costituita dai due incrociatori *Manchester* e *Southampton*, dal cacciatorpediniere *Hotspur* e dalle quattro corvette *Peony*, *Salvia*, *Gloxinia* e *Hyacinth*. Da Gibilterra sarebbe salpata con rotta levante la Forza H, per assumere la copertura del convoglio – Forza F, fino all'entrata occidentale del Canale di Sicilia, nella zona del Banco Skerki, a nord di Biserta, passato il quale in convoglio sarebbe stato atteso a levante della Sicilia dalla Mediterranean Fleet, salpata da Alessandria.

La Forza H, nell'occasione denominata Forza B, comprendeva l'incrociatore da battaglia *Renown* (nave di bandiera del contrammiraglio James Somerville), la portaerei *Ark Royal*, gli incrociatori leggeri *Sheffield* e *Despatch*, e i dieci cacciatorpediniere dell'8ª Squadriglia, *Faulknor* (capitano di vascello Antony Fane de Salis), *Firedrake*, *Forester*, *Fury*, e dell'8ª Squadriglia, *Duncan* (capitano di vascello Arthur Dyke Beauchamp James), *Wishart*, *Vidette*, *Encounter*, *Kelvin* e *Jaguar*. La portaerei *Ark Royal* imbarcava 54 aerei, dei quali: 12 caccia Skuas dell'800° Squadron; 12 caccia

---

[119] ASMAUS, *OP 1*, cartella 11.

Fulmar dell'808° Squadron; e 30 velivoli Swordfish degli Squadron 810°, 818° e 820°, da impiegare come ricognitori, aerosiluranti e bombardieri.

La Forza B aveva il duplice l'incarico di accompagnare e proteggere il convoglio e la Forza F, e poi incontrare verso mezzogiorno del 27 novembre, a sud-est della Sardegna, la Forza D; un gruppo leggero di nove unità della Mediterranean Fleet, comprendente la vecchia corazzata *Ramillies* (capitano di vascello Arthur Duncan Read) e i due grandi incrociatori *Berwick* e *Newcastle*, destinati in Oceano Atlantico perché, con la menomazione della Flotta italiana, non erano ritenuti più necessari ad Alessandria. Una volta avvenuto il ricongiungimento con la Forza D, la Forza B prima di notte avrebbe invertito la rotta per Gibilterra, assieme alla *Ramillies*, *Berwick* e *Newcastle*. Facevano parte della Forza D, l'incrociatore contraereo *Coventry* (capitano di vascello David Gilmour) e i cinque cacciatorpediniere *Defender*, *Gallant*, *Greyhound*, *Hereward*, e *Diamond*, che dovevano rinforzare la scorta del convoglio diretto a Malta e Alessandria, in modo da costituire, per la protezione dei tre piroscafi nell'attraversamento del canale di Sicilia fino al ricongiungimento con la Mediterranean Fleet a ponente di Malta, un complesso di due incrociatori leggeri, un incrociatore contraereo, sei cacciatorpediniere e quattro corvette.

Il mattino del 25 novembre i comandi di Roma, informati dal SIM, il Servizio Informazioni Militare del Comando Supremo, vennero a conoscenza che la Forza H era uscita da Gibilterra diretta a levante. Sfuggì invece il passaggio del convoglio, partito dal Regno Unito e scortato dalla Forza F, che era transitato per lo stretto di Gibilterra, entrando del Mediterraneo con rotta est, durante la notte.[120] La contemporanea presenza di forze navali britanniche della Mediterranean Fleet, in movimento da levante verso Malta, indussero Supermarina a prendere misure precauzionali, sospendendo il traffico con la Libia, inviando quattro sommergibili (*Alagi*, *Aradam*, *Axum*, *Diaspro*) in agguato tra la Sardegna e le coste della Tunisia ed altri tre sommergibili (*Dessie*, *Tembien*, *Mameli*) nelle zone del Canale di Sicilia, dove furono dirette per agguato notturno quattro torpediniere della 10ª Squadriglia (*Vega*, *Calliope*, *Sagittario*, *Sirio*) e dieci Mas della 2ª Flottiglia (*509*, *516*, *517*, *518*, *520*, *526*, *527*, *528*, *530* e *531*). Nel frattempo, la Squadra Navale, a Napoli e a Messina, ricevette l'ordine di assumere lo stato di approntamento in tre ore.

Durante la giornata del 26 novembre, mentre la Mediterranean Fleet continuò ad essere localizzata dai velivoli della ricognizione italiana, nessuna notizia pervenne della Forza H, che si trovava a sud-est delle Isole Baleari, oltre il raggio d'azione degli aerei della Sardegna. Comunque, supponendo che la Forza H avanzasse verso oriente per trasferire, per mezzo della nave portaerei *Ark Royal*, aerei a Malta, come fatto precedentemente, o attaccare obiettivi della Sardegna, Supermarina prese la decisione di ordinare l'uscita da Napoli e da Messina delle unità pesanti della 1ª e della 2ª Squadra, al comando degli ammiragli Inigo Campioni e Angelo Iachino.

La 1ª Squadra, che salpò da Napoli, era costituita dalle corazzate *Vittorio Veneto* (ammiraglio Campioni) e *Giulio Cesare* (ammiraglio Carlo Bergamini) e sette cacciatorpediniere dalla 13ª Flottiglia, *Granatiere* (capitano di vascello Vittorio De

---

[120] Il cacciatorpediniere *Hotspur* doveva recarsi a Malta per riparare nell'arsenale alcuni danni, mentre i due incrociatori *Manchester* e *Southampton* trasportavano ciascuno 700 militari compreso personale della RAF, che dovevano trasportare ad Alessandria.

Pace), *Fuciliere*, *Bersagliere* e *Alpino* e dalla 7ª Flottiglia, *Freccia* (capitano di fregata Amleto Baldo), *Saetta* e *Dardo*.

La 2ª Squadra era salpata da Napoli con gli incrociatori pesanti della 1ª Divisione Navale *Pola* (ammiraglio Iachino), *Fiume* (ammiraglio Pellegrino Matteucci), *Gorizia*, scortata dai cacciatorpediniere dalla 9ª Flottiglia, *Vittorio Alfieri* (capitano di vascello Lorenzo Daretti), *Alfredo Oriani*, *Giosuè Carducci* e *Vincenzo Gioberti*. La 3ª Divisione Navale era salpata da Messina con gli incrociatori pesanti *Trieste* (ammiraglio Luigi Sansonetti), *Trento* e *Bolzano*, scortata dai cacciatorpediniere dalla 12ª Flottiglia, *Lanciere* (capitano di vascello Carmine d'Arienzo), *Ascari*, *Carabiniere*.

L'ammiraglio Campioni, essendo più anziano dell'ammiraglio Iachino, era il Comandante Superiore in mare della Squadra Navale, con un complesso di due corazzate, sei incrociatori pesanti, e quattordici cacciatorpediniere.

La decisione di inviare la Squadra Navale nelle acque a sud della Sardegna deve considerarsi come la logica conseguenza per superare lo stato di frustrazione in cui la Marina italiana era stata cacciata dal disastro di Taranto. Lo stesso ammiraglio Iachino ha affermato che l'uscita delle navi *"era stata decisa da Supermarina soprattutto per ragioni morali, per dimostrare che il nostro spirito combattivo era rimasto intatto"*.[121]

Pur non dubitando che negli ambienti della flotta, e nello stesso Alto Comando Navale, sussistessero dei comprensibili desideri di rivincita, e però necessario dire che l'impulso per l'impiego delle navi in un momento difficile, fu preso da Mussolini. Questo, come ha riferito Giuseppe Bottai nel suo Diario, affermò nel consiglio dei ministri del 30 novembre 1940 di aver personalmente *"dato ordine d'andare incontro alla flotta inglese 'con tutte le barche'* – specificando – *La fortuna non va a cercare a domicilio, Bisogna andarle incontro"*.[122]

Quanto riferisce Bottai non è frutto di fantasia, poiché, come abbiamo potuto constatare, anche gli ordini diramati in precedenza dal Duce, tramite il Comando Supremo, erano improntati al più alto spirito offensivo. Gli ordini erano pertanto di natura particolarmente tassativa, e Supermarina, volendo o no, quando apparve chiaro che il nemico aveva in atto una grossa operazione che poteva minacciare direttamente località del territorio nazionale o comportare il transito di unità navali dal Mediterraneo occidentale a quello orientale, forzando il Canale di Sicilia, non poteva tirarsi indietro.

Dopo aver fatto un apprezzamento della situazione in cui si precisava che la Forza H, qualunque fossero i suoi scopi, poteva trovarsi a mezzanotte del 26 novembre all'altezza di Capo Bougaroni (Algeria), nel diramare alle 10.30 l'ordine operativo alla flotta il sempre prudente ammiraglio Cavagnari mise bene in chiaro all'ammiraglio Campioni: *"Vi impegnerete qualora situazione sia favorevole"*.[123]

Era quest'ultima una eventualità considerata al momento assai remota, perché l'ammiraglio Iachino scrisse testualmente: *"non vi erano molte speranze di incontrare questa volta il nemico in condizioni d'inferiorità"*; ragion per cui è da desumere che

---

[121] Angelo Iachino, *Tramonto di una grande Marina*, cit., p. 235. * Occorre spiegare che a dirigere l'organizzazione di Supermarina era destinato il Sottocapo di Stato Maggiore della Marina, che all'epoca era l'ammiraglio Eduardo Somigli, che però dipendeva pur sempre dall'ammiraglio Cavagnari, che oltre ad essere il Capo di Stato Maggiore era anche Sottosegretario della Marina.
[122] Giuseppe Bottai, *Diario 1935 – 1944*, Milano, p. 235.
[123] Giuseppe Fioravanzo, *Le azioni navali in Mediterraneo*, USMM, cit. p. 264; Angelo Iachino, *Operazione Mezzo Giugno*, Mondadori, Milano, cit., p. 24; Francesco Mattesini, *La battaglia di Capo Teulada*, USMM, Roma, 2000.

l'uscita della flotta fu decisa al solo scopo di convincere Mussolini che la Regia Marina era decisa a fare tutto il possibile per ottemperare alla sua volontà, anche se ciò avrebbe comportato una delle solite uscite a vuoto secondo la politica del *Fleet in being*, fatta propria dall'ammiraglio Cavagnari.[124]

Cavagnari non aveva alcun interesse ad impegnare battaglia, ma al massimo dimostrare al nemico che la presenza in mare della flotta italiana, dopo il disastro di Taranto, significava che essa era ancora temibile per il nemico, costringendolo a non abbassare la guardia e a mantenere in mare nel corso delle operazioni sempre grosse formazioni, da far attaccare dall'Aeronautica e dai sommergibili. Ciò può essere chiaramente desunto dalle istruzioni diramate alle 10.40 del 26 novembre a Superaereo, con il messaggio Supermarina n. 1950, in cui il Capo di Stato Maggiore della Marina sosteneva:[125]

"Informo che nelle ore pomeridiane di oggi nostre forze navali saranno in navigazione nella zona compresa tra il Golfo di Napoli e la costa Sicula settentrionale. Alba domani 27 stesse forze navali composte 2 navi da battaglia – 6 incrociatori et 15 cacciatorpediniere si troveranno nelle acque a Sud della Sardegna dirette a ponente (alt) Nostri sommergibili sono dislocati nelle acque del Canale di Sicilia e fra i meridiani 6° et 11° Est".

Se poi si mettono in contrapposizione tali generiche informazioni (che praticamente non dicevano nulla su un eventuale impiego delle navi) con quanto disposto dagli ordini operativi diramati da Superaereo alle formazioni da bombardamento della Sardegna, appare sempre più evidente che nulla era stato predisposto per affrontare realmente una battaglia navale. Le informazioni diramate al 32° Stormo Bombardieri di base a Decimomannu, indicavano una prevedibile riunione delle forze navali nemiche provenienti occidente e da levante, a sud della Sardegna, e specificavano di fare attenzione alle *"nostre forze navali"*, che incrociavano nella zona, *"mantenendosi però al disopra del 38° parallelo"*.[126] Se non dovevano superare tale margine geografico, era chiaro che le navi italiane non avrebbero potuto agganciare, di propria iniziativa, quelle britanniche, transitanti più a sud presso le coste dell'Algeria, a meno che il nemico informato della presenza della flotta italiana avesse diretto a nord per impegnarla.

Vediamo infatti quali erano le reciproche posizioni riferite al mattino del 27 novembre, ossia nell'imminenza della fase tattica che l'ammiraglio Campioni, Comandante superiore in mare della flotta italiana, cercò di eludere, senza riuscirvi, per l'iniziativa del nemico.

Salpate da Napoli e da Messina, ed effettuato il ricongiungimento a nord della Sicilia alle ore 17.40 del 26 novembre, verso le 08.00 del 27 le unità della 1ª e della 2ª Squadra si trovavano presso le coste meridionali della Sardegna, con rotta di spostamento verso occidente alla velocità di crociera di appena 16 nodi, e quindi alquanto tranquilla, come aveva imposto il generico, e non impegnativo, ordine di operazioni di Supermarina. Nello schieramento italiano i sei incrociatori pesanti della 2ª Squadra, con l'ammiraglio Iachino che si trovava sul *Pola*, precedevano di alcune miglia le due corazzate della 1ª

---

[124] Angelo Iachino, *Tramonto di una grande Marina*, cit., p. 245.
[125] ASMAUS, *OG 6*, cartella 90.
[126] ASMAUS, *Diario Storico del 32° Stormo B.T.*, ordine di operazione n. 19.

Squadra, con l'ammiraglio Campioni sulla *Vittorio Veneto* e l'ammiraglio Carlo Bergamini sulla *Giulio Cesare*

Più a sud-ovest, presso le coste dell'Algeria, la Forza H di Gibilterra, comandata dal vice ammiraglio Somerville, che issava la sua insegna sull'incrociatore da battaglia *Renown* (capitano di vascello Rhoderick Robert McGrigor), navigava verso levante suddivisa in due gruppi, rispettivamente costituiti da un convoglio di tre piroscafi diretti in Grecia con truppe e rifornimenti, scortato a distanza dagli incrociatori della Forza F del contrammiraglio Lancelot Holland, *Manchester* e *Southampton* e da un cacciatorpediniere, e in posizione di scorta ravvicinata da quattro cacciatorpediniere, e da quattro corvette destinate a rinforzare il naviglio antisom a Gibilterra. Vi era poi a nord del convoglio, il posizione difensiva, il gruppo di copertura, denominato Forza B, comprendente l'incrociatore da battaglia *Renown*, la portaerei *Ark Royal*, gli incrociatori *Sheffield* e *Despacht* e nove cacciatorpediniere. Attaccare in queste condizioni per gli italiani sarebbe stato vantaggiosissimo, e avrebbero potuto farlo manovrando alla massima velocità per andare incontro al nemico, prima che un'altra squadra navale britannica, che arrivava da oriente, potesse intervenire.

Infatti, circa 100 miglia più a est della *Renown*, dopo aver attraversato il Canale di Sicilia, avanzava con rotta inversa un gruppo navale staccatosi dalla Mediterranean Fleet, la Forza D costituita, lo ricordiamo, dalla lenta corazzata *Ramillies*, dai due incrociatori *Newcastle*, *Berwick*, dall'incrociatore contraereo *Coventry* e da cinque cacciatorpediniere. Il suo compito era quello di sostituire la Forza H nella scorta indiretta al convoglio per Malta e Suda.

La Forza D era stata segnalata poco dopo la mezzanotte del 26 novembre dalla torpediniera *Sirio* (capitano di corvetta Giuseppe Fontana), che l'attaccò col siluro presso Capo Bon senza conseguire risultati, e Supermarina ritenne che quel gruppo navale si sarebbe trovato all'alba del 27 sul meridiano dell'Isola Galite. Fu subito programmato per l'indomani un vasto servizio di ricognizione aerea, e alle 09.45 un idrovolante Ro.43 dell'incrociatore *Bolzano* segnalò la Forza B a nord-est di Cap de Fer. Tale notizia, ricevuta dagli ammiragli Campioni e Iachino poco dopo le 10.00, fu contemporanea all'avvistamento delle navi italiane, a circa 50 miglia dalla Forza B, da parte di un ricognitore Swordfish decollato dalla portaerei *Ark Royal*.

Il decollo dalla catapulta a prua di un incrociatore pesante (probabilmente il *Pola*) di un idrovolante da ricognizione R.43.

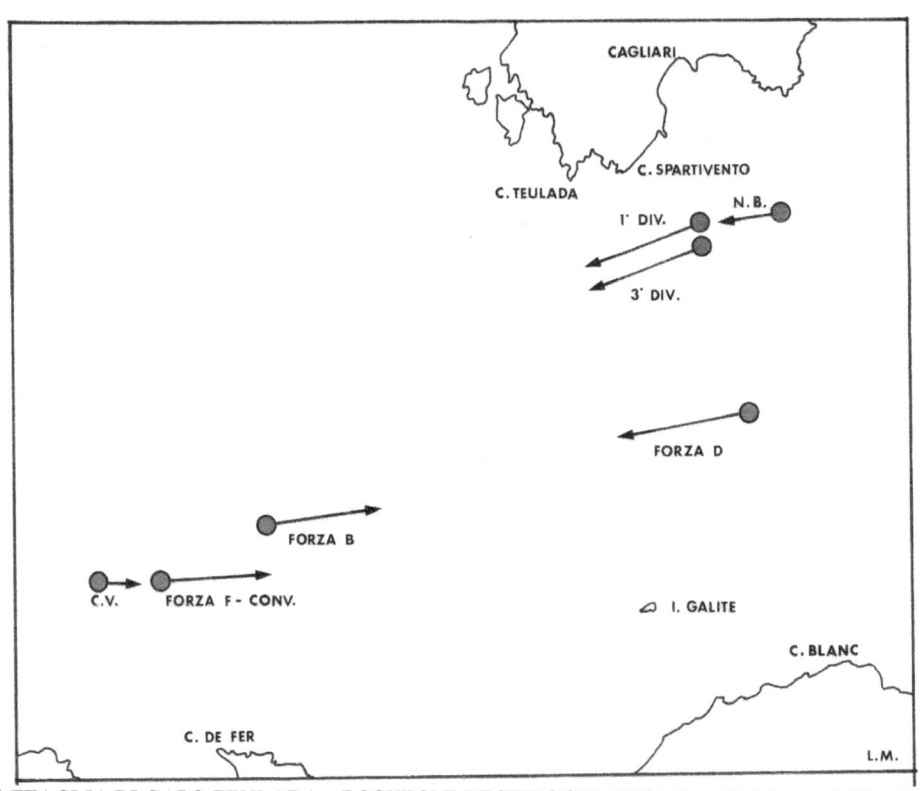

BATTAGLIA DI CAPO TEULADA – POSIZIONI RECIPROCHE DELLE FLOTTE ALLE ORE 08.00 DEL 27 – 11 – 1940. DISEGNO DI LORETTA MATTESINI

Le artiglierie prodiere trinate da 152 mm (6 pollici) e la torretta telemetrica della direzione del tiro scoperta dell'incrociatore *Sheffields* in navigazione con mare grosso.

Il ponte di comando dello *Sheffield* che ha i cannoni delle torre prodiere da 152 mm brandeggiate sui due lati. Le onde che si infrangono all'altezza del ponte mostrano chiaramente che l'unità procede ad altissima velocità.

Resosi conti di essere di forze inferiore al nemico, l'ammiraglio Somerville aumentò la velocità della Forza H per riunirsi al più presto possibile alla Forza D proveniente da oriente, con il quale stabilì il contatto visivo alle 11.28. Subito dopo, distaccato l'incrociatore *Despacht*, di nessuna utilità in un combattimento balistico, in rinforzo alla scorta del convoglio, Somerville riunì agli ordini del contrammiraglio Holland l'incrociatore pesante *Berwick*, e gli efficientissimi incrociatori della classe "Town" *Manchester*, *Newcastle*, *Southampton* e *Sheffield*, e disponendoli in posizione di avanguardia in linea di fronte, li diresse verso la flotta italiana, seguendoli con il grosso costituito dalle unità da battaglia *Renown* e *Ramillies*. Seguiva più indietro la portaerei *Ark Royal*, scortata da due cacciatorpediniere, che si apprestò a far decollare una formazione d'attacco costituita da undici aerosiluranti Swordfish.

Il Comandante della Forza H, al quale i suoi ricognitori segnalarono, erroneamente, che la flotta italiana disponeva di tre navi da battaglia e una dozzina di cacciatorpediniere, come era tradizione nella Royal Navy non si scoraggiò di dover affrontare quello che appariva tanto superiore, e si apprestò ad attuare una tattica altamente aggressiva, per tenere le navi nemiche lontane dal convoglio, ma anche con il desiderio di andare al combattimento. Scrisse nel suo rapporto di missione *"Era chiaro che per raggiungere il mio obiettivo, cioè per fare arrivare con sicurezza e in tempo il convoglio a destinazione, era essenziale attaccare il nemico al più presto possibile"*.[127]

Mentre da parte britannica ci si riprometteva gagliardamente di dare battaglia, negli italiani, seppure anelassero anch'essi ad affrontare il nemico, l'ammiraglio Campioni ebbe inizialmente parecchie indecisioni, seguite dall'ordine di ritirata. Infatti, allorquando alle 10.15 ricevette la segnalazione di avvistamento della Forza D dal ricognitore del *Bolzano*, il Comandante Superiore in mare, constatando che il numero delle unità nemiche coincideva con quello delle navi transitate nella notte nel Canale di Sicilia, segnalate dalla torpediniera *Sirio*, sostenne di essere rimasto alquanto perplesso.[128] Tuttavia tale affermazione, registrata nel rapporto di missione, appare alquanto dubbia, poiché, come ha fatto notare l'ammiraglio Iachino, quelle navi procedevano per levante e la loro posizione *"appariva spostata molto più a ponente di quanto non potesse ragionevolmente essere"*.[129]

Per il Comandante della 2ª Squadra, che aveva i suoi incrociatori disposti all'avanguardia di prora alle corazzate della 1ª Squadra, ritenne che doveva trattarsi della Forza H di Gibilterra, anche se il numero delle navi presenti era inferiore a quello precedentemente segnalato da Supermarina, e tra l'altro mancava la portaerei. L'ammiraglio Iachino sapeva bene che per arrivare al contatto con il nemico sarebbe stato necessario variare la rotta verso sud, e rimase assai sorpreso quando alle 11.00 il suo diretto superiore ordinò a tutta la flotta di invertire la rotta aumentando la velocità a 18 nodi.

---

[127] Actioin Between British and Italian Force of Capo Spartivento on 27 Novembre 1940, *Supplemento alla London Gazette n. 38293*.
[128] Giuseppe Fioravanzo, *Le azioni navali in Mediterraneo*, USMM, cit., p. 271.
[129] Angelo Iachino, *Operazione Mezzo Giugno*, cit., p. 27.

Il comandante degli incrociatori vice ammiraglio Lancelot Ernest Holland, deceduto il 24 maggio 1941 sulla corazzata *Hood* affondata nello Stretto di Danimarca dalla corazzata tedesca *Bismarck*.

La corazzata *Ramillies* che guidando la Forza D della Mediterranean Fleet si ricongiunse alla Forza H, dando a quest'ultima la possibilità di affrontare il combattimento con la flotta italiana in parità di forze.

In questa immagine di navigazione con mare grosso ad alta velocità, i cannoni da 381 prodieri dell'incrociatore da Battaglia *Renown*.

Ha scritto Iachino:[130]

"Non riuscì a capire per quale ragione si prendesse improvvisamente la via del ritorno e si accelerasse per di più l'andatura. Pensai che il Comando Superiore dovesse aver ricevuto da Roma ordini che non mi erano pervenuti ed eseguii senz'altro".

Pochi minuti dopo arrivarono dai ricognitori due segnalazioni che indicavano la presenza del convoglio diretto a levante, fino ad allora ignorato dai Comandi italiani, ed apparve ben chiaro che la Forza H si era riunita con il gruppo navale proveniente dal Canale di Sicilia. Questa constatazione, che impediva ormai alla flotta italiana di impegnare un'eventuale combattimento in condizioni vantaggiose, convinse l'ammiraglio Campioni a non impegnare combattimento; e ne giustificò il motivo scrivendo nella sua relazione, di avere agito *"conformemente allo spirito e alla lettera degli ordini ricevuti"* e in base a quello che ritenne essere *"in quel momento"* il suo *"preciso dovere"*; anche perché dubitava di poter *"mettere a calcolo un'efficace intervento aereo da parte nazionale"*.[131]

Circa quest'ultima affermazione, inesatta e particolarmente ingiusta nei confronti della Regia Aeronautica, occorre dire che la relatività delle forze era ancora vantaggiosa, seppur di poco, per gli italiani, disponendo di due corazzate, sei incrociatori pesanti e quattordici cacciatorpediniere, mentre i britannici potevano contare su due corazzate, una delle quali lentissima, un incrociatore pesante, quattro incrociatori leggeri e nove cacciatorpediniere, a cui si aggiungeva in posizione di retroguardia la portaerei *Ark Royal* che accompagnata da due cacciatorpediniere disponeva di circa venticinque velivoli di tipo offensivo, da impiegare come aerosiluranti.

Inizio della battaglia di Capo Teulada (Capo Spartivento per i britannici). Da sinistra, gli incrociatori *Manchester*, *Southampton* e *Newcastle* sopravanzano le navi da battaglia dirigendo verso le navi italiane. Al centro in lontananza la corazzata *Ramillies* che scadeva nella distanza dal nemico per la sua bassa velocità.

---

[130] *Ibidem*.
[131] Giuseppe Fioravanzo, *Le azioni navali in Mediterraneo*, USMM, cit., p. 276.

Il fatto, come affermò Campioni nella sua relazione, che il rapporto delle forze apparisse sfavorevole, "soprattutto per la presenza della nave portaerei" che "permetteva la contemporaneità dell'azione balistica con attacchi siluranti e bombardieri", appare una giustificazione insostenibile ad un attento esame, poiché la presenza della portaerei Ark Royal era nota fin dalla partenza della flotta italiana da Napoli e Messina; e pertanto, se essa era considerata un fattore di superiorità assoluta per il nemico, da parte italiana sarebbe stato meglio risparmiare nafta, che cominciava a scarseggiare nei depositi per le molte uscite a vuoto, trattenendo le navi in porto. Inoltre tale presunta superiorità britannica era bilanciata dal fatto che la Regia Aeronautica, a cui spettava il compito di cercare di menomare la flotta nemica, poteva disporre sugli inaffondabili aeroporti della Sardegna, ove erano stati approntati per l'impiego tre gruppo da bombardamento, che inviarono trenta S.79 dell'8° e 32° Stormo a bombardare la portaerei Ark Royal (capitano di vascello Cedric Swinton Holland) inquadrandola in modo impressionante con numerose bombe, nessuna delle quali riuscì però a colpire il bersaglio.

Dopo aver impartito alle 12.07 l'ordine di accostare a levante, Campioni ordinò alla 2ª Squadra di aumentare la velocità per raggiungere le corazzate, ed egli stesso portò l'andatura delle sue due navi da battaglia a 25 nodi (che era una velocità di almeno 3 nodi superiore alla britannica *Ramillies*, mentre il *Renown* poteva arrivare alla velocità di 31 nodi) per allontanarsi il più rapidamente possibile dal nemico, dirigendo verso il Tirreno. Ma non né ebbe il tempo perché nel frattempo i cinque incrociatori del contrammiraglio Holland, che con schieramento in linea precedevano le due navi da battaglia britanniche, giunsero in contatto con i sei incrociatori della 2ª Squadra, a cui mancava l'appoggio delle proprie corazzate distanti per nord-est circa 24.000 metri, e che stavano tenendo la linea di fila, con al fianco i loro cacciatorpediniere.

L'apertura del fuoco ebbe inizio da ambo le parti alle 12.20, e la ritirata delle navi dell'ammiraglio Iachino, che subito ricevette da Campioni l'ordine categorico *"non impegnatevi"*, si svolse alla velocità di 30 nodi, con le unità italiane che, coprendosi con cortine di fumo, che sparavano con le torri prodiere dei cannoni da 203 mm, mentre quelle britanniche inseguivano baldanzosamente sparando con le artiglierie prodiere da 152 mm al limite della loro portata, tanto che molte salve risultarono corte.

Battaglia di Capo Teulada, 27 novembre 1940. Gli incrociatori britannici *Newcastle* e il *Southampton*, mentre sparano con le torri da 152 mm, ripresi dall'incrociatore *Sheffield* durante l'inseguimento alla flotta italiana che si ritira verso il Tirreno per evitare il combattimento.

L'incrociatore *Southampton* sotto il tiro degli incrociatori italiani della 2ª Squadra (ammiraglio Angelo Iachino) che ritirandosi e facendo fumo sparano con le torri poppiere da 203 mm.

Una salva di quattro proietti da 203 mm caduta lunga di poppa al *Southampton*, ripresa dallo *Sheffield*.

Sempre ripreso dallo *Sheffield*. Gli incrociatori britannici sparano a grande distanza sulle navi italiane della 2ª Squadra. Si vedono nettamente le colonne d'acqua sollevate dalla caduta dei proietti.

In primo piano, durante il combattimento, il cacciatorpediniere *Defender*, si mantiene sul fianco degli incrociatori britannici.

Ore 12.30 l'apertura del fuoco dell'incrociatore *Fiume* che mentre si ritira a grande velocità spara con i 203 delle due torri di poppa.

L'incrociatore "Trieste", mentre ritirandosi a grande velocità spara sugli incrociatori britannici con i cannoni da 203 mm delle due torri poppiere da 203 mm.

Scena della battaglia. L'incrociatore *Bolzano* in accostata facendo fumo per occultarsi al tiro nemico.

Il principe Umberto di Savoia con a destra l'ammiraglio Luigi Sansonetti, che nella battaglia di Capo Teulada comandava la 3ª Divisione Incrociatori della 2ª Squadra Navale.

Sullo scambio a fuoco, che comportò un notevole consumo di munizionamento, fu colpito da due proietti da 203 il *Berwich* (capitano di vascello Guy Langton Warren), che era l'unico incrociatore pesante britannico, mentre da parte italiana fu colpito e immobilizzato da tre proietti da 152 mm sparati dall'incrociatore *Manchester* (capitano di vascello (capitano di vascello Herbert Annesley Packer) il cacciatorpediniere *Lanciere* (capitano di vascello Carmine D'Arienzo), della scorta agli incrociatori della 3ª Divisione dell'ammiraglio Luigi Sansonetti. Il *Lanciere* riuscì fortunatamente a salvarsi raggiungendo il porto di Cagliari, nonostante fosse stato inizialmente abbandonato dalle unità della 3ª Divisione, che in base all'ordine ricevuto continuò a ritirarsi a velocità elevata per raggiungere le navi da battaglia dell'ammiraglio Campioni.

Nel frattempo anche le unità da battaglia britanniche avevano stretto le distanze. Il *Renown*, lasciandosi indietro la lenta *Ramillies*, alle 12.24 arrivò al tiro, sparando, con i quattro cannoni prodieri da 381 mm, diciotto salve da grande distanza (inizio del tiro 26.500 yard) sulle navi dell'ammiraglio Iachino, apprezzate per incrociatori del tipo "Zara".

Il *Berwick*, l'unico incrociatore pesante britannico che partecipò alla battaglia, venendo colpito da due proiettili da 203 mm degli incrociatori italiani.

L'incrociatore da battaglia *Renown*, la nave di bandiera dell'ammiraglio Somerville, mentre sta per aprire il fuoco sugli incrociatori italiani con due delle sue torri binate.

L'apertura del fuoco del *Renown* con i cannoni delle torri binate A e B da 381 mm.

Gli incrociatori italiani che si stanno disimpegnando facendo fumo ripresi a grande distanza dall'incrociatore *Sheffield*.

Il cacciatorpediniere *Lanciere* in fiamme dopo essere stato colpito da tre granate da 152 mm dell'incrociatore *Southampton*. Sarà rimorchiato a Cagliari dal cacciatorpediniere *Ascari*.

Cacciatorpediniere italiani, in emissione di cortine di nebbia artificiale dai loro nebbiogeni.

L'intervento delle unità da battaglia dell'ammiraglio Somerville convinse Campioni a fare qualcosa di concreto per portare gli incrociatori e i cacciatorpediniere della 2ª Squadra sotto il sostegno delle artiglierie delle proprie corazzate. Queste pertanto ricevettero l'ordine di cambiare rotta per effettuare una grande volta tonda di 360°, cosi da permettere agli incrociatori di Iachino di guadagnare cammino stringendo la distanza. Era la stessa manovra fatta dall'ammiraglio Cunningham a Punta Stilo, per permettere alle due lente corazzate *Malaya* e *Royal Sovereign*, che seguivano a distanza la *Warspite*, di cercare di raggiungerla.

Quando al termine della manovra, coincidente con un fallito attacco da parte di undici aerosiluranti Swordfish dell'810° Squadron dell'*Ark Royal* che lanciarono i siluri contro le due corazzate italiane, le unità della 1ª Squadra ritornarono sulla rotta originale per continuare ad allontanarsi verso il Tirreno. A questo punto la *Vittorio Veneto* (capitano di vascello Giuseppe Sparzani), per la potenza delle sue artiglierie rispetto a quelle della *Giulio Cesare* (capitano di vascello Ernesto Ciurlo), ebbe il modo di aprire il fuoco dalla distanza di circa 29.000 metri, per poi sospenderlo alla distanza di 32.000 metri, dopo aver sparato a tiro lento, con in tre cannoni della torre poppiera, diciannove proietti da 381 mm contro gli incrociatori britannici.

La corazzata *Vittorio Veneto* spara con la torre di poppa da 301 mm.

Il contrammiraglio Holland, vistisi inquadrato dal tiro di una corazzata ordinò ai suoi incrociatori di accostare verso la *Renown*, seguita a distanza dalla *Ramillies*, pensando che gli italiani lo avrebbero inseguito. Ma ciò, come sappiamo, non era negli intendimenti di Campioni, e dal momento che anche Somerville ritenne di aver bene eseguito il suo compito di protezione del convoglio, i due avversari si allontanarono in opposte direzioni, e la battaglia ebbe termine con un indubbio successo tattico e strategico dei britannici, rimasti padroni della zona della battaglia.

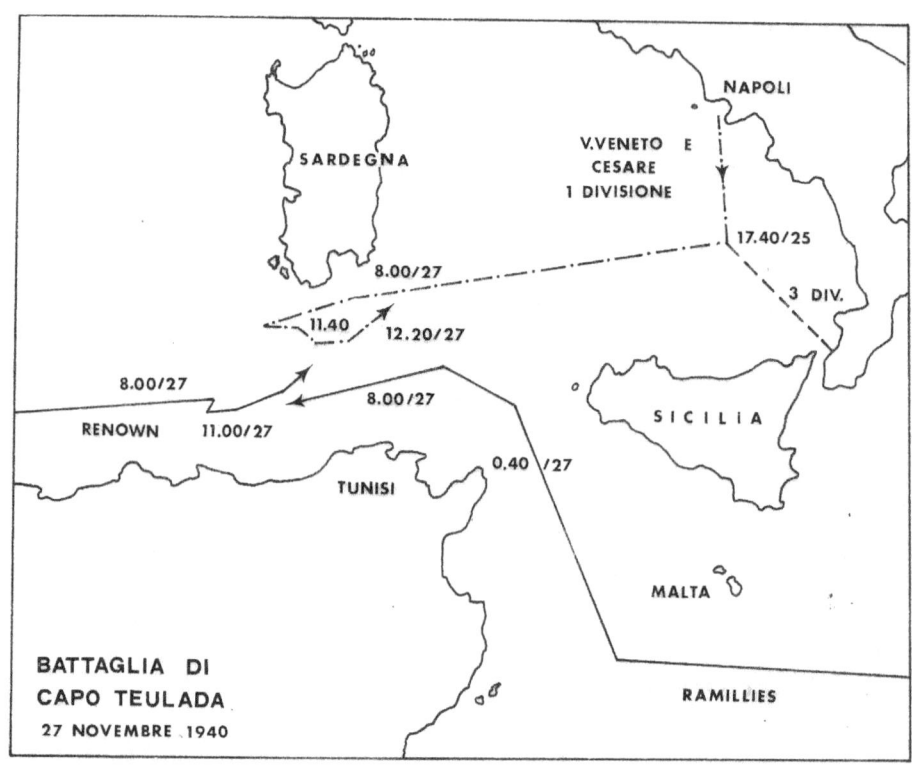

LA ROTTA SEGUITA DALLE SQUADRE BRITANNICHE E ITALIANA
CARTINA DI LORETTA MATTESINI

Navigazione di guerra di una torpediniera italiana. I due cannoni prodieri da 100 m/m sono tenuti pronti a far fuoco alla massima elevazione di 45 gradi.

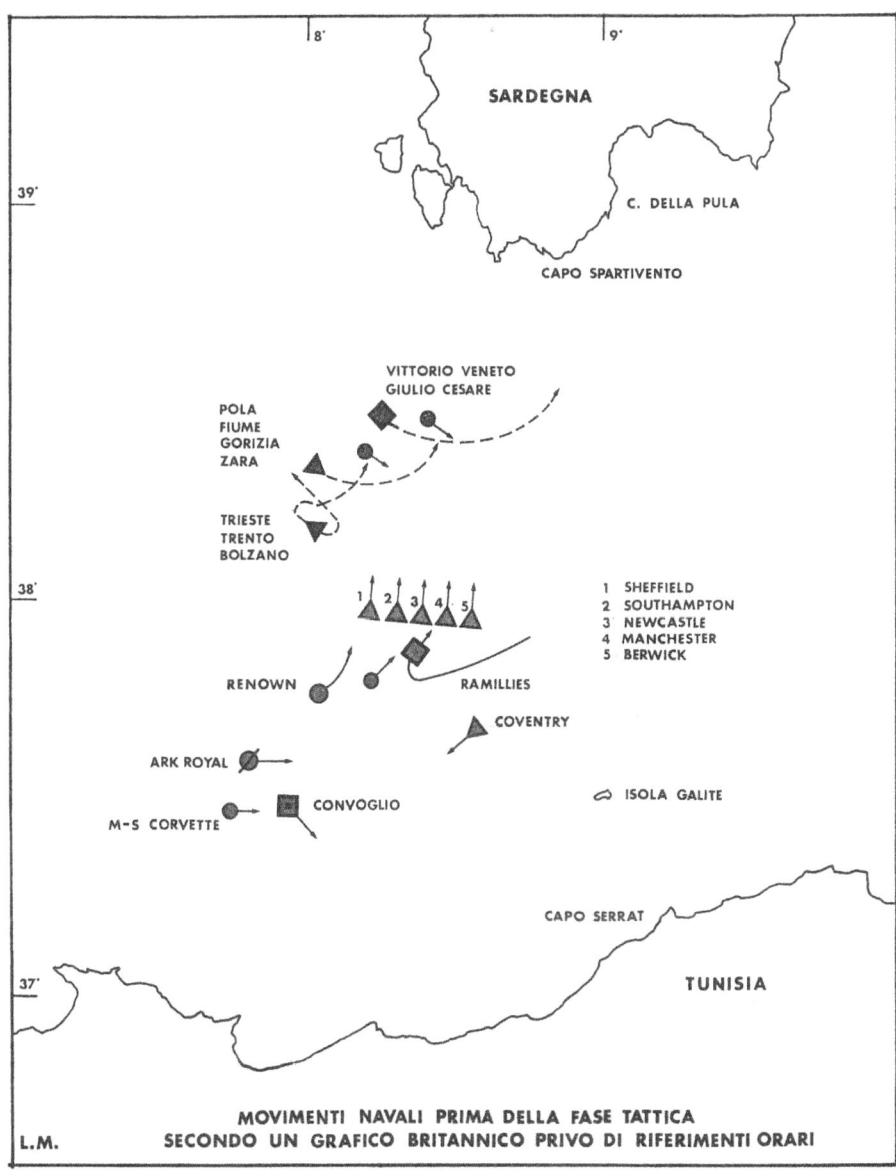

LA BATTAGLIA DI CAPO TEULADA
CARTINA DI LORETTA MATTESINI

Marinai dell'incrociatore *Sheffield* al termine del combattimento raccolgono I bossoli dei proietti da 152 mm sparati nel corso del combattimento.

Mentre le navi italiane si ritirarono verso il Tirreno dalla portaerei *Ark Royal* decollarono due formazioni d'attacco, costituite, la prima, da nove aerosiluranti *Swordfish*, la seconda da sette bombardieri Skua che, a iniziare dalle 15.20 di quel 27 novembre, attaccarono entrambe gli incrociatori dell'ammiraglio Iachino senza riportare alcun successo. Fu invece abbattuto, sulla rotta di rientro degli Skua sull'*Ark Royal*, un ricognitore Ro.43 della corazzata *Vittorio Veneto*.

Era stato previsto di fare intervenire nella battaglia i velivoli da bombardamento dell'Aeronautica della Sardegna, su esplicita richiesta dell'ammiraglio Campioni, ma l'intera mattinata del 27 novembre trascorse senza ricevere l'atteso segnale. Pertanto, quando alle ore 12.00 giunse al Comando aereo di Cagliari la notizia che un velivolo da ricognizione del 93° Gruppo aveva avvistato la flotta britannica a sole 20 miglia di distanza da quella italiana, il Comandante dell'Aeronautica della Sardegna, generale Ottorino Vespignani, dopo essersi consultato telefonicamente con Superaereo, decise di compiere un'azione di bombardamento per menomare le unità nemiche nel momento in cui riteneva prossimo un combattimento navale.

La formazione offensiva, costituita da dieci bombardieri S.79 dell'89° Gruppo (tenente colonnello pilota Antonio Fadda) del 32° Stormo (colonnello Luigi Gallo), scortata da cinque caccia Cr.42 del 3° Gruppo, era appena decollata quando arrivo dall'ammiraglio Campioni una richiesta d'intervento in una posizione che appariva assai prossima a quella in cui doveva trovarsi la Squadra Navale italiana a contatto con la flotta britannica. Ignorando quali fossero le intenzioni del Comando della Squadra Navale, e non essendo stato ancora informato che le navi italiane stavano si stavano rapidamente ritirando per cercare di evitare il combattimento, il generale Vespignani, ritenendo che la richiesta d'intervento potesse anche contenere un errore di trasmissione o di cifratura, preferì non correre rischi. Volendo infatti evitare, con fondati motivi, il ripetersi degli errori verificatisi nella battaglia di Punta Stilo, del 9 luglio 1940, quando le navi italiane, a contatto con quelle britanniche della Mediterranean Fleet, furono scambiate dall'alto per nemiche, decise di inviare, al comando del colonnello Gallo, i restanti venti S.79 dei Gruppi 28° e 38° contro un bersaglio sicuro, in cui la portaerei *Ark Royal* costituisse in indubbio punto di riferimento.

Purtroppo gli attacchi aerei da alta quota (3.900 metri), sviluppatisi quando il contatto balistico tra le due flotte contrapposte era ormai terminato da oltre due ore, non portò a nessun risultato concreto, e questo sebbene l'*Ark Royal* (capitano di vascello Cedric Swinton Holland) fosse stata inquadrata con grande precisione da una trentina di bombe, due delle quali caddero a meno di 10 metri di distanza dallo scafo della portaerei. L'attacco dei caccia Fulmar dell'*Ark Royal* fu sempre tempestivo contro le due ondate di bombardieri, segnalate in avvicinamento dal radar della *Renown*, ma tutti gli S.79, alcuni dei quali danneggiati, rientrarono alla loro base.

Al termine della battaglia si verificò l'intervento dell'Aeronautica della Sardegna. La portaerei *Ark Royal* è inquadrata da una salva di bombe sganciate da una formazione di trimotori S. 79 del 32° Stormo.

Riprese dall'incrociatore *Shelfield* due delle bombe cadute poco a poppa dell'*Ark Royal* che sta sparando contro gli S.79 con i cannoni contraerei da 114 mm.

Altre due immagini dell'*Ark Royal* inquadrata da una salva di bombe.

Il ritardo d'impiego dei bombardieri S.79, dovuto alle necessità di decifrare la richiesta d'intervento, di avviare i velivoli e portarli nella zona d'attacco, fu sfruttato dai delusi storici della Marina nel dopoguerra per sostenere un preteso scarso impegno nel corso della battaglia da parte della Regia Aeronautica. Questa, secondo costoro, non avrebbero neppure sostenuto la flotta con i velivoli da caccia, né svolto un servizio di ricognizione efficiente, dimenticando però che anche le modalità di scorta erano effettuate su esplicita richiesta del Comando Squadra, e che il numero e la direzione degli aerei da inviare in esplorazione era stato deciso da Supermarina, ossia dall'Ente incaricato di stabilire i collegamenti aeronavali.

Invece, come ha scritto l'ammiraglio Fioravanzo nella sua opera ufficiale "*Le azioni navali In Mediterraneo*, Volume IV, "*tutti gli inconvenienti dipesero proprio dal sistema*" errato, con cui erano stati impostati nell'anteguerra i rapporti operativi tra Marina e Aeronautica. Tuttavia Fioravanzo lamentò anche la mancanza di navi portaerei per sostenere la flotta, ma dimenticò di dirci che tale deficienza era da addebitare agli organi decisionali della Marina, che negli anni 1920-1930 non volle costruire tale tipo di navi per dare la precedenza alla realizzazione degli incrociatori pesanti classe "Trento" e alle corazzate tipo "Littorio".

Ritornando al movimento del convoglio dell'operazione "Collar", esso con la scorta della Forza F transitò quasi indisturbato durante la notte sul 28 novembre nel Canale di Sicilia, poiché sebbene tutte e quattro le torpediniere italiane *Sirio*, *Sagittario*, *Vega* e *Calliope* avessero avvistato le navi britanniche, soltanto la *Calliope* (capitano di corvetta Ludovico Puleo), senza essere scoperta, riuscì ad attaccarle lanciando, alle 01.27 del 28 novembre, due siluri contro la corazzata *Ramillies*, che appariva l'unità più grossa, senza però colpire il bersaglio. Nessuna nave britannica si accorse di quell'attacco. Anche i sommergibili *Tembien* (tenente di vascello Guido Gozzi) e *Dessie* (tenente di vascello Adriano Prini) avvistarono le navi del convoglio; il primo lanciò quattro siluri alle 23.24 del 27 novembre, il secondo tre siluri alle 03.02 del 28, ma entrambi senza successo. Anche in queste occasioni il nemico non si accorse degli attacchi dei due sommergibili.

Il convoglio era atteso a ponente di Malta da un'aliquota della Mediterranean Fleet, comprendente le corazzare *Warspite* (ammiraglio Cunningham) e *Valiant* e nove cacciatorpediniere, e al mattino avvenne il ricongiungimento.

Durante la notte la 2ª Squadra Aerea dell'Aeronautica della Sicilia aveva mandato ad attaccare il porto maltese della Valletta due S.79 del 30° Stormo Bombardieri, al comando del tenente colonnello Mario Giuliano, mentre al mattino una formazione di otto caccia Cr.42 del 23° Autonomo Caccia, effettuò una ricognizione, anch'essa sul porto della Valletta, rilevando tre incrociatori all'ancora. La formazione fu però intercettata dal alcuni caccia Hurricane del 261° Squadron della RAF, e nel combattimento con i ben più lenti e meno armati caccia italiani fu abbattuto il Cr.42 del sergente maggiore Arnaldo Sala.

Nel frattempo, con le prime luci del 28 novembre la 2ª Squadra Aerea, che quel giorno aveva efficienti quarantasette bombardieri S.79 degli Stormi 34° 41° e 50° e quattordici bombardieri in picchiata Ju.87 del 97° Gruppo Tuffatori, aveva inviato in volo i ricognitori a sud-ovest di Malta. Sulla base delle segnalazioni di due S.79 del 34° Stormo, che avevano avvistato una formazione di tredici unità, tra cui tre incrociatori, e di altre diciotto segnalate dalla stazione di vedetta situata sull'isola di Linosa, furono mandate in volo due formazioni di bombardieri, che ricercarono il nemico con condizioni atmosferiche assolutamente proibitive, la prima delle quali comprendente sei bombardieri in picchiata Ju.87 al comando del capitano Domenico Sciaudone., scortata da quattordici Cr.42 del 25° Gruppo Caccia e da nove Mc.200 dell'8° Gruppo del 1° Stormo Caccia.

Dopo i caccia Mc.200 erano stati impegnati da alcuni Hurricane del 261° Squadron, in un combattimento senza esiti, gli Ju.87 con la scorta ridotta ai Cr.42 guidati dal loro comandante, tenente colonnello Tito Falconi, arrivarono in vista della formazione nemica che stavano ricercando, e che si trattava di unità della Mediterranean Fleet. Mentre i Cr.42 impegnavano sei caccia Fulmar dell'805° Squadron della portaerei *Illustrious*, gli Ju.87 del 97° Gruppo effettuarono l'attacco in picchiata dirigendo contro una grande nave ritenuta una corazzata che risultava un pò staccata dal resto della formazione navale, e gli equipaggi, vedendo una colonna di fumo levarsi da quella unità, ritennero, erroneamente, di averla colpita con una bomba da 500 chili

La seconda formazione di bombardieri arrivò sull'obiettivo due ere più tardi, alle 14.00, e rinnovarono l'attacco alle unità britanne, in parte già entrate nel porto della Valletta. Era costituita da dieci S.79 del 30° Stormo, comandata dal tenente colonnello Mario Giordano, ed era scortata da dodici Cr.42 del 25° Gruppo Autonomo Caccia, sempre comandati dal tenente colonnello Tito Falcini. Questi ultimi furono attaccati in favore di quota da alcuni caccia Hurricane del 261° Squadron. I bombardieri effettuarono l'attacco da alta quota, e gli equipaggi erroneamente ritennero di aver colpito una grande unità attraccata alla banchina Corradino, perdendo però, per attacco degli Hurricane, l'S.79 del tenente pilota Gaio Del Cerro, abbattuto dal sergente Roberts, mentre un secondo S.79, con pilota il tenente Alfredo Fanzini, colpito al motore riuscì ad effettuare un atterraggio di fortuna sulla spiaggia di Linosa.

Dopo il ricongiungimento del convoglio con il il gruppo "Warspite" a ponente di Malta, l'ammiraglio Cunningham destinò l'incrociatore *Coventry* e i cacciatorpediniere *Gallant* e *Greyhound* ad altri incarichi. I piroscafi *Clan Forbes* e *Clan Fraser* entrarono nel Gran Harbour di Malta, scortati dai cacciatorpediniere *Hotspur* e *Decoy*, che poi restarono a La Valletta per riparazioni in arsenale. Il piroscafo *New Zeland Star* proseguendo la rotta a levante, passando a sud del Banco Medina, raggiunse la Baia di Suda (Creta) scortato dai cacciatorpediniere *Defender* e *Hereward*, e protetto per gran parte della rotta dagli incrociatori della Forza F, *Manchester* e *Southampton*. Nel frattempo anche la Mediterranean Fleet aveva diretto ad oriente, per poi raggiungere la sua base di Alessandria.

Alle 14.30 del 29 novembre 1940 si concludeva anche la navigazione della Forza H del vice ammiraglio Somerville, con l'entrata a Gibilterra dell'incrociatore da battaglia *Renown*, seguito dalla corazzata, *Malaya* dalla portaerei *Ark Royal*, dagli incrociatori *Berwick*, *Sheffield*, *Newcastle*, *Despatch* e dai nove cacciatorpediniere *Faulknor*, *Firedrake*, *Forester*, *Fury*, *Duncan*, *Wishart*, *Encounter*, *Jaguar* e *Kelvin*.

Quanto alle navi italiane, dopo aver percorso il Tirreno con rotte indipendenti, le due Divisioni 1ª e 3ª della 2ª Squadra effettuarono alle 07.40 del 28 novembre il ricongiungimento a nord dell'Isola di Ponza, e giunsero a Napoli tra le ore 14.00 e le ore 15.00 del medesimo giorno, poco dopo l'arrivo delle corazzate della 1ª Squadra.

CAPITOLO XII: LA SOSTITUZIONE DELL'AMMIRAGLIO CAVAGNARI

All'indomani della battaglia di Capo Teulada (battaglia di Capo Spartivento per i britannici), l'ammiraglio Cavagnari, dopo aver letto le prime relazioni sommarie telegrafiche degli ammiragli Campioni e Iachino, inviava al Comando Supremo la lettera n. 9057 S/Sup. In essa faceva presente che l'attività navale del nemico, facente *"ricorso ad un più largo impiego di navi portaerei"*, costringeva a limitare seriamente i movimenti delle forze navali nazionali, e creava numerose interruzioni nel traffico di rifornimento alla Libia e nel trasporto di minerali dalla Tunisia, minacciando di bloccarla *"quasi per intero"*.[132] Evidentemente nella sua valutazione pessimistica, Cavagnari doveva essere ancora sotto shock per il disastro di Taranto, a cui si aggiungeva la discutibile ritirata di Capo Teulada, non condivisa a Roma e negli ambienti della stessa Marina, a terra e sulle navi.

Pere impedire che si verificassero i timori del Capo di Stato Maggiore della Regia Marina, egli era dell'idea che occorresse incrementare il servizio di ricognizione, per tenere sotto costante controllo i movimenti navali del nemico. Cavagnari chiese pertanto che alla Ricognizione Marittima, che aveva già fornito idrovolanti, fossero assegnati altri trentasei Cant.Z.506, nonché altri dodici velivoli di tipo più moderno, veloce e bene armato; un aereo assolutamente inesistente un quel momento in Italia, come fece notare il generale Pricolo, che era stato informato dei desideri del Capo della Marina dal Comando Supremo.

Le giustificazioni di Cavagnari, e in particolare il suo penoso comportamento sull'impiego della flotta in potenza, furono stigmatizzati dallo stesso Capo del Governo, nel Consiglio dei Ministri tenuto il 30 novembre 1940. Mussolini, dopo aver parlato dell'attacco degli aerosiluranti britannici a Taranto, imputò il disastro ad *"una negligenza dell'ammiraglio che comandava il dipartimento"* per aver *"trascurato di far stendere le reti di protezione* [antisiluro] *intorno alla grandi navi"*. Il Duce, riferendosi senza dubbio in primis a Cavagnari, affermò: *"La verità è che le navi, anche quelle maggiori, sono fatte per navigare, e non a stare alla fonda nei porti come pretende qualche ammiraglio"*.[133]

Tuttavia, convincere l'ammiraglio Cavagnari a rinunciare alla statica linea di condotta fino a quel momento eseguita, anche con l'appoggio di Badoglio che ne condivide le responsabilità, era un'impresa difficile. Il suo pensiero, espresso in un promemoria datato 2 dicembre 1940, non lasciava alcun margine ad un atteggiamento più aggressivo, specialmente con mezza squadra da battaglia fuori combattimento.

---

[132] ASMAUS, *OP 1*, cartella 11.
[133] Giuseppe Gorla, *L'Italia nella seconda guerra mondiale*, Milano, 1959.

Napoli, dicembre 1940. Giornalisti della Stampa Estera in Italia a bordo del *Fiume* per smentire danni subiti dall'incrociatore nella battaglia di Capo Teulada, notizia insistentemente riportata dalla stampa britannica. Evidentemente i due colpi presi dal loro incrociatore *Berwick* non erano stati ben digeriti, e occorreva fare pari.

I giornalisti scesi dal *Fiume* dirigono per salire sulla corazzata *Vittorio Veneto*.

I giornalisti a bordo della corazzata *Vittorio Veneto*.

I giornalisti scendono dalla *Vittorio Veneto*.

Di fronte all'offensiva della flotta britannica che "*esercitava il pieno controllo del Mediterraneo soprattutto in quello orientale*", considerando che la protezione dei convogli con la Libia era ridotta al minimo per la necessità di assicurare i trasporti con l'Albania (che allora per l'offensiva dei greci che sembrava incontenibile rappresentava il fronte italiano più minacciato e a Roma tra i responsabili l'aumento della pressione), e che l'attacco a Taranto aveva temporaneamente variato "*in maniera sensibile i rapporti di potenza*" fra la flotta italiana e quella britannica, Cavagnari affermò che in tali condizioni non potevano essere effettuate dalla Marina operazioni di sbarco.

Infatti, riferendosi al fatto che, su ordine di Mussolini, il Comando Supremo aveva fatto riprendere gli studi per l'invasione di Corfù, che Superesercito riteneva di poter attuare con un corpo di spedizione di 34.000 uomini fortemente equipaggiati, Cavagnari sostenne quanto segue:[134]

"*Nelle attuali condizioni non sembrano più realizzabili operazioni di sbarco in grande stile, per le quali siano poi necessari prolungati rifornimenti via mare. E ciò per l'impossibilità nella quale si troverebbe la Marina, anche supponendo il primo sbarco felicemente effettuato, di proteggere l'imponente traffico di uomini e materiali che ne deriverebbe dagli inevitabili attacchi alle nostre linee di comunicazione per opera della Marina britannica ormai basata a brevissima distanza dal Canale d'Otranto*". [a Suda]

---

[134] AUSMM, *Promemoria di Supermarina*, cartella 1940. Ricordo che tutti principali documenti dei tre Stati Maggiori delle Forze Armate, che si trovano nei rispettivi Archivi degli Uffici Storici, sono stati inseriti dall'Autore nella collana *Corrispondenza e Direttive Tecniche Operative di Supermarina* (terminata di stampa al dicembre 1941 per non sua responsabilità), e nella collana (completa) *Le Direttive Tecnico Operative di Superaereo*.

Questa nuova prova di prudenza eccessiva espressa, senza nessuna volontà di un compromesso nei confronti del Comando Supremo e di Mussolini, in un momento in cui era necessario rimboccarsi le maniche per venire in aiuto del Regio Esercito, costretto a combattere in Albania con la pressante minaccia di essere buttato in mare dai greci, fu giustificata dal Capo di Stato Maggiore della Marina in modo semplicistico. Con lettera n. 8873 del 26 novembre egli aveva affermato che oltre alla minaccia del nemico e alle solite difficoltà di carattere logistico, vi era quella di dover utilizzare per un lungo periodo di tempo quasi tutte le navi da trasporto necessarie per il rifornimento dell'Albania.[135]

Trattando del *"trasporto via mare e sbarco di un corpo d'Armata celere"* nella zona di Prevesa, richiesto da Superesercito, l'ammiraglio Somigli, con lettera n. 8994 /S.R.P./Sup. del 27 novembre, rincarò la dose di pessimismo, facendo sapere che, a causa delle esigenze connesse con i fronti dell'Albania e della Libia, si rendevano disponibili appena venti piroscafi, con i quali sarebbe stato necessario svolgere almeno novanta viaggi in un arco di tempo lunghissimo. Ma, soprattutto, specificò il Sottocapo di Stato Maggiore della Marina, l'operazione era sconsigliabile per i seguenti motivi:

"Le nostre forze aero-navali dovrebbero poter assicurare per circa un mese e mezzo l'incolumità dei trasporti e delle zone di sbarco, conquistando e conservando il dominio dello Ionio contro la prevalente flotta britannica.

A meno che eventi particolarmente fortunati non modifichino la relatività attuale delle forze, non si può presumere di conseguire l'obiettivo strategico ora accennato, e quindi cade la premessa marittima necessaria all'esecuzione dell'operazione".

Il pessimistico giustificazione dell'ammiraglio Somigli, che si aggiungeva a quello di Cavagnari, era in quel momento giustificato dalla menomazione della flotta italiana, e dal suo schieramento nel Tirreno, lontano dal fronte albanese, Il nemico occupava la Baia di Suda, ed era quindi in grado di intercettare facilmente i convogli italiani naviganti a sud del Canale d'Otranto e di battere dal cielo e dal mare le zone di sbarco di Prevesa, furono poi dimostrate, come vedremo, dal bombardamento di Valona, effettuato nella notte sul 19 dicembre dalle corazzate *Warspite* e *Valiant*, entrate in Adriatico senza alcun contrasto da parte italiana, che neppure si accorse della presenza di navi nemiche in quella zona.

Davanti agli spauracchi di Cavagnari e Somigli, che avrebbe reso insostenibile il fronte terrestre, il 3 dicembre il Duce, ormai in stato di rottura anche con il maresciallo

---

[135] ASMAUS, Promemoria – Operazioni per l'occupazione di Corfù, *EMS 1*, cartella 20. * Il 5 novembre, con lettera Supermarina n. 19848M dall'oggetto *"Interruzione traffico marittimo con l'Albania*, il Capo di Stato Maggiore dell'Esercito, generale Mario Roatta, sollecitò Supermarina a trovare altri porti di attracco, oltre Durazzo e Valona, per poter far fronte all'esigenza dei trasporti che con sempre maggiore ritmo erano destinati ad approvvigionare le esigenze militari e civili in quella importante regione bellica. Al suggerimento di attrezzare tutti quegli attracchi minori esistenti vicino alla linea del fronte per permettere alle navi di sbarcarvi il materiale e le merci, il Sottocapo di Stato Maggiore della Marina, ammiraglio Somigli, rispose con lettera n. 47318 dell'8 novembre, che non era *"possibile improvvisare attrezzature portuali"*, e che d'altronde *"la preparazione dei porti e delle relative attrezzature"* non era compito che riguardava la Marina, ma era invece di *"competenza del Ministero dei Lavori Pubblici"*. Affermò inoltre che, essendo tutti i mezzi navali disponibili impegnati nell'attività di carico e scarico con i porti di Durazzo e Valona, che avevano il vantaggio di possedere rade relativamente ridossate, la Marina non possedeva di nessuna unità da impiegare per l'eventuale sbarco di materiale in altre località prossime al fronte operativo.

Badoglio, ordinò al generale Alfredo Guzzoni, Sottocapo di Stato Maggiore Generale, di *"soprassedere all'operazione Corfù fino a quando la situazione in Albania non avesse permesso l'impiego dei necessari piroscafi"*.[136]

In quei giorni la sconfitta di Capo Teulada, inizialmente fatta apparire dagli ambienti della Regia Marina come una vittoria ai punti sui britannici, portò a gravi ripercussioni negli ambienti navali. Mussolini, a cui era stato detto che, in definitiva, il combattimento di Capo Teulada si era risolto in modo soddisfacente, tanto che gli equipaggi delle due Squadre navali furono apertamente elogiati da Cavagnari, non ne restò certamente molto contento.

Il fatto che la flotta italiana avesse combattuto mostrando la poppa al nemico, Domenico fu polemizzato acerbamente dalla propaganda britannica, e Mussolini avendo conosciuto da Radio Londra della *"indecorosa fuga"* delle navi italiane, i cui capi erano apertamente indicati come mancanti di idee e più ancora di coraggio, si decise, finalmente, a sostituire gli uomini ai vertici della Marina. Il Capo e il Sottocapo di Stato Maggiore, ammiragli Cavagnari e Eduardo Somigli, che per anni erano stati i *cervelli* organizzatori della prudente e deleteria condotta navale, furono sostituiti nelle loro cariche dagli ammiragli Arturo Riccardi, che lasciava l'incarico di Comandante Difesa del Traffico (Maricotraf), e Inigo Campioni. Quest'ultimo lasciò il Comando della flotta, ora ristrutturata, su disposizione di Supermarina, le cui navi furono riunite sotto un unico Comando Squadra Navale, al comando dell'ammiraglio Angelo Iachino.

Nella lettera di sostituzione inviata a Cavagnari il 7 dicembre 1940, Mussolini affermò: "Credo che Voi condividiate la mia opinione circa l'utilità e la tempestività di un cambio della guardia nell'ambito della Marina".[137]

Cavagnari, tutt'altro che convinto, rispose al Duce con una lettera di circostanza.[138] Invece, entusiasti della sua sostituzione si dimostrarono gli equipaggi della flotta, come risulta evidentemente da una lettera anonima, datata 8 dicembre, scritta a Messina e indirizzata alla Segreteria particolare di Mussolini. In essa era detto testualmente:[139]

"Era molto tempo che non udivo un esplosione di entusiasmo così spontanea come ho udito questa sera dagli equipaggi delle navi da guerra, quando dalla radio è stato comunicato che l'Eccellenza Domenico Cavagnari era stato sostituito. Molti ufficiali hanno dovuto richiamare all'ordine i marinai, ma anche loro erano contenti. Si sono udite di queste voci: Bravo Mussolini! Piombo alla schiera! Da oggi renderemo il 100/100!".

Tuttavia, come diremo, la scelta dei nuovi uomini guida della Marina non si dimostro felice, anche perché forse non vi era di meglio, e i subentrati dimostrarono di avere le stesse rinunciatarie idee strategiche e tattiche dei loro predecessori. Forse erano politicamente più abili.

Constatato che le uscite a vuoto della flotta avevano ridotto le scorte di nafta, i nuovi capo di Supermarina trovarono il modo per giustificare, con un sensibile argomento, la

---

[136] *Ibidem*, lettera 4342/Op. del Comando Supremo.
[137] *Archivio Centrale dello Stato – Segreteria particolare del Duce, carteggio Riservato 1922-1943*, cartella 23 della Pratica 233R "Cavagnari Domenico, Ammiraglio d'Armata".
[138] *Ibidem*.
[139] *Ibidem*.

continuazione di una condotta bellica prudente. Con promemoria dell'11 dicembre di Supermarina (forse già preparato in bozza per Cavagnari), l'ammiraglio Riccardi era informato che a causa dell'attività imposta alle navi per la difesa del traffico marittimo nazionale, "*si stava verificando una crisi di combustibile*". E il promemoria specificava: "*La Marina opera consumando le sue scorte che non sono rilevanti e impongono limitazioni all'impiego delle forze*". E ribadendo il concetto che operazioni lontane dalle coste metropolitane non erano realizzabili, il promemoria sosteneva:[140]

"*a) Non esistono per noi obiettivi strategici per operazioni parziali*

b) il nemico non ha ancora compiuto operazioni di guerra di corsa contro le nostre linee di comunicazione che offrirebbero il destro a operazioni di contrattacco".

Circa le possibilità di poter impegnare la flotta inglese in combattimento "*in condizioni favorevoli*", nel promemoria era scritto:[141]

"*Si impone di essere realistici nella valutazione delle condizioni favorevoli giacché, se un eventuale successo sul grosso nemico avrebbe ripercussioni morali enormi, ma effetti materiali relativamente limitati (data la capacità del nemico di rimpiazzare le unità perdute con altre provenienti da altri settori e per mancanza di effetti sul traffico marittimo), un insuccesso delle forze navali italiane avrebbe le più gravi ripercussioni sulla situazione delle fronti operative terrestri di oltremare, che potrebbero rimanere tagliate fuori dalla Madre Patria, con tutte le conseguenze.*
Ad ogni modo premessa fondamentale per poter impegnare i reparti nemici in condizioni favorevoli è quella di poter conoscere sempre con sicurezza e con continuità, la loro posizione, la loro potenza, i loro movimenti; il ché allo stato attuale delle cose non è attuabile".

Con l'ultima frase Supermarina non faceva altro che convalidare il concetto espresso il 28 novembre da Cavagnari, secondo il quale la flotta per muovere contro il nemico necessitava di un'esplorazione aerea continua ed efficiente, che la Marina al momento non possedeva per mancanza di aerei. Poiché anche la Regia Aeronautica non disponeva in quel momento di aerei moderni per le caratteristiche richieste per la Ricognizione Marittima, il 16 dicembre intervenne sull'argomento il generale Alfredo Guzzoni che, in seguito alle dimissioni di Badoglio, caduto in disgrazia per il disastro di Grecia (che era invece da attribuire alla cocciutaggine e ignoranza del territorio montuoso in cui combattere con forze insufficienti da parte di Ciano e di Mussolini) aveva assunto la direzione del Comando Supremo, in sostituzione del nuovo titolare, generale d'armata Ugo Cavallero, inviato in Albania per risolvere le sorti di quel fronte terrestre.

Il Sottocapo di Stato Maggiore Generale invitò Supermarina e Superaereo ad appianare le loro divergenze e a concordare "*la soluzione del problema della Ricognizione Marittima*", e dal momento che la questione era veramente di difficile soluzione, salomonicamente chiese alle due parti di concordarla con i mezzi disponibili,

---

[140] AUSMM, *Promemoria di Supermartina*, cartella 1940.
[141] *Ibidem*.

tenendo però presente, per la modesta capacità dell'industria aeronautica, che occorreva evitare perdite eccessive e limitare il logorio dei velivoli.[142]

Tornando al promemoria dell'11 dicembre, esso portò ad annullare un progetto di missione offensiva che era stato pianificato da Supermarina con gli ordini di operazione n. 32 e n. 33, diramati il giorno 14 del mese al Comando in Capo della Squadra Navale. Essi comportavano l'effettuazione di un bombardamento navale contro obiettivi della Grecia occidentale, da scegliere tra quelli ubicati sull'Isola di Zante o in quella della zona di Prevesa, da parte degli incrociatori dell'8ª Divisione Navale, *Abruzzi* e *Garibaldi*, appoggiati nel Mare Ionio, per parare una eventuale interferenza della flotta britannica, dal grosso delle Squadra Navale, comprendente le corazzate della 5ª Divisione *Giulio Cesare* e *Andrea Doria* e i soliti incrociatori pesanti della 1ª e della 3ª Divisione.

Il generale Ugo Cavallero, Capo di Stato Maggiore Generale e comandante del fronte greco albanese saluta un ufficiale alpino nell'aeroporto di Tirana.

Nei due ordini di operazione, che a parte gli obiettivi erano simili in ogni dettaglio, anche per quanto riguardava l'appoggio che avrebbe dovuto fornire la Regia Aeronautica delle Puglie e dell'Albania, era ancora una volta specificato: "*Avvistando forze navali nemiche impegnarsi solo se condizioni sono decisamente favorevoli*".[143]

L'ammiraglio Iachino, che nello svolgimento dell'operazione doveva ricoprire personalmente l'incarico di Comandante Superiore in mare, il 18 dicembre chiese a Supermarina spiegazioni sul significato di quella frase; ossia di essere illuminato se la decisione di andare al combattimento era riservata "*al Comandante Superiore in mare,*

---

[142] ASMAUS, lettera del Comando Supremo n. 4717/Op. del 16 dicembre 1940, *OP 1*, cartella 11.
[143] AUSMM, dispaccio di Supermarina n. 10117, con due allegati.

oppure devoluta a Supermarina", *In quest'ultimo caso* – egli specificò – *allo scopo di avere per tempo il necessario orientamento, pregherei specificare quali condizioni possano considerarsi favorevoli nell'attuale consistenza del grosso delle nostre forze navali"*.[144]

Analizzando questa lettera, il nuovo Sottocapo di Stato Maggiore della Regia Marina, ammiraglio Luigi Sansonetti, scrisse sulla lettera scritta da Iachino a matita la seguente frase: *"Mio parere è che deve essere il Comandante Superiore in mare. Supermarina se non vuole l'impegno può sempre fermare. Vedi 8 luglio"*.

L'ammiraglio Sansonetti si riferiva, con quella data, al giorno della vigilia della battaglia di Punta Stilo, quando l'ammiraglio Campioni, che si trovava con la Squadra Navale a nord della Cirenaica, avendo preso l'iniziativa di dirigere contro la Mediterranean Fleet, ricevette da Roma l'ordine di non impegnarsi.

Sulla base dell'annotazione di Sansonetti, il contrammiraglio Carlo Giartosio, Capo Ufficio Piani di Supermarina, compilò una bozza di lettera in cui esponeva ampiamente i concetti in cui il Comandante Superiore in mare avrebbe dovuto attenersi; e quindi di giudicare se la situazione che si stava verificando gli appariva, in base alle informazioni ricevute, più o meno favorevole per *"regolare in conseguenza l'azione tattica"*. Concludeva affermando che Supermarina, oltre a fornire al Comandante della Squadra Navale tutte quelle notizie ricevute sul nemico, che potevano *"agevolare l'apprezzamento della situazione*, sarebbe intervenuta *"con nuove direttive"*, nel caso lo sviluppo della situazione, nei confronti del nemico, fosse risultata *"diversa da quella prevista"*.[145]

Avendo l'ammiraglio Riccardi ordinato di rendere la lettera di risposta di Giartosio a Iachino *"più breve e più esplicita"*, essa fu compilata dall'ammiraglio Giuseppe Fioravanzo in una forma ancora alquanto ambigua, perché evitava di ammettere che, in definitiva, l'autorizzazione di andare al combattimento era devoluta a Supermarina in base ai propri apprezzamenti sulla situazione. La lettera, firmata dallo stesso Capo di Stato Maggiore della Marina, datata 7 gennaio 1941, fissava quanto segue:[146]

"Riferimento al foglio n. 907/S.R.P. del 18 dicembre u.s.
Il giudizio sul fatto che le condizioni siano o non siano favorevoli è riservato al Comandante Superiore in mare, che ne farà l'apprezzamento in base alle notizie inviategli da Supermarina ed a quelle ottenute coi mezzi esploranti messi a sua disposizione, tenendo conto oltre che della relatività delle forze anche degli elementi atti a modificarla (distanza dalle basi, condizioni di luce, di mare, di efficace intervento preventivo delle forze aeree eventualmente verificatesi".

***

Nella guerra al risparmio da parte italiana, la flotta britannica, che in quanto a logoramento delle proprie navi, fortemente impegnare in compiti offensivi e difensivi, si trovava in condizioni ben più difficili di quelle della Regia Marina, continuò a esercitare il controllo del Mediterraneo, non mancando di addestrarsi con esercitazioni ogni qualvolta le sue unità si trovavano in mare, qualunque fosse lo scopo. Nella seconda

---

[144] AUSMM, lettera n. 907/S.R.P. del 7 gennaio 1940.
[145] *Ibidem*.
[146] AUSMM, lettera n. 324/S.R.P./Sup.

quindicina di dicembre, collaborando attivamente a sostegno delle operazioni terrestri dell'esercito del generale Archibald Wavell, Comandante in Capo del Medio Oriente, che era passato all'offensiva a Sidi el Barrani e avanzava in Cirenaica, la Mediterranean Fleet stazionò a lungo nello Ionio e a sud di Malta, svolgendo i più svariati compiti.

Salpata da Alessandria il 16 dicembre, la flotta, che disponeva delle corazzate *Warspite* e *Valiant*, la portaerei *Illustrious*, gli incrociatori *Orion*, *Ajax*, *Gloucester*, *Sydney*, *York* e undici cacciatorpediniere, con le operazioni "MG.2" e "Hide", scortò a distanza convogli diretti a Suda, al Pireo e a Malta, e ne inviò uno a Gibilterra che era accompagnato dalla corazzata *Malaya*, inviata a rinforzare la Forza H rimasta a disporre del solo incrociatore da battaglia *Renown*.

La notte sul 19 dicembre, le corazzate *Warspite* e *Valiant*, scortate da soltanto quattro cacciatorpediniere (*Hyperion*, *Ilex*, *Hero*, *Hereward*), entrarono addirittura nel Canale d'Otranto, che doveva essere invalicabile, e bombardarono il porto di Valona, ove affluivano i rifornimenti inviati in Albania. Ossia proprio l'obiettivo che Supermarina si riproponeva di difendere ad oltranza, con i greci in avanzata che si trovavano a soli 50 chilometri da Valona. La stessa notte un gruppo navale leggero con gli incrociatori della 7ª Divisione *Orion*, *Ajax*, *Sydney*, e i cacciatorpediniere *Jervis*, *Juno* e *Mohawk*, andò ad operare ancora più avanti nel tratto di mare tra Bari, Brindisi e Valona. Lo scopo era quello di rintracciare con operazione a rastrello un qualche convoglio italiano in transito, ma senza riuscirvi non essendovene alcuno in mare. Infine, il 21 dicembre aerosiluranti Swordfish della portaerei *Illustrious* affondarono a levante delle isole Kerkennah (Tunisia) i piroscafi *Neuceta* e *Norge*, di un convoglio di tre navi partito da Palermo e diretto a Tripoli scortato dalla sola torpediniera *Vega*, e senza scorta aerea. La stessa *Illustrious* l'indomani bombardò con i suoi velivoli Swordfish il porto di Tripoli, mentre precedentemente aveva bombardato Rodi.

Questa vasta manovra nel Mediterraneo centrale e Adriatico, condotta rispetto ad altre precedenti operazioni con forze limitate, entrando in acque nemiche senza badare ai rischi da correre, da un'idea della determinazione e del fegato che animava gli ammiragli e gli ufficiali della Flotta del Mediterraneo, per i quali si doveva sempre osare, con la timorosa condotta, spesso ingiustificabile, dei loro colleghi italiani.

Capitolo XIII: LA FINE DELLA GUERRA PARALLELA

La *"Tattica offensiva inglese"* è stata commentata dall'ammiraglio Eberhard Weichold, ufficiale addetto dell'Alto Comando della Marina tedesca presso Supermarina, e poi dal novembre 1941 Comandante della Marina tedesca in Italia, con le seguenti condivisibili parole:[147]

"In contrasto con l'atteggiamento difensivo ad oltranza del Comando italiano, il desiderio di agire dell'Inghilterra si palesò tanto nel campo strategico che in quello tattico. Malgrado i gravi pericoli per la madre patria, rappresentati dalla minaccia dell'invasione tedesca, che imponevano una concentrazione di mezzi a Nord, i capi inglesi ebbero il coraggio di assegnare al Mediterraneo forze numerose per potersi dedicare ad operazioni offensive. Senza dubbio ciò era dovuto all'abitudine inglese di considerare le cose da un punto di vista marittimo. L'Inghilterra capì che in quella fase del conflitto il Mediterraneo sarebbe divenuto un fattore decisivo, ed agì di conseguenza. L'attività strategica degli ammiragli britannici fu pari alla loro attività tattica. Ma soprattutto deve essere sottolineata l'eccellente collaborazione fra le tre forze armate. I grandi successi che ne derivarono salvarono l'Impero britannico e dimostrarono al mondo che la potenza inglese era integra".

Weichold aveva compreso che la Germania non poteva rimanere più a lungo spettatrice della lotta che aveva per fine *"il dominio del Mediterraneo centrale"*, ove la flotta italiana aveva lasciato, per proprio demerito ma anche per merito britannico, la piena iniziativa all'avversario. L'ammiraglio tedesco inviò un allarmante rapporto alla Direzione della Guerra Marittima dell'Alto Comando della Marina Germanica (Seekriegsleitung – SKL), in cui sostenne:[148]

"Se la Marina italiana permette che gli inglesi agiscano senza contrasto nel Mediterraneo centrale e nello Ionio, allora, per la natura stessa del teatro di operazione mediterraneo, la perdita dell'Albania e della Libia, con i relativi vantaggi militari, politici e psicologici, è non solo da temere, ma anche certa".

Inoltre, agli effetti della situazione mediterranea verranno fortemente risentiti nella lotta principale della Germania contro le isole britanniche. Così l'esito della guerra in Mediterraneo diviene motivo di preoccupazione non solo per gli italiani, ma anche, e molto, per l'Alto Comando Tedesco. Ogni colpo vibrato all'Italia ricade in definitiva sulla Germania, che è quella che porta il peso della guerra. Ne consegue che è essenziale che la Germania provveda che il sempre declinante sforzo di guerra in Mediterraneo venga intensificato o quanto meno mantenuto.

Lo stato di disagio in cui si dibattevano gli italiani finì per allarmare seriamente i comandi tedeschi a Berlino, che ritennero urgente richiedere spiegazioni al maresciallo Badoglio. Questi, il 15-16 novembre 1940 si incontrò ad Innsbruck con il Comandante della Wehrmacht, feldmaresciallo Wilhelm Keitel, per discutere di tutta la sfavorevole

---

[147] AUSMM, *La guerra in Mediterraneo*, cit., collezione V.
[148] *Ibidem*.

situazione venuta a crearsi nel Mediterraneo e sul fronte dell'Epiro ma, per ordine di Mussolini, che orgogliosamente non voleva apparire umiliato, il Capo di Stato Maggiore Generale delle Forze Armate italiane non chiese nessun aiuto.

Successivamente, il 20 novembre, Hitler prese l'iniziativa di offrire il suo appoggio armato a Mussolini, sotto forma di reparti aerei. In seguito a ciò il 6 dicembre furono concordati a Roma, tra il feldmaresciallo Erhard Milch, Sottosegretario della Luftwaffe, e il generale Pricolo, riunitisi con le loro delegazioni per discutere le modalità per far affluire in Sicilia 250 aerei del X Corpo Aereo Tedesco (il X Fliegerkorps) del generale Hans Geisler, una grande unità aerea specializzata nella guerra sul mare. I suoi compiti operativi, fissati da Pricolo con direttiva del 27 dicembre, dovevano svolgersi contro Malta, da cui partivano le incursioni della RAF contro i porti italiani, per neutralizzarla, e per scacciare dal Mediterraneo la flotta britannica, la cui attività sembrava allora incontenibile.[149]

Ma il peggio doveva ancora avvenire.

La sostituzione ai vertici della Marina, che seguiva a pochi giorni di distanza quella del maresciallo Badoglio per contrasti con Mussolini seguiti allo sfavorevole inizio della campagna di Grecia, precedette di pochi giorni un nuovo disastro in cui incorsero le Forze Armate del Regno, questa volta in Egitto. L'eventuale conquista del Canale di Suez, che avrebbe consentito agli italiani di colpire nel punto più sensibile l'Impero Britannico, era stata pianificata fin dal mese di luglio, ma l'operazione, condotta inizialmente tra indecisioni e molteplici polemiche, artefici principali Mussolini e i marescialli Badoglio e Rodolfo Graziani, si era arenata nella seconda metà di settembre a Sidi el Barrani, poco oltre il confine della Libia, in attesa delle condizioni favorevoli per un ulteriore balzo in avanti, tendente all'occupazione di Alessandria.

Ciò aveva comportato di incrementare notevolmente i trasporti marittimi, ed era stata creata un'organizzazione più adeguata per favorire lo sbarco dei rifornimenti, nei porti di Tripoli e di Bengasi, che erano alle dipendenze dall'intendenza dell'Esercito.

---

[149] Per gli accordi e i documenti trattati nelle discussioni tra gli ufficiali tedeschi e italiani, e per le operazioni che ne seguiva, vedi Francesco Mattesini, *L'attività aerea italo - tedesca nel Mediterraneo. Il contributo del "X Fliegerkorps"*, SMAUS, Roma, 1995, 2ª edizione 2003 (riveduta e considerevolmente ampliata); Francesco Mattesini, *Le direttive tecnico-operative di Superaereo"*, (Aprile 1940 – Dicembre 1941), volume I, tomo 2°, SMAUS, Roma, 1992.

Un aereo da bombardamento Junker Ju.88 del X Fliegerkorps nell'aeroporto di Catania nel gennaio 1941.

Velivolo Ju.87 del II./St.G.2 uno dei due gruppi di bombardieri in picchiata del X Fliegerkorps.

Sopra, aeroporto di Catania nel gennaio 1941. Un velivolo da bombardamento He.111 del II./KG.26 e una delle micidiali bombe antinave da 1800 chili *"Satan"*. Sotto, un bombardiere in picchiata tedesco Ju.87. Sul carrello trasportatore una bomba da 500 chili.

Il balzo in avanti verso Alessandria, inizialmente limitato fino a Marsa Matruh, era sollecitato anche dai tedeschi che avevano offerto l'impiego della loro 3ª Divisione Corazzata, il cui trasporto in Libia era stato discusso con gli ufficiali della Regia Marina; ma l'offerta della divisione corazzata germanica venne rifiutata da Mussolini su parere di Badoglio, anche in considerazione del fatto che sarebbero occorsi alcuni mesi per farla arrivare a destinazione. Fu invece deciso di accettare l'appoggio di reparti di bombardieri in picchiata e di velivoli minatori della Luftwaffe, per battere la base navale di Alessandria e insidiare il Canale di Suez, una volta che gli italiani fossero arrivati a Marsa Matruh.

Ciò non si verificò, poiché il 10 dicembre 1940 il 13° Corpo d'Armata britannico del generale Richard O'Connor, che inizialmente era equipaggiato con circa 31.000 uomini, 275 carri armati, 60 autoblindo e 120 cannoni, travolse i 70.000 uomini di prima linea del maresciallo Graziani, insufficientemente armati e quasi privi di mezzi di trasporto, costringendoli ad una rovinosa ritirata verso le piazzeforti di Bardia e di Tobruk, che poi furono rispettivamente occupate nel gennaio 1941.

All'indomani dell'inizio di questo disastro, che entro i primi di febbraio 1941 avrebbe portato nelle mani dei britannici ben 130.000 prigionieri e ingenti quantità di materiale bellico, in particolare carri armati e cannoni catturati intatti, il nuovo Sottosegretario di Stato e Capo di Stato Maggiore della Regia Marina dovette affrontare la realtà della situazione esistente nel Mediterraneo, consultando un promemoria preparato da Supermarina. In esso si esprimevano giudizi particolarmente pessimistici sulle possibilità di poter operare con le unità della Squadra Navale lontano dalle coste metropolitane o tentare di impegnare in un combattimento la flotta inglese *"in condizioni favorevoli"*; anche perché un eventuale *"insuccesso delle Forze Navali italiane"* avrebbe comportato *"le più gravi ripercussioni delle fronti operative terrestri di oltremare"*, che correvano il rischio di essere tagliate fuori dalla Madre Patria.

D'altra parte, considerando che da parte italiana non esistevano *"obiettivi strategici per operazioni parziali"*, e che da un eventuale successo sulla flotta britannica, che avrebbe avuto *"ripercussioni morali enormi"*, non sarebbero derivati effetti materiali altrettanto confortanti, per la possibilità che aveva il nemico di rimpiazzare le perdite, Supermarina suggeriva di attenersi ancora una volta ad un comportamento di grande prudenza. Ne conseguì, tra l'altro, come abbiamo detto, l'annullamento di un progetto di missione offensiva concernente il bombardamento terrestre di obiettivi della costa greca-occidentale , e il tutto si ridusse a qualche modesto bombardamento con incrociatori e cacciatorpediniere su obietti relativamente sicuri poco oltre la linea del fronte terrestre dell'Albania.

Parallelamente alla decisione di Hitler di aiutare l'Italia con forze aeree, le cui direttive furono fissate dallo stesso Führer il 10 dicembre, alla fine di novembre anche il Comando della Kriegsmarine, che aveva esposto con promemoria la propria preoccupazione per la sfavorevole situazione strategica verificatasi in Mediterraneo, ritenne fosse arrivato il momento di intavolare discussioni con la Regia Marina che portassero ad una maggiore collaborazione in comune. Fu pertanto richiesto un incontro chiarificatore all'ammiraglio Cavagnari, il quale accondiscese il 4 dicembre, concordando con il grande ammiraglio Erich Raeder, Comandante in Capo della Marina germanica, quale località dei colloqui Merano.

Furono preparati dei promemoria indicativi che dovevano servire di base per le discussioni e per le richieste della Marina italiana, concernenti scambi di valutazioni sulla situazione bellica e sui piani operativi, e il coordinamento delle operazioni in Atlantico e in Mediterraneo. Ma l'incontro fu poi rimandato ad altra occasione, a causa dell'avvicendamento ai vertici della Marina, che consigliò il grande ammiraglio Raeder a dare all'ammiraglio Riccardi il tempo necessario per impadronirsi dei suoi compiti di Sottosegretario di Stato e di Capo di Stato Maggiore della Regia Marina. Il convegno si svolse poi a Merano il 13 e 14 febbraio 1941.

Gli ufficiali superiori italiani, a sinistra, e tedeschi, a destra, partecipanti al convegno di Merano, il 13 e 14 febbraio 1941. Il quarto da sinistra e l'ammiraglio Arturo Riccardi, Sottosegretario e Capo di Stato Maggiore della Regia Marina, e davanti a lui è il Grande Ammiraglio Erich Raeder, Capo della Kriegsmarine. A destra di Riccardi è l'ammiraglio Raffaele de Courten, a sinistra gli ammiragli Emilio Brenta e Carlo Giartosio.

Il 27 dicembre, in un rapporto a Hitler, il grande ammiraglio Raeder, affermò che nel Mediterraneo gli inglesi erano ovunque all'offensiva, e che stavano acquistando posizioni di grande importanza strategica, guadagnando inoltre notevole prestigio. Il Führer rispose che occorreva fare qualcosa di concreto per aiutare gli italiani, inviando rinforzi di truppe tedesche a Tripoli e occupando Gibilterra per estromettere la flotta britannica dal Mediterraneo. Quest'ultima operazione, denominata "Felix", non si concretò per l'opposizione della Spagna che, sebbene schierata politicamente dalla parte dell'Asse, risentiva ancora delle conseguenze della recente guerra civile, e nonostante l'aiuto generoso ricevuto in quell'occasione dalla Germania e dall'Italia, non intendeva correre altre avventure di natura incerta.

Lo stavano a dimostrare le cocenti sconfitte subite dalle Forze Armate di Benito Mussolini, il cui Comandante in Capo (molti lo dimenticano o non lo sanno) era però il Re Vittorio Emanuele III. Il Sovrano condivideva, tenendosi in disparte, tutte le responsabilità del Duce, a cui era stato attribuito all'inizio della guerra, con decreto temporaneo, la carica di Comandante delle Forze Armate Operanti, mentre invece Mussolini aveva chiesto, inutilmente, di essere lui il dittatoriale Comandante Supremo delle Forze Armate.

Nello stesso tempo, Hitler accolse le richieste di aiuto di Mussolini per sostenere il fronte dell'Albania, ove gli italiani combattevano con la forza della disperazione per non essere travolti dai greci che minacciavano di conquistare il porto di Valona, tanto che, come ha scritto Ciano nel suo Diario, il Duce temeva di dover chiede un armistizio alla piccola Grecia tramite Hitler (c'è da morire di vergogna).

Anche il concorso di truppe tedesche in Nord Africa, fu concordato a Berlino ai primi di gennaio tra il generale Guzzoni e il feldmaresciallo Keitel, presente Hitler. In seguito a ciò fu stabilito che ad iniziare dall'inizio di febbraio 1941 sarebbe stata fatta affluire via mare a Tripoli la 5ª Divisione Leggera, che costituiva la prima unità dell'Afrika Korps del generale Erwin Rommel. Nello stesso tempo, accogliendo le richieste di aiuto di Mussolini per sostenere il fronte dell'Albania, i tedeschi mandarono in Puglia, a Foggia cinquantatré velivoli da trasporto Ju.52 del Gruppo III.KG.z.b.V.1 (tenente colonnello Rudolf Starke), per trasportare oltremare le truppe italiane, che complessivamente ammontarono a 30.000 militari, nonché armi e rifornimenti.

Quindi i tedeschi cominciarono a far affluire truppe e unità aeree in Bulgaria, in previsione di un'offensiva contro la Grecia, prevista per la primavera del 1941; ciò significava per essi un'estensione di fronte che a Berlino, avendo l'obiettivo della Russia (operazione "Barbarossa") non avevano pianificato, né desiderato, ma che poi erano stati costretti ad affrontare, per non permettere all'Italia di crollare sotto il colpi del nemico.

Mentre gli italiani continuarono a difendersi sui contrafforti dell'Epiro dai continui attacchi dell'Esercito della piccola Grecia, Benito Mussolini, il responsabile di quello stato di massima crisi, premendo sul Comando Supremo, sollecitò l'attuazione di un piano che rendesse sicure le linee di rifornimento con Valona che, come abbiamo detto, era stata bombardata dal mare dalle corazzate *Warspite* e *Valiant* nella notte fra il 18 e il 19 dicembre.

Soldati italiani sbarcano da aerei da trasporto tedeschi Ju.52 del III./KG.z.b.V.1 in un campo di aviazione dell'Albania nel gennaio 1941. Ad iniziare dal 9 novembre in cinquanta giorni il Gruppo trasportò in 4.028 missioni un totale di 30.000 uomini, 4.700 tonnellate di armi e rifornimenti, ed evacuo dall'Albania 8.346 feriti.

Il 27 del mese, il generale Guzzoni, dopo una riunione tenuta al Ministero della Guerra, presenti i capi delle Forze Armate, diramava una direttiva agli Stati Maggiori; con essa si chiedeva alla Regia Marina di occuparsi, in ordine di precedenza su ogni altra esigenza operativa, della difesa dell'Albania, da realizzare in stretta collaborazione con l'Aeronautica. Occorreva sorvegliare il Canale d'Otranto con crociere di vigilanza espletate da divisioni di incrociatori (7ª e 8ª), con l'incremento degli sbarramenti minati e dei sommergibili in mare, e rafforzare l'attività della ricognizione marittima. Lo stesso giorno, in seguito a comunicazione fatta pervenire al Comando Supremo da Supermarina, il generale Guzzoni inviava al generale Cavallero, e per conoscenza ai tre Stati Maggiori delle Forze Armate (Superesercito, Supermarina e Superaereo), la suddetta direttiva dall'oggetto "*Azione aero-navale nel basso Mediterraneo*", in cui era riportato:[150]

"*La possibilità della R. Marina in relazione alla attuale situazione sono state personalmente esaminate dal Duce il quale ha stabilito il seguente ordine di precedenza, per quanto riguarda gli obiettivi che alla R. Marina debbono essere assegnati:*
a) Adriatico (operazioni in Albania);
b) Canale di Sicilia (apprestamenti in Tripolitania);
c) Cirenaica;
d) Egeo".

---

[150] ASMAUS, Lettera n. 5003/Op., fondo *OP 1*, cartella 11.

In particolare per il settore Albania era stabilito di aumentare da tre a cinque il numero dei sommergibili destinati a compiti di vigilanza e offensivi a sud del Canale d'Otranto; lo stazionamento di incrociatori a Brindisi, pronti a muovere o in crociera; nuovi sbarramenti di torpedini; l'intensificazione della ricognizione aerea.

Alla Regia Aeronautica era contemporaneamente richiesto di dislocare una squadriglia di picchiatelli [bombardieri in picchiata Ju.87] a Devoli, pronta per intervenire contro unità nemiche che si fossero avvicinate al Canale d'Otranto, assieme ad una squadriglia di aerosiluranti concentrata a Grottaglie.

Il documento si concludeva affermando:

"Il più stretto collegamento e l'intima collaborazione fra Marina e Aeronautica, assicurerà la migliore riuscita della nostra azione intesa ad ostacolare quella della flotta nemica nel basso Adriatico".

Questi compiti però non contemplavano l'impiego del grosso della flotta, le cui tre corazzate efficienti. (*Vittorio Veneto*, *Cesare* e *Duilio*) si trovavano dislocate nei porti del Tirreno, Napoli in particolare, al duplice scopo di tenersi lontane dall'offesa aeronavale nemica, e per fronteggiare eventualmente la Forza H, come fatto a Capo Teulada, ma in condizioni che risultassero più vantaggiose.

Tuttavia, sull'argomento di un intervento navale, la politica di Supermarina, anche se erano cambiati i Capi, era ancora molto incerta. Nessun accenno veniva fatto all'impiego delle tre corazzate efficienti della Squadra Navale, il cui eventuale impiego offensivo era da considerare rischioso e nel contempo scarsamente efficace.

La Marina si trovava in effetti in una situazione molto delicata, dal momento che le era ormai impossibile esercitare la difesa del dispositivo del Canale di Sicilia, perché gran parte delle siluranti erano state assegnate alla difesa del traffico. Nel contempo era venuta a mancare perfino la possibilità di controllare ed attaccare dal cielo i movimenti delle navi nemiche, per la grave diminuzione della Ricognizione marittima, determinata dalle forti perdite subite (in particolare causate dai caccia Fulmar delle portaerei nemiche) e per il fatto che gran parte dei reparti da bombardamento della Regia Aeronautica erano stati sottratti all'appoggio delle operazioni navali, per essere assegnati ai fronti terrestri che apparivano sempre più pericolanti.

Il Sottocapo di Stato Maggiore Generale dovette anche affrontare la spinosa questione della insufficiente collaborazione aero-navale, nuovamente emersa dopo la battaglia di Capo Teulada, e nella quale Marina e Aeronautica, ciascuna difendendo il proprio operato, si scambiarono accuse di colpe e responsabilità.

In un promemoria del 30 dicembre 1940 di Supermarina, dall'oggetto *"Apprezzamento della situazione"*, l'ammiraglio Riccardi sosteneva:[151]

"Dopo l'azione aerosiluranti del 12 novembre, gli inglesi hanno potuto assicurarsi senza difficoltà la prevalenza delle forze in entrambi i bacini del Mediterraneo, così che è venuto meno uno dei postulati strategici su cui poteva fondarsi la nostra condotta delle operazioni: affrontando cioè con superiorità di forze l'una o l'altra delle due frazioni della Mediterranean Fleet.

---

[151] AUSMM, *Promemoria di Supermarina 1940*; Giuseppe Fioravanzo, *Le azioni navali in* Mediterraneo, USMM, cit., p. 51.

D'altra parte la grande diminuzione di efficienza dell'aviazione marittima, combinata con la brevità delle giornate, ha molto ridotto la nostra possibilità di controllare i movimenti del nemico; l'assorbimento di tutte le siluranti, non assegnate alle Squadre, per la protezione diretta dei traffici ha reso inattuabile il dispositivo studiato per il Canale di Sicilia; l'assegnazione alle fronti terrestri di tutti gli apparecchi dell'Armata aerea [Armera] ha praticamente annullata ogni possibilità di concorso dell'Aeronautica alle operazioni navali.

Si è così determinata una situazione in cui il nemico ha la più incontrastata libertà di movimento, salvo qualche danno sporadicamente inflittogli da qualche sommergibile e da qualche aerosilurante.[152]

In Egeo, per motivi che si possono definire inesplicabili, i sommergibili colà dislocati non hanno ancora silurato una sola delle numerose unità da guerra e mercantili che ogni giorno transitano a levante di Creta, senza preoccuparsi di farsi vedere dalla nostra stazione di Caso".[153]

L'ammiraglio Riccardi, rendendo ancora di più drammatico il quadro della situazione, aggiunse che era necessario procedere ad un sistematico addestramento del naviglio sottile, *"poiché non uno dei siluri lanciati da torpediniere e da Mas negli incontri notturni aveva raggiunto il segno"*.

Per riconquistare il dominio del Mediterraneo centrale il Capo di Stato Maggiore della Marina faceva affidamento sulle forze aeree tedesche che si stavano concentrando in Sicilia. Infatti riferendosi all'intervento della Luftwaffe contro la flotta britannica, il Capo di Stato Maggiore della Marina affermò:[154]

Se la sua azione, in correlazione con l'uscita del nostro grosso, riuscisse nella fase pretattica a minorare il grosso avversario potrebbero crearsi le condizioni favorevoli per impegnarsi con buone probabilità di successo.

---

[152] Il 3 dicembre due aerosiluranti della 278ª Squadriglia, con primo pilota il capitano Massimiliano Erasi e il tenente Carlo Emanuele Buscaglia, attaccarono nella Baia di Suda il grosso incrociatore *Glasgow* colpendolo con due siluri a prora e a poppa. Ma le macchine restarono integre e l'incrociatore, pur messo fuori combattimento poté salpare per raggiungere Alessandria alla velocità di 17 nodi. Riparato sommariamente, fu trasferito nell'Oceano Indiano. E da notare che mentre gli aerosiluranti britannici colpirono a Taranto tre corazzate con cinque siluri mentre si trovavano all'ancora, e nessuna nave italiana in navigazione, gli aerosiluranti della 278ª Squadriglia colpirono tre grossi incrociatori con quattro siluri, dei quali due incrociatori mentre si trovavano in navigazione. Un altro incrociatore britannico, il contraereo *Coventry*, il 13 dicembre fu danneggiato da un siluro del sommergibile italiano *Neghelli* (tenente di vascello Carlo Ferracuti), a nord-nord-ovest di Marsa Matruh, ma riuscì a raggiungere Alessandria, dove terminò le riparazioni il 20 gennaio 1942.

[153] L'ammiraglio Riccardi ha dimenticato, o non era stato ancora informato, che il 15 agosto il sommergibile *Delfino* (tenente di Vascello Giuseppe Aicardi), partendo da Lero, aveva affondato nell'avamporto di Tino (isole Cicladi), il piccolo incrociatore posamine greco *Elli*, con un'azione piratesca che ricordava episodi della guerra di Spagna, e che gli era stata ordinata dal Governatore dell'Egeo, generale Cesare Maria De Vecchi di Val Cismon. E ciò in seguito a una direttiva ricevuta dall'ammiraglio Cavagnari, in cui si chiedeva di attaccare il traffico in Egeo, senza alcun riguardo per il naviglio con bandiera neutrale, sospettato di esercitare il traffico per conto dei britannici. I documenti si trovano in Francesco Mattesini, *Corrispondenza e Direttive Tecnico-Operative di Supermarina*, USMM, cit., p. 575-582.

[154] AUSMM, *Promemoria di Supermarina*, del 30 dicembre 1940.

Ma, come poi dimostrarono le varie operazioni navali che si susseguirono nei tre anni successivi, in nessuna occasione la Flotta italiana, per la continuazione della sua prudente condotta per risparmiare danni alle navi, si impegnò contro il nemico nelle condizioni auspicate dall'ammiraglio Riccardi. Evitò sempre di arrivare ad una battaglia decisiva in cui vi fossero corazzate nemiche o presunte tali.

Ma anche a livello locale, come in Libia, la Marina non forniva quell'appoggio che sarebbe stato necessario all'Esercito che combatteva in Cirenaica, investita dall'offensiva britannica. Vi era in loco molta povertà dei mezzi navali disponibili, che erano quasi tutti assorbiti nella protezione del traffico marittimo che affluiva dall'Italia, e la situazione stava peggiorando.

Ricordiamo che fin dall'inizio della guerra, nel giugno 1940, il Comandante delle Forze Armate dell'Africa Settentrionale, maresciallo Italo Balbo, e poi il suo successore maresciallo Rodolfo Graziani, aveva sollecitato il Comando Supremo a rispondere all'attività della flotta britannica lungo le coste della Cirenaica e dai bombardamenti costieri condotti dalle navi nemiche contro le postazioni litoranee italiane, con altrettanta attività aggressiva. Il maresciallo Badoglio, tenendo contro dell'inferiorità della flotta italiana, allora limitata a disporre di due sole corazzate in servizio, rifiutò di prendere in considerazione puntate offensive sulle coste egiziane.

Il 25 dicembre, dopo aver sollecitato il Comando Supremo ad interessare la Marina affinché contribuisse, con *"tutte le possibili azioni repressive"*, ad attaccare le unità inglesi che stavano minacciando la piazzaforte di Bardia,[155] il maresciallo Graziani elogiò in un telegramma l'opera dell'Aeronautica, in sostegno all'Esercito senza accennare minimamente al contributo fornito dalle unità navali, sollevando con ciò le risentite proteste di Supermarina. Questo alto comando, con promemoria inviato al Comando Supremo, mise in risalto il contributo dato dalle unità insidiosi e leggere operanti nel settore tra cui era da includere: il continuo rifornimento dei porti orientali della Cirenaica con naviglio di cabotaggio e motovelieri che aveva comportato la perdita di due torpediniere per mine posate da un sommergibile inglese; il siluramento di un incrociatore (*Coventry*) da parte del sommergibile *Neghelli*; la posa di uno sbarramento di mine a difesa del porto di Bardia e il bombardamento di Marsa Luch espletati dalla torpediniere *Procione*; il fallito attacco ad un monitore (*Terror*) da parte del *Mas 548*; l'appoggio fornito all'Esercito e all'Aeronautica dal personale della Marina in ogni occasione.

Sebbene Supermarina avesse richiesto al Comando Supremo di spendere *"una parola di riconoscimento per l'opera svolta dal personale della Marina"*, che potesse servire *"ad esaltarne ancor più lo spirito combattivo"* il maresciallo Graziani, di fronte all'evidenza del modesto appoggio fornito dalle unità navali, rifiutò di concedere questa piccola soddisfazione, dandone al Sottocapo di Stato Maggiore Generale la seguente risposta:[156]

---

[155] Il 18 dicembre, con il messaggio Supercomando A.S.I. n. 01/3461/Op, trasmesso al Comando Supremo, il generale Graziani, aveva chiesto: *In relazione situazione di Bardia soggetta a minaccia di continuo bombardamento da unità navali inglesi, prego interessare Supermarina per ché intensifichi tutte le possibili azioni repressive in special modo con sommergibili e sbarramenti mine. Rappresento anche necessità più intenso rifornimento siluri per aereo. Graziani"*. Cfr., Francesco Mattesini, *Corrispondenza e Direttive Tecnico-Operative di Supermarina*, 1° Volume, 1° Tomo, USMM, cit., Documento 366, p. 1017.

[156] Francesco Mattesini, *Corrispondenza e Direttive Tecnico-Operative di Supermarina*, 1° Volume, 1° Tomo, USMM, cit., Documenti n. 367-368, p. 1018-1020.

Caro Guzzoni, Mio rapporto non Ha avuto carattere esaltativo di vittoria ma è stato dolorosa cronaca di avvenimenti contrari /./ Che cosa avrei potuto dire della Marina se la battaglia è stata aereo-terrestre et essa non vi ha partecipato /?/ Non mi è perciò venuto nemmeno in mente di fare cenno ad essa at meno che non avessi dovuto parlare dell'ordinario lavoro che pur meritando sempre ampia lode non poteva trovare posto in menzione particolare nel mio triste rapporto /./ Graziani

L'incrociatore contraereo britannico *Coventry* che il 13 dicembre fu colpito e danneggiato da un siluro del sommergibile italiano *Neghelli*.

Il sommergibile *Neghelli* al varo il 7 novembre 1937 nei cantieri OTO di Muggiano (La Spezia).

CAPITOLO XIV: LA DELUDENTE ATTIVITÀ DEI SOMMERGIBILE E DEL NAVIGLIO LEGGERO

Alle difficoltà in cui erano costretti ad operare le navi della flotta si aggiunsero, purtroppo, anche gli insuccessi dei sommergibili. Nel corso dell'estate erano stati dati ordini operativi non sempre adeguati per agire in settori in cui il traffico britannico, dopo la resa della Francia, era divenuto molto scarso, in certe zone assolutamente inesistente. Infatti, nel maggio 1940, prima ancora che l'Italia entrasse in guerra, la Gran Bretagna aveva abbandonato le rotte del Mediterraneo dirette al Canale di Suez, dirottando tutta la navigazione commerciale e gli approvvigionamenti militari destinati al Medio e all'Estremo Oriente per la più lunga ma più sicura rotta del Capo di Buona Speranza, compiendo praticamente la circumnavigazione dell'Africa.

Nel dicembre 1940 l'ammiraglio John Tovey (a sinistra) fu mandato a comandante la Home Fleet. Nell'immagine, a Scapa Flow, é a bordo dalla sua nave ammiraglia la corazzata *King George V*. Gli è accanto il primo ministro Winston Churchill alla cui destra e Stafford Cripps, Lord del Sigillo Privato.

Nel campo operativo, i sommergibili del Mediterraneo avevano scarse possibilità di movimento, essendo costretti a restare di giorno quasi costantemente in immersione per evitare di farsi avvistare dagli aerei nemici o di essere localizzati dalle unità adibite alla loro caccia; ma anche perché i loro settori operativi, situati a sud-ovest della Sardegna, negli approcci del Canale di Sicilia, intorno a Malta e tra la costa di Creta e quella Egiziana, ricalcavano sempre più o meno gli stessi schemi di sbarramento ed erano pertanto prevedibili alla vigilanza del nemico, realizzata soprattutto con rastrelli di cacciatorpediniere in collaborazione con gli idrovolanti a largo raggio Sunderland della

RAF, del 228° e 230° Squadron che operavano dagli idroscali si Alessandria (Aoukir) e di Malta (Calafrana).

In queste condizioni, fin dai primi di luglio 1940 Supermarina si era resa conto che l'attività dei molti sommergibili operanti nel Mediterraneo sarebbe stata vanificata, anche perché gli unici bersagli rimasti erano costituiti da scarsi convogli fortemente scortati, e dalle maggiori navi da guerra che si muovevano adeguatamente protette da cacciatorpediniere e da sloop, a cui poi si sarebbe aggiunte, nel mese di novembre, le corvette della classe "Flower". Pertanto per i sommergibili l'attacco risultava sempre di dubbio effetto e molto pericoloso, essendo le navi scorta britanniche dotate di apparati di rilevamento "Asdic" per l'epoca molto sofisticati.

Ne risultarono per i sommergibili perdite elevate a cui fecero riscontro successi modesti limitati, fino alla fine di ottobre del 1940, all'affondamento di due incrociatori, il britannico *Calipso* e il neutrale greco *Elli*, il cacciatorpediniere *Escort*, il sommergibile *Triad* e a cinque navi mercantili - tre piroscafi e due petroliere – in parte di nazioni neutrali e nessuna britannica.

Le lacune degli scarsi successi dei sommergibili erano principalmente dovute alla mancanza di norme adeguate per la guerra subacquea mediterranea, ma anche da insufficienze costruttive. I sommergibili, infatti, disponevano di scarsissima rapidità di immersione, bassa velocità in quota, apparati di rilevamento e di lancio insufficienti, sovrastrutture vistosissime in superficie, che lo rendevano facilmente localizzabile anche di notte, e quindi particolarmente vulnerabile. In definitiva erano di un altro ramo della Regia Marina mal progettato.[157]

Per adeguare i sistemi di impiego, che portassero a migliorare la situazione operativa delle unità subacquee, all'inizio dell'autunno il Comando in Capo della Squadra Sommergibili (Maricosom) compilò le *"Norme per la condotta della guerra al traffico"* e successivamente le *"Direttive per la condotta della guerra per i sommergibili nel Mediterraneo"*, che sarebbero state approvate da Supermarina il 30 ottobre e il 10 novembre.[158]

Ma esse non sarebbero però servite a migliorare la situazione, poiché fino al termine dell'anno i sommergibili, continuando a riportare sensibili perdite, sarebbero andati a segno una sola volta con il *Neghelli* (tenente di vascello Carlo Ferracuti), che il 13 dicembre, come detto, operando a nord di Marsa Matruh colpì con un siluro silurò e danneggiò gravemente l'incrociatore britannico *Coventry* (capitano di vascello David Gilmour).

Nel frattempo si era verificato il cambio della guardia al vertice della Regia Marina, e l'ammiraglio Mario Falangola, Comandante in Capo della Squadra Sommergibili (Maricosom), di fronte alle istruzioni ricevute di aumentare la vigilanza a sud del Canale d'Otranto, attraverso il quale transitavano i rifornimenti per l'Albania che potevano essere attaccati da navi britanniche, il 25 dicembre presentò un promemoria all'ammiraglio Riccardi, in cui portava a conoscenza le molte carenze organiche della propria Arma. Egli affermò di essere ridotto a disporre in Mediterraneo di 66

---

[157] Per le lacune riscontrate sui sommergibili italiani, e sulla loro difficile attività operative, si consiglia: Francesco Mattesini, *Betasom. La guerra negli Oceani (1940-1943)*", Ufficio Storico della Marina Militare, 1ª edizione 1993, 2ª edizione, rivisitata e ampliata, 2003.

[158] Francesco Mattesini, Corrispondenza e Direttive Tecnico-Operative di Supermarina, 1° Volume, 2° Tomo, USMM, cit.

sommergibili, dei quali, tolti quelli più vecchi e meno efficienti e quelli assegnati all'addestramento, al trasporto dei rifornimenti in Egeo, e ad altri compiti sussidiari, ne rimanevano disponibili per missioni belliche soltanto 46, con i quali non era possibili espletare tutti i compiti operativi richiesti, soprattutto nelle zone che Supermarina aveva indicato di importanza preminente: Canale d'Otranto, tra Derna e Sollum, a levante di Malta, nel Canale di Sicilia, e a sud-ovest della Sardegna.

Pertanto l'ammiraglio Falangola suggerì di limitare il numero degli agguati per impedire un eccessivo logorio dei battelli e nel contempo, per sottrarli all'offesa, proponeva di allontanarli dalle coste in cui agiva il nemico, perché la vigilanza aerea da questi esercitata senza alcun contrasto rendeva quelle acque particolarmente pericolose; proposta che Supermarina, per istruzioni ricevute dal Comando Supremo, il 29 dicembre accolse solo in parte. Quello stesso giorno, nel diramare l'"*Ordine Generale di Operazioni n° 36*", l'organo operativo dell'Alto Comando Navale confermava che i compiti affidati ai sommergibili erano quelli della difesa del traffico Italia - Albania, di ostacolare il passaggio delle navi avversarie nel Canale di Sicilia, e di insidiare le unità britanniche operanti lungo le coste della Cirenaica.[159]

Anche la specialità dei mezzi d'assalto trasportati da sommergibili, sui quali la Regia Marina faceva grande affidamento per menomare la flotta inglese, non ebbe fortuna. Le tre spedizioni organizzate in agosto e settembre per il forzamento delle basi di Alessandria e di Gibilterra andarono infatti incontro al fallimento; le prime due conclusosi con l'affondamento dell'*Iride* e del *Gondar*, due delle tre unità subacquee, assieme allo *Scire*, impiegate per il trasporto dei siluri a lenta corsa "SLC", i famosi maiali, e dei loro operatori.

Infine, non si può concludere questa esposizione senza accennare all'attività del naviglio leggero e sottile di superficie – cacciatorpediniere, torpediniere e Mas – intensamente impiegato per la protezione del traffico marittimo, per missioni di agguato, soprattutto nel Canale di Sicilia e nelle acque di Malta e per le attività offensive concernenti alcuni bombardamenti costieri, che furono limitati alla zona di confine fra la Cirenaica e l'Egitto e a quella del fronte greco-albanese.

Di bombardamenti navali contro obiettivi costieri dell'Egitto non si parlò più fino alla fine di ottobre quando ebbe inizio la campagna di Grecia, il cui andamento sfavorevole costrinse la Marina ad appoggiare l'Esercito con lo scarso naviglio leggero a disposizione nei porti dell'Albania e delle Puglie. Si trattò pur sempre di azioni molto modeste, limitate entro l'anno a sei bombardamenti espletati da una ventina di unità tra cui i due incrociatori della 7ª Divisione Navale *Eugenio di Savoia* e *Montecuccoli*, che il 18 dicembre, scortati dai quattro cacciatorpediniere della 16ª Squadriglia *Pigafetta, Da Recco, Pessagno* e *Riboty*, presero a bersaglio la località di Lukove, nel sud dell'Albania, sparando 162 proietti da 152 mm, senza poterne constate l'esito.

I greci risposero con cannoni di medio calibro sparando con imprecisione sedici salve, ciascuna di due proiettili. Come risulta da un promemoria compilato da Supermarina il 25 dicembre fu però sconsigliato di estendere l'offesa a Porto Edda, anch'esso sulla costa albanese meridionale caduta in mano al nemico e ove affluivano i rifornimenti greci destinati in prima linea, per il timore che la zona fosse stata nel

---

[159] *Ibidem*.

frattempo minata. Nell'incertezza di un reale pericolo, anche questo era un modo per cercare di risparmiare le navi.

Bombardamento di Lukove del 18 dicembre 1940. Gli incrociatori della 7ª Divisione Navale, dirigino verso la costa dell'Albania meridionale, preceduti dai cacciatorpediniere della scorta della 15ª Squadriglia. L'immagine fu ripresa dall'*Eugenio di Savoia*.

Bombardamento di Lukove, sparano i cannoni da 152 mm dell'incrociatore *Raimondo Montecuccoli*.

CAPITOLO XV: CONCLUSIONI - UN BILANCIO FALLIMENTARE

In conclusione si può dire che la gestione della guerra dell'ammiraglio Cavagnari, del tutto fallimentare, aveva portato la Regia Marina in una condizione difficilissima, che continuò anche dopo la sua uscita di scena. Alla fine del 1940 la Marina italiana si trovava in una situazione organica alquanto sfavorevole, avendo temporaneamente danneggiate, e quindi fuori servizio per lunghi lavori, le tre corazzate *Littorio*, *Duilio*, *Cavour*. Si aggiungeva l'incrociatore pesante *Pola,* nave comando della 2ª Squadra Navale, che era stato gravemente colpito il 14 dicembre a Napoli da una bomba, nel corso di un incursione condotta da dieci velivoli Wellington del 148° Squadron della RAF decollati da Malta. Ne conseguì che, in attesa di un miglioramento della difesa contraerea del porto, le corazzate *Vittorio Veneto* e *Cesare* e gli incrociatori pesanti *Zara, Gorizia, Trento* e *Trieste,* con quattro squadriglie di cacciatorpediniere, si trasferirono temporaneamente da Napoli alla Maddalena e a Cagliari, da dove si poteva intercettare la Forza H diretta verso la Sardegna o il Canale di Sicilia.

La corazzata *Cavour* a Trieste in riparazione. Gli avvenimenti dell'8 settembre 1943 impediranno alla nave di terminare i lavori e rientrare in servizio con un armamento contraereo migliorato.

Il conto delle perdite subite durante l'anno può essere desunto da un promemoria di Supermarina, datato 6 dicembre 1940 e dall'oggetto *"Esame della situazione marittima sull'attuale fase del conflitto"*.[160] In esso si affermava che fino a quel momento erano stati perduti un incrociatore nove cacciatorpediniere, cinque torpediniere, diciassette

---

[160] AUSMM, Promemoria di Supermarina 1940.

sommergibili e nove unità minori ed ausiliarie – a cui si aggiungevano ottantadue navi mercantili dai piroscafi alle navi da pesca – per rimpiazzare le quali sarebbero occorsi mesi ed anche anni attingendo alle nuove costruzioni, che comprendevano: due corazzate (*Roma* e *Impero*), cinque incrociatori leggeri della classe "Capitani Romani", cinque cacciatorpediniere classe "Soldato", dodici torpediniere, quattordici sommergibili e quindici Mas.

Ne conseguiva che, secondo un altro promemoria preparato dal Comando Supremo il 26 dicembre, la situazione della Squadra Navale, detratte tre corazzate, due incrociatori pesanti, due incrociatori leggeri e quattro cacciatorpediniere che si trovavano a lavori più o meno lunghi e cui si aggiungevano alle unità adibite ad altri compiti, era la seguente: tre navi da battaglia (*Vittorio Veneto, Cesare, Doria*) cinque incrociatori pesanti, quattro incrociatori leggeri e trenta cacciatorpediniere.[161]

Nello stesso tempo la Royal Navy, che aveva perduto fino a quel momento nel Mediterraneo un incrociatore, tre cacciatorpediniere, nove sommergibili, tre navi ausiliarie – a cui si aggiungevano un incrociatore ed un sommergibile greco e un sommergibile francese, nonché tredici piroscafi di varie nazionalità – alla fine del 1940 disponeva in efficienza di cinque navi da battaglia, tre navi portaerei, dieci-dodici incrociatori e trentacinque cacciatorpediniere, con i quali controllava il lunghissimo tratto di mare tra Gibilterra e Alessandria.

Dalla prudente direzione della guerra navale italiana, ampiamente dimostrata dall'impostazione del problema strategico e dalla condotta delle operazioni, e che aveva concesso al nemico di conseguire il domino del mare, si deve dedurre che le lacune maggiori derivavano da vari fattori, tutti importanti. Il primo in assoluto era dovuto al fatto che negli anni dell'anteguerra la Regia Marina aveva voluto curare più l'apparenza che la sostanza, costruendo navi molto leggere e vulnerabili e trascurando di dotarsi di naviglio e apprestamenti tecnici che in tempi di pace non apparivano indispensabili sebbene essenziali per gli scopi bellici.

Successivamente, con la costituzione di Supermarina, che avrebbe dovuto rendere più agevole la condotta delle operazioni navali, fu sviluppato un sistema di comando rigidamente diretto dal centro, con istruzioni molto particolareggiate a cui i comandanti in mare dovevano attenersi. La manovra stessa della Squadra Navale era diretta dall'Ufficiale in grado Superiore per anzianità, che agiva senza lasciare alcun sano spirito di iniziativa ai Comandanti dei vari reparti che la componevano, perché a sua volta vincolato nelle proprie decisioni da direttive, scritte e verbali, che lo rendevano impacciato ed esitante.

Inoltre, salvo le rare occasioni in cui si erano misurate in combattimento alcune unità leggere durante la guerra italo-turca e nel corso della prima guerra mondiale, la Marina italiana non si era mai trovata a combattere (dopo Lissa) una battaglia moderna, che comportasse l'impiego coordinato di complessi navali di notevole entità comprendenti nuclei di corazzate, incrociatori e cacciatorpediniere.

Questa mancanza di esperienza apparve in tutta la sua drammaticità con la *rottura del ghiaccio* a Punta Stilo, ove fu dimostrata l'eccellenza del tiro nemico e le lacune di riconoscimento e di precisione nello sgancio delle bombe da parte della Regia Aeronautica, e a cui si aggiunsero le indecisioni e la leggerezza di Supermarina nel

---

[161] Ibidem.

predisporre per gli idrovolanti della Ricognizione Marittima errati e lacunosi schemi di ricerca del nemico.[162]

La sfortunata azione successiva di Capo Spada, ove il 19 luglio era andato perduto l'incrociatore *Bartolomeo Colleoni*, fece comprendere ai vertici della Marina, ormai convinti di dover sostenere una lunga guerra, che senza un'efficace esplorazione aerea le navi italiane isolate avrebbero corso rischi mortali avventurandosi, senza precise informazioni, in zone di mare perfettamente vigilate dal nemico.

Il porto della Valletta, con le navi all'ancora, ripreso il 30 dicembre 1940 da un velivolo da bombardamento S.79 del 30° Stormo.

Ma fu soprattutto la battaglia di Punta Stilo del 9 luglio a condizionare le operazioni successive della flotta, nelle quali apparve deleteria per Supermarina, ma soprattutto per i Comandi in Mare, che – rispetto al centro – possedevano minori informazioni per avere un quadro più completo della situazione tattica, altre spiacevoli realtà, determinate ancora dall'insufficiente cooperazione aeronavale, che non permetteva di sfruttare adeguatamente le Forze Aeree nell'impiego coordinato con le Forze Navali.

Ne derivava per l'ammiraglio Comandante Superiore in Mare, impegnato in una determinata operazione tattica, il dubbio di non conoscere l'esatta composizione e posizione delle forze avversarie, come si verificò a Punta Stilo e poi a Capo Teulada, e quella della mancanza di una continua copertura aerea che permettesse di contrastare i temuti attacchi dell'aviazione avversaria, specialmente quella proveniente da portaerei; navi la cui costrizione era stata sacrificata dai vertici della Regia Marina per la precedenza da accordare, in sede di bilancio, agli incrociatori della classe "Trento" e poi alle corazzate della classe "Littorio", ma che cominciò ad essere rimpianta già dopo Punta Stilo, come lamentò in una sua relazione l'ammiraglio Campioni.

---

[162] Francesco Mattesini, *La battaglia di Punta Stilo*, Ufficio Storico della Marina Militare, Roma 1992.

Il porto di Napoli fotografato da un aereo Maryland della RAF di Malta. Alla Stazione Marittima le corazzate *Vittorio Venero* e più indietro la *Giulio Cesare*, che hanno sul fianco destro due navi da trasporto con il compito di fargli da scudo da un possibile attacco aereo col siluro.

La prudente condotta offensiva degli italiani derivava anche in gran parte da una tacita convinzione della superiorità navale britannica ampiamente dimostrata negli scontri dei primi quaranta giorni di guerra, e derivante da quattrocento anni di esperienze navali espresse dalla Royal Navy ad alto livello. Vi era poi la consapevolezza che, mentre il nemico aveva la possibilità di sostituire nel Mediterraneo le unità perdute o gravemente danneggiate, attingendo ad altri scacchieri, le perdite italiane non avrebbero potuto essere sostituite, mancando un iniziale programma di costruzioni, che peraltro sarebbe stato reso precario nel suo sviluppo, se non impossibile, dalla lacuna di materie prime. Ciò sarebbe stato ampiamente dimostrato dalle interruzioni dei lavori, già in stato avanzato, sulla corazzata *Impero* e su ben sette dei dodici incrociatori leggeri della classe "Capitani Romani"; unità, peraltro di discutibile valore bellico (ma anche male impiegate essendo poco più di un cacciatorpediniere), che furono smantellate per la necessità di procurare le materie prime necessarie a costruire navi di maggiore utilità, come i sommergibili e le torpediniere, la cui realizzazione per rimpiazzare le perdite era stata insistentemente richiesta tra la metà di settembre e la metà di ottobre 1940 dalla Marina.

Il varo della corazzata *Impero*, nei Cantieri Ansaldo di Genova il 15 novembre 1939, e che avrebbe dovuto essere completata, nei piani operativi della Regia Marina, nel dicembre 1941. All'inizio della guerra fu spostata a Brindisi e poi a Trieste, per eseguire l'allestimento finale, ma i lavori andarono a singhiozzo, e furono interrotti definitivamente nel luglio 1943. Fu affondata il 20 febbraio 1945 a Capodistria, dove i tedeschi l'avevano spostata, per valutare con esplosioni la resistenza delle carene nello scafo della protezione Pugliese, che fu positivo, da bombardieri statunitensi. Il relitto dell'*Impero*, riportato a galla nel luglio 1946, fu portato a Venezia, e nel 1949 demolito a Porto Marghera.

Da queste constatazioni né conseguì la sempre più eccessiva prudenza operativa dell'estate e dell'autunno del 1940, con la tattica del "Fleet in being" e il rifiuto di spingere gruppi leggeri lontano dalle proprie coste metropolitane; fino ad arrivare al disastro di Taranto, in cui la specialità degli aerosiluranti, che era stata alquanto sottovalutata in Italia, nonostante da molto tempo il siluro aereo fosse stato studiato dalla Marina e sperimentato dall'Aeronautica, ma non sviluppato per reciproche incomprensioni proseguite anche a conflitto avanzato, dimostrò tutto il suo valore di arma distruttiva, soprattutto per le carene delle corazzate rimodernate classe "Cavour".[163]

L'insufficienza di addestramento del personale delle navi e le lacune registrate nell'insufficienza del tiro, per l'imprecisione dei telemetri e per la eccessiva dispersione

---

[163] Francesco Mattesini, *Luci e ombre degli aerosiluranti italiani e tedeschi nel Mediterraneo – Agosto 1940. Settembre 1943*, RiStampa Edizioni, Santa Rufina di Cittaducale (RI) Agosto 2019; Francesco Mattesini, Gli aerosiluranti italiani e tedeschi nella seconda guerra mondiale (1945), Volume 1 e Volume 2, *Successi e delusioni*, Editore Luca Cristini, Zanica (BG), Roma, 2022.

delle salve, constatata specialmente negli scontri notturni, la mancanza del "Radar", in cui nella Marina si lavorava a Marinaelettro Livorno fin dal 1935 (EC3/ter "Gufo"): prima con il professor Tiberio e poi anche con il maggiore del Genio Navale ingegnere Alfeo Maria Brandimarte, senza riuscire a metterlo a punto.[164] Anche la sempre più marcata deficienza nelle scorte della nafta, furono problemi che soltanto marginalmente avevano condizionato la condotta della Marina nel corso del 1940. Essi sarebbero poi sorti tragicamente nel corso dell'anno successivo.[165]

Dopo la sostituzione dell'ammiraglio Cavagnari, Mussolini sperava che con l'ammiraglio Riccardi la linea di condotta sarebbe cambiata, così come quella del nuovo Comandante in Capo della Flotta, ammiraglio Iachino. Ma dovette ben presto constatare che non vi era nulla di nuovo e che anche i nuovi comandanti (forgiati alla dottrina di Cavagnari che poi veniva da lontano) avrebbero seguito la deludente linea di condotta dei loro predecessori. Conseguentemente, per la flotta italiana combattere contro la Royal Navy si sarebbe dimostrato anche in futuro un compito particolarmente arduo; e ciò purtroppo avvenne anche quando il nemico, sempre particolarmente aggressivo, venne a trovarsi in enorme condizione di inferiorità numerica e potenziale.

Per tutto il periodo dal gennaio 1942 al giugno 1943, quindi per un anno e mezzo, la Royal Navy, dovendo fronteggiare nell'Artico e nell'Oceano Indiano la seria minaccia delle Marine tedesca e giapponese, fu costretta a ridurre il potenziali di quella che era stata la grande Mediterranean Fleet a soltanto un pugno di incrociatori leggeri, soprattutto della classe "Dido" (cannoni da 133 mm), e un numero ridotto di cacciatorpediniere di squadra (quelli scorta avevano modesti cannoni e non portavano i siluri). Al contrario la Marina italiana, oltre ai suoi tre incrociatori pesanti e sette leggeri, poteva avvalersi dall'agosto del 1942 di ben sei navi da battaglia, tre delle quali moderne. Una notevole superiorità che non fu adeguatamente sfruttata come era nelle possibilità.

---

[164] Nel 1994 un volenteroso, non conoscendo l'argomento, sollevando molte proteste in coloro che invece lo conoscevano, in un supplemento di una Rivista militare (stampato contemporaneamente ad un mio saggio sullo stesso argomento sul Bollettino d'Archivio dell'Ufficio Storico della Marina Militare) descrivendo il "Gufo" come una meraviglia, orgoglio nazionale, arrivò a scrivere che gli anglo – americani ce lo invidiavano. Leggendo i documenti dei Comandanti della Squadra Navale, ammiraglio Iachino e soprattutto quelli di un disperato ammiraglio Bergamini, riprodotti in originale nel mio saggio, il "Gufo" non percepiva nulla, se non a brevissima distanza, e non sempre riusciva a dare esattamente le distanze di un bersaglio aereo o navale.

[165] Par la conoscenza della questione dei radar italiani in modo esaustivo e non fazioso, vedi: Francesco Mattesini, *I radiolocalizzatori della Regia Marina. Parte prima: Dalle prime sperimentazioni sulle onde elettromagnetiche alla realizzazione di Marinelettro Livorno; I radiolocalizzatori della Regia Marina. Parte seconda: L'aiuto fornito dalla Germania,* in Bollettino d'Archivio dell'Ufficio Storico della Marina Militare, di Settembre e Dicembre 1994. Vedi infine il recente libro dell'Autore: *La storia del radar in Italia prima e durante la guerra 1940-1945",* Soldershop Publishing Storia, Luca Cristini Editore, Zanica (BG), maggio 2020.

BIBLIOGRAFIA

- Alan Traven, *British cruiser warfare, The lessons of the Early, War 1939-1941*, Barnsley, Seafort 2019.
- Andrew Browne Cunningham, *A Sailor's Odyssey*, (tradotto in Italia in *L'Odissea di un Marinaio*), Garzanti, Milano, 1952.
- Angelo Iachino, *Operazione mezzo giugno*, Mondadori, Milano, 1955.
- Angelo Iachino, *Tramonto di una grande Marina*, Mondadori, Milano, 1959.
- Brian Cull and Frederick Galea, *Hurricane over Malta June 1940 – April 1942*, Grub Street, London, 2001.
- Christopher Shores – Brian Cull – Nicola Malizia, Malta. *The Hurricane Year 1940-41*, Grub Street, London, 1987.
- Cornell Barnett, *Engage the Enemy – The Royal Navy in the Second World War*, Hodder & Stoughton, Londra, 1991.
- Emilio Canevari, *La guerra italiana. Retroscena della disfatta*, Volume II, Roma 1949.
- Francesco Mattesini, *Verità Storica – I retroscena della battaglia di Capo Teulada*, in Il Giornale d'Italia dell'11 e 12 dicembre 1985.
- Francesco Mattesini, *Le Direttive Tecnico-Operative di Superaereo*, Volume Primo I Tomo, *Aprile 1940-Dicembre 1941*, Stato Maggiore Aeronautica Ufficio Storico, Roma, 1992
- Francesco Mattesini, *La notte di Taranto*. Parte prima: *Le misure italiane degli anni 1938-1939 per fronteggiare un eventuale attacco di aerosiluranti contro Taranto, e la pianificazione dell'operazione britannica "Judgment"*; Parte seconda, *Lo svolgimento dell'operazione "Judgment" e le considerazioni dei protagonisti*. In Bollettino d'Archivio dell'Ufficio Storico della Marina Militare, settembre e dicembre 1998.
- Francesco Mattesini, *La battaglia di Capo Teulada 27-28 novembre 1940*, Ufficio Storico della Marina Militare, Roma, 2000.
- Francesco Mattesini, *Corrispondenza e Direttive Tecnico Operative di Supermarina*, Volume Primo II Tomo, Agosto 1940 – Dicembre 1940, Ufficio Storico della Marina Militare, Roma, 2000.
- Francesco Mattesini, *Luci e ombre degli aerosiluranti italiani e tedeschi nel Mediterraneo – Agosto 1940 – Settembre 1943*, RiStampa Edizioni, Agosto 2019.
- Francesco Mattesini, *La battaglia di Punta Stilo*, Ufficio Storico della Marina Militare, Roma 1992.
- Francesco Mattesini, *Punta Stilo 9 Luglio 1940, 80° anniversario della prima battaglia aeronavale della Storia"*, RiStampa Edizioni, marzo 2020.
- Francesco Mattesini, *La battaglia aeronavale di mezzo agosto*, Roma, Edizioni dell'Ateneo, 1986.
- Francesco Mattesini, *La battaglia aeronavale di mezzo agosto. Il contrasto delle forze italo-tedesche all'operazione britannica "Pedestal" 10-15 Agosto 1942*, RiStampa Edizioni, Agosto 2019, edizione aggiornata.

- Francesco Mattesini, *L'operazione Gaudo e lo scontro notturno di Capo Matapan"*, Ufficio Storico della Marina Militare, Roma, 1998.
- Francesco Mattesini, *L'agguato di Matapan. Errori, omissioni e menzogne di una famosa battaglia navale"*, RiStampa Edizioni, Santa Rufina di Cittaducale (RI), Giugno 2020.
- Francesco Mattesini, *Raid nell'Oceano Indiano 5-9 Aprile 1942. Il devastante attacco aeronavale contro l'Isola di Ceylon e nel Golfo del Bengala*, Soldershop Publishing Storia, Luca Cristini Editore, Zanica (BG) marzo 2021.
- Galeazzo Ciano, *Diario 1937-1943*, Rizzoli, Milano, 1980.
- Giorgio Giorgerini, *La guerra italiana sul mare. La Marina tra vittoria e sconfitta. 1940-1943*, Mondadori, Milano, 2001.
- Giuseppe Fioravanzo, *Le azioni navali in Mediterraneo*, Volume IV, Ufficio Storico della Marina Militare, Roma, 1959.
- Giuseppe Gorla, *L'Italia nella seconda guerra mondiale. Diario di un milanese, ministro del Re nel Governo di Mussolini*, Rizzoli & Castoldi, Milano, 1959.
- Giuseppe Santoro, *L'Aeronautica italiana nella II guerra mondiale"*, Volume I, Danesi, Roma, 1950.
- Giuseppe Bottai, *Diario 1935 – 1944*, Rizzoli, Milano, 1982.
- Historical Section Admiralty, Confidential, *Mediterranean*, Volume I, September 1939 – October 1940; e Volume II, *November 1940 – December 1941*, London, 1957. I due volume, declassificati, sono stati stampati, con introduzione di David Brown, e con il titolo *The Royal Navy and the Mediterranean*, dalla Frank Cass Publishers, London, 2002.
- *H.M. Ships damaged or sunk by enemy action, 1939-1945*, del Naval Construction Admiralty, 1952. Riservato agli Ufficiali.
- I.S.O. Playfair, *The Mediterranean and Middle East*, Volume I, *The Early Successes Against Italy (To May 1941)*, HMSO, London, 1954
- Ian Cameron, *Red Duster White Ensign. The Story of Malta Convoy*, Muller, London, 1959.
- J.F. Somerville, *Action between British and Italian Force of Cape Spartivento on 27 November 1940*; in Supplement to The London Gazette n. 38293 del 5 Maggio 1948.
- *Kriegstagebuch der Seekriegsleitung/Operationsabteilung 1939-1945*, parte A, Mittler & Sohn, Herford – Bonn, 1988 ss., vol. 16.
- Michael Simpson, *The Somerville Papers. Selections from the Private and Official Correspondence …*, Published by Scolar Press for the Navy Record Society, 1996.
- Quirico Armellini, *Diario di guerra – Nove mesi al Comando Supremo*, Garzanti, Milano, 1945.
- Romeo Bernotti, *Storia della guerra nel Mediterraneo (/1940-43)*, II Edizione, Vito Bianco, Roma, 1960.
- S.W. Roskill, *The War at Sea*, Volume I, HMSO, London, 1954.

INDICE

Capitolo I: LA PREPARAZIONE ALLA GUERRA 3

Capitolo II: L'AMIRAGLIO DOMENICO CAVAGNARI E LA PREPARAZIONE DELLA REGIA MARINA TRA IL 1934 E IL 1940 17

Capitolo III: LA STRATEGIA DI SUPERMARINA NEI PRIMI SETTE MESI DI GUERRA 23

Capitolo IV: L'IMPIEGO DELLA SQUADRA NAVALE 27

Capitolo V: LE PRIME OPERAZIONI DI GUERRA E I PRIMI CONTRASTI 33

Capitolo VI: LA STRATEGIA DELLA ROYAL NAVY CONTRO L'ITALIA E LA BATTAGLIA AERONAVALE DI PUNTA STILO DEL 9 LUGLIO 1940 46

Capitolo VII: LA DELUSIONE DELLA BATTAGLIA DI CAPO SPADA E LA RINUNCIA AD ATTACCARE LA MEDITERRANEAN FLEET NELL'AGOSTO – SETTEMBRE 1940 88

Capitolo VIII: LA MANCATA OPERAZIONE "C.V." E LA BATTAGLIA DI CAPO PASSERO 129

Capitolo IX: I RINUNCIATARI SBARCHI CHIESTI DALL'ESERCITO ALLA MARINA ALL'INIZIO DELLA GUERRA CON LA GRECIA 147

Capitolo X: IL DISASTRO DI TARANTO E LE SUE CONSEGUENZE TATTICHE E STRATEGICHE 153

Capitolo XI: LA BATTAGLIA DI CAPO TEULADA 175

Capitolo XII: LA SOSTITUZIONE DELL'AMMIRAGLIO CAVAGNARI 205

Capitolo XIII: LA FINE DELLA GUERRA PARALLELA 215

Capitolo XIV: LA DELUDENTE ATTIVITÀ DEI SOMMERGIBILE E DEL NAVIGLIO LEGGERO 227

Capitolo XV: CONCLUSIONI - UN BILANCIO FALLIMENTARE 231

BIBLIOGRAFIA 237

SOLDIERSHOP - COLLANA STORIA